I&ME

FUTURE ME DIARY

매일매일 일기를 쓰는 것은
나에게 찾아오는 기회를 놓치지 않고
꿈을 온전히 실현시킬 설계도를 그리는 것이다

생생한 기억보다 희미한 기록이 낫다는 말이 있다.
기억은 블랙박스와 같다지만 그것은 오류나 조작을 동반한다.
또한 기억은 자신이 원하는 대로 추억을 편집하기도 하지만
기록은 진실을 말한다.
따라서 일기는 나 자신의 미래를 위한 확실하고 완벽한 준비다.
일단 써보라!
처음에는 가벼운 마음으로 낙서하듯 써보면
때로는 로또보다 더한 기적이 찾아올 것이다.

퓨처미 다이어리 I&ME의 구성과 편집

퓨처미 다이어리 I&ME는 4년 동안 쓸 수 있게 구성되었으며, 아무 때나 일기를 쓰기 시작하는 날부터 자기가 직접 연도를 적어 넣으면 된다. 또한 이 다이어리에는 성공한 미래와 인생을 풍요롭게 만들어주는 인문학적 지혜가 담긴 세계 3대소설과 현세에 가장 성공한 창업경제인들의 경영철학의 노하우가 담긴 말 365개를 선정하여 매일매일 일기를 쓰면서 읽을 수 있도록 하였다.

성장과 전진을 위한 6대 CEO의 경영철학의 혼이 담긴 말

삼성 이건희KH 회장의 100대 명언을 비롯하여, 애플 스티브 잡스SJ, 마이크로소프트 빌 게이츠BG, 아마존 제프 베이조스JB, 테슬라 일론 머스크EM, 페이스북 마크 저커버그MZ 등 6명의 세계최고 창업경영자들의 경영철학과 노하우가 담긴 명언 365문장을 담았다.

새해 소망이나 말싸움에 반드시 등장하는 불멸의 고사성어

새해가 되면 정치 지도자나 경제인들이 사용하는 사자성어 중에서 10년 동안 매스컴과 신년 하례식이나 종무식에서 가장 많이 등장하는 고사성어 365개를 선정하여 실었으며 최근에는 정치인들의 말싸움에 빼놓을 수 없을 정도로 자주 사용되기도 한다.

미래에 하고 싶은 일을 매일 생각나는 대로 적어보는 버킷리스트

부담 없이 하고 싶은 일들을 일기 쓸 때 함께 적어보는 코너로 공부, 직업, 취미, 여행, 사랑 등등등을 메모하듯 쓰다보면 의외로 자신이 가장 하고 싶은 일이 무언가를 알게 되고 덤으로 재미있는 또 하나의 가장 특별한 일기가 탄생하게 될 것이다.

우리는 위대한 내일을 향해
새로운 도전을 시작해야 한다. - **KH**

고목생화枯木生花 마른 나무에서 꽃이 핌.
어려운 사람이 행운을 얻음.

27

$*$ 20

$*$ 20

$*$ 20 26

연도의 뒤쪽 두 자릿수를
기입해 넣고 일기를 쓴다.

$*$ 20

MY BUCKET LIST

- [ ]
- [ ]
- [ ]
- [ ]

어린 왕자

LE PETIT PRINCE

앙투안 드 생텍쥐페리
ANTOINE DE SAINT-EXUPÉRY

노인과 바다

THE OLD MAN AND THE SEA

어니스트 헤밍웨이
ERNEST HEMINGWAY

드 어린이들에게 용서를 구하고
이유가 있어. 이 어른이 이 세상
또 다른 이유도 있어. 이 어른은
위한 책까지도 다 이해할 수 있
어린이 프랑스에 살고 있는데,
이 어른을 위로해야만 해. 이 모
되기 전의 어린 시절에 이 책을
는 드물지만) 그래서 나는 '헌사'를

1
출항 전

멕시코 만류에서 조각배를 타고 홀로 고기잡이를 하는 노인이 있었다.
그 노인은 한 마리의 고기도 잡지 못한 채 오늘까지 벌써 84일째였다. 처
음 40일 동안은 한 소년이 노인과 함께 있었다. 그러나 40일이 지나도록
한 마리의 고기도 낚지 못하자, 소년의 부모는 소년에게, 노인은 이제 결
정적으로 '살라오'의 상태에 이르렀다고 했다. 살라오란 스페인어로 최
악의 불운한 상태에 빠졌음을 나타내는 말이다. 그래서 소년은 부모의 말
에 따라 다른 배를 타고 고기잡이를 나갔다. 소년이 탄 배는 첫째 주에 제
법 큼직한 물고기를 세 마리나 낚을 수 있었다. 노인이 날마다 빈배로 돌
아오는 모습은 소년을 슬프게 했다. 그래서 소년은 항상 바닷가로 내려가
노인이 둘둘 감은 낚싯줄이며 갈고리와 작살이랑 돛대에 휘감아 놓은 돛

세계 3대 소설, '어린왕자' '노인과 바다' '사람은 무엇으로 사는가'

이 소설들은 사람이라면 반드시 읽어야 할 작품들로, 세계 모든 학생들의 필독서로 꼽힌다. 또한 10대와 20대, 30~40대, 50~60대에 다시 읽으면 읽는 느낌이나 감동이 세대에 따라 다른 소설같이 느껴져 자주 읽을수록 좋은 소설로, 완역본을 통째로 실었다.

사람은 무엇으로 사는가
ЧЕМ ЛЮДИ ЖИВЫ

레프 니콜라예비치 톨스토이
LEV NIKOLAEVICH TOLSTOI

이가 아내와 자식과 함께 한 농가에 세들어 살고 있었다.
고 있지 않았던 그는 구두를 만들거나 고쳐서 번 돈으로
관 벌이가 형편 없었기 때문에 번 돈은 모두 먹는 데 쓸 수
. 옷 살 돈이 없어서 가죽 외투 한 벌을 아내와 번갈아 입었
도 너무 오래 되어 다 해지고 말았다. 그래서 그는 2년 전
외투를 사야겠다고 마음먹었다.
구두장이에게 약간 여유가 생겼다. 아내의 작은 돈 상자에
]가 모아졌고, 마을 농부들에게 꾸어 주고 돌려받을 돈이
]카가량 되었다.
장이는 아침 일찍 마을로 양가죽을 사러 가기로 했다. 그
마치고 털가죽 외투 위에 아내의 무명 재킷을 껴입고, 그
투를 걸쳤다. 그리고는 3루블짜리 지폐를 호주머니에 넣

488

우리는 아날로그에서는 뒤졌지만
디지털에서는 앞서간다. -**이건희**(KH)

가담항설街談巷說 세상의 풍문이나
길거리의 화제, 항간에 떠도는 소문.

1

_____★20____

_____★20____

_____★20____

_____★20____

MY BUCKET LIST

☐ ....
☐ ....
☐ ....
☐ ....

초일류기업은 후세에 남겨줄 지고의 가치이자 목표이다. **-KH**

가렴주구苛斂誅求 가혹하게 세금을 징수하거나
재물을 빼앗아 국민을 괴롭힘.

JAN

20 ★

20 ★

20 ★

20 ★

MY BUCKET LIST

☐
☐
☐
☐

21세기에는 사람을 위한 의료산업이 꽃피울 것이다. -**KH**

각골난망刻骨難忘 은덕을 입은 고마운 마음이
마음깊이 새겨져 잊혀지지 아니함.

★ **20**

★ **20**

★ **20**

★ **20**

MY
BUCKET
LIST

☐
☐
☐
☐

나는 뛰어난 작전치고 오래 끄는 것을 본 적이 없다. -**KH**

각주구검刻舟求劍 어리석고 미련해서
세상물정에 어둡고 융통성이 없음.

20 ★

20 ★

20 ★

20 ★

MY
BUCKET
LIST

☐
☐
☐
☐

위기와 불황을 체질강화의 디딤돌로 삼아라. -**KH**

간담상조肝膽相照 간과 담이 서로 통함.
즉 서로 마음을 터놓고 사귐.

★ **20**

★ **20**

★ **20**

★ **20**

MY
BUCKET
LIST

☐
☐
☐
☐

6

기업에는 핵이 되는 사람이 있고 점이 되는 사람이 있다. -**KH**

감언이설甘言利說 상대의 비위에 맞도록 꾸민
달콤한 말과 이로운 조건을 붙여 꾀는 말.

20 ★

20 ★

20 ★

20 ★

MY
BUCKET
LIST

☐
☐
☐
☐

일을 믿고 맡겼으면 권한을 주고 기다려야 한다. -**KH**

개과천선改過遷善 과거의 잘못을 고치고
옳은 길에 들어섬으로서 착하게 사는 것.

★20

★20

★20

★20

승부를 결정짓는 것은 수비가 아니라 공격이다. -**KH**

개문발차開門發車 시내버스 등에서
문이 열려 있는 상태에서 자동차가 출발함.

20 ★ _____

20 ★ _____

20 ★ _____

20 ★ _____

MY
BUCKET
LIST
☐ _____
☐ _____
☐ _____
☐ _____

때론 포기할 줄 아는 결단과 용기도 있어야 한다. -**KH**

건곤일척乾坤─擲 권력의 흥망을 걸고
마지막으로 승부를 겨루거나 결단을 내림.

★ 20

★ 20

★ 20

★ 20

MY
BUCKET
LIST

10

다른 문화에 대해서도 생각이 열려 있어야 한다. **-KH**

격물치지格物致知 사물의 이치를 구명하여
자기의 지식을 확고하게 함.

20 ___ ★

20 ___ ★

20 ___ ★

20 ___ ★

MY BUCKET LIST

☐
☐
☐
☐

승부를 결정짓는 것은 결국 수비가 아니라 공격이다. -**KH**

격세지감隔世之感 지난 세대와 같이 많은 변화가 있었음.

★__20____

_____

_____

_____

_____

★__20____

_____

_____

_____

_____

★__20____

_____

_____

_____

_____

★__20____

_____

_____

_____

_____

MY BUCKET LIST	☐	
	☐	
	☐	
	☐	

12

학연이나 지연에 얽매이면 조직은 붕괴된다. **-KH**

견강부회牽強附會 이치에도 맞지 않는 것을
억지로 끌어다 붙임.

20 ★

20 ★

20 ★

20 ★

MY BUCKET LIST
- [ ]
- [ ]
- [ ]
- [ ]

영화를 여러 각도에서 보면 작은 세계를 만나게 된다. **-KH**

견마지로犬馬之勞 개나 말과 같이
주인에게 충성스럽고 온 정성을 다함.

★ **20**

★ **20**

★ **20**

★ **20**

MY
BUCKET
LIST

☐
☐
☐
☐

더 이상 재래식 모방과 헝그리 정신만으로는 안 된다. -**KH**

견물생심見物生心 무슨 물건이든지 눈에 보이면
가지고 싶은 욕심이 생긴다.

20 _____ ★
_____
_____
_____
_____

20 _____ ★
_____
_____
_____
_____

20 _____ ★
_____
_____
_____
_____

20 _____ ★
_____
_____
_____
_____

MY BUCKET LIST
- [ ] _____
- [ ] _____
- [ ] _____
- [ ] _____

당신들은 최선을 다하겠지만 나는 목숨을 건다. -**KH**

결초보은結草報恩 죽은 후에라도 혼령이 되어
은혜를 잊지 않고 갚는다.

★ **20**

★ **20**

★ **20**

★ **20**

MY
BUCKET
LIST

☐
☐
☐
☐

이 세상에는 공짜도 없고 거저 되는 것도 없다. -**KH**

겸양지덕謙讓之德 겸손한 태도로
상대에게 사양하는 아름다운 덕.

20 ★

20 ★

20 ★

20 ★

MY
BUCKET
LIST

☐
☐
☐
☐

발상이 말랑말랑하지 않으면 절대 성공할 수 없다. **-KH**

경국지색傾國之色 나라의 운명을 위태롭게 할
뛰어나게 아름다운 미인.

★20

★20

★20

★20

MY BUCKET LIST

☐
☐
☐
☐

제일 무서운 사람은 회장도 대통령도 아닌
소비자고 국민이다. **-KH**

경세제민經世濟民 나라를 잘 다스리고
백성을 구제한다는 정치의 대도.

20 _★_

20 _★_

20 _★_

20 _★_

MY
BUCKET
LIST

☐
☐
☐
☐

경쟁력은 사람과 기술,
사회의 믿음과 사랑에서 나온다. -**KH**

경천동지驚天動地 하늘과 땅을 진동시킬 만큼
세상을 몹시 놀라게 함.

★__20__

_____

_____

_____

_____

★__20__

_____

_____

_____

_____

★__20__

_____

_____

_____

_____

★__20__

_____

_____

_____

_____

MY BUCKET LIST

☐ ....

☐ ....

☐ ....

☐ ....

출근부 찍지 마라. 없애라.
집이든 어디에서든 생각만 있으면 된다. -**KH**

경천위지經天緯地 하늘을 다스리고 땅을 다스리는 것,
즉 천하를 다스림.

20 ___ ★

20 ___ ★

20 ___ ★

20 ___ ★

MY BUCKET LIST
☐
☐
☐
☐

우리나라는 기업은 2류, 행정은 3류,
정치는 4류라는 말이 있다. -**KH**

계란유골鷄卵有骨 달걀에도 뼈가 있다.
즉 일이 방해됨.

★**20**

★**20**

★**20**

★**20**

☐
☐
☐
☐

21세기는 한 명의 천재가
10만~20만 명의 직원을 먹여 살린다. -**KH**

계명구도鷄鳴狗盜 잔꾀를 잘 부리거나
비열한 행동을 하는 사람.

20 ★

20 ★

20 ★

20 ★

MY
BUCKET
LIST

☐
☐
☐
☐

기회를 놓치고 나서
'이제부터 잘해서 만회하겠습니다.'는 소용없다. **-KH**

고고지성呱呱之聲 아기가 세상에 태어나면서
처음으로 우는 소리.

★**20**

★**20**

★**20**

★**20**

MY BUCKET LIST

☐

☐

☐

☐

바꾸려면 철저히 바꿔라.
극단적으로 마누라, 자식 빼고 다 바꿔라. -**KH**

고굉지신股肱之臣 임금이 가장 믿고 중히 여기는 신하.
팔다리와 같은 신하.

20 ⭐

20 ⭐

20 ⭐

20 ⭐

MY BUCKET LIST

☐
☐
☐
☐

바람이 강하게 불면 불수록
연은 더 높게 뜰 수 있다. -**KH**

고군분투孤軍奮鬪 외로운 군사력으로
많은 대적을 상대로 홀로 싸우는 것.

_★_20

_★_20

_★_20

_★_20

MY
BUCKET
LIST

새로운 10년이 시작된다. 21세기의 10년은
더욱더 빠르게 움직일 것이다. -**KH**

고량진미膏粱珍味 기름지고 살찐 고기와 맛있는 음식.

20 ★ _____

_____

_____

_____

20 ★ _____

_____

_____

_____

20 ★ _____

_____

_____

_____

_____

20 ★ _____

_____

_____

_____

_____

MY BUCKET LIST

☐ _____

☐ _____

☐ _____

☐ _____

우리는 위대한 내일을 향해
새로운 도전을 시작해야 한다. -**KH**

고목생화枯木生花 마른 나무에서 꽃이 핌.
어려운 사람이 행운을 얻음.

★**20**

★**20**

★**20**

★**20**

MY
BUCKET
LIST

☐
☐
☐
☐

여성 인력을 잘 활용하지 못하면
회사와 나라에 큰 손해. **-KH**

고복격양鼓腹擊壤 실컷 먹고 배를 두드리며 땅을 침.
즉 태평세월을 즐김.

__20____ ★ _____

__20____ ★ _____

__20____ ★ _____

__20____ ★ _____

**MY
BUCKET
LIST**

- [ ] _____
- [ ] _____
- [ ] _____
- [ ] _____

초음속을 돌파할 때는
재료부터 엔진까지 전부 바꿔야 한다. **-KH**

고진감래苦盡甘來 쓴 것이 다하면 단것이 오듯이
고생 끝에 낙이 온다.

★__20____

★__20____

★__20____

★__20____

MY
BUCKET
LIST

☐ --
☐ --
☐ --
☐ --

불량은 암이다. 삼성은 자칫 잘못하면
암 말기에 들어갈 것이다. -**KH**

곡학아세曲學阿世 왜곡된 학문으로 정도를 벗어난
세상 사람에게 아첨함.

20＿＿ ★

20＿＿ ★

20＿＿ ★

20＿＿ ★

MY BUCKET LIST

☐
☐
☐
☐

20세기는 경제전쟁 21세기는
두뇌전쟁의 시대가 될 것이다. -**KH**

골육상쟁骨肉相爭 뼈와 살이 서로 싸움.
즉 동족끼리 서로 싸움

⭐**20**

⭐**20**

⭐**20**

⭐**20**

MY
BUCKET
LIST

☐ ....
☐ ....
☐ ....
☐ ....

1

남의 잘됨을 축복하라.
그 축복이 메아리처럼 나에게 돌아온다. -**KH**

공중누각空中樓閣 공중에 나타나는 누각.
즉 근거가 없는 사물.

20 ___ ★

20 ___ ★

20 ___ ★

20 ___ ★

MY BUCKET LIST
☐
☐
☐
☐

힘들어도 웃어라.
절대자도 웃는 사람을 좋아한다. -**KH**

과유불급過猶不及 지나친 것은 부족함만 못하다.
즉 모든 일은 적당히 하라는 것.

★ **20**

★ **20**

★ **20**

★ **20**

MY
BUCKET
LIST

☐
☐
☐
☐

들어온 떡만 먹으려 말라.
떡이 없으면 나가서 만들어라. **-KH**

관포지교管鮑之交 서로 이해하고 믿고 아끼며
정답게 지내는 친구의 교제.

20 ★

20 ★

20 ★

20 ★

MY
BUCKET
LIST

- ☐
- ☐
- ☐
- ☐

FEB

기도하고 행동하라.
기도와 행동은 앞바퀴와 뒷바퀴다. **-KH**

괄목상대刮目相對 학식이나 재주가 갑자기 좋아져
경탄하여 눈을 비비며 다시 봄.

4

FEB

_★_**20**_____

_____

_____

_____

_____

_★_**20**_____

_____

_____

_____

_★_**20**_____

_____

_____

_____

_★_**20**_____

_____

_____

_____

_____

MY BUCKET LIST

☐ _____

☐ _____

☐ _____

☐ _____

내 영혼을 위해 투자하라.
투명한 영혼은 천년 앞을 내다본다. **-KH**

교각살우矯角殺牛 **뿔을** 바로 잡으려다 소를 죽인다.
즉 작은 일을 고치려다 큰일을 그르친다.

20 ★

20 ★

20 ★

20 ★

MY BUCKET LIST

☐
☐
☐
☐

마음의 무게를 가볍게 하라.
마음이 무거우면 세상이 무겁다. -**KH**

6

교언영색巧言令色 환심을 사기 위하여
교묘한 말과 애교 넘친 낯빛으로 남의 비위를 맞춘다.

FEB

★**20**

★**20**

★**20**

★**20**

MY
BUCKET
LIST

씨 돈은 쓰지 말고 아껴라.
씨 돈은 새끼를 치는 종자돈이다. -**KH**

구곡간장九曲肝腸 굽이굽이 사무친 애타는 마음속.

FEB

20 ★

20 ★

20 ★

20 ★

MY BUCKET LIST
☐
☐
☐
☐

적극적인 언어를 사용하라.
부정적인 언어는 있는 복도 나간다. -**KH**

구국간성救國干城 나라를 위기에서 구하고 지키려는
믿음직한 군인이나 인물.

★20

★20

★20

★20

MY
BUCKET
LIST

☐
☐
☐
☐

자신감을 높여라.
사람은 기가 살아야 운이 산다. -**KH**

구밀복검口蜜腹劍 입으로는 달콤한 말을 하면서
마음속에는 무서운 칼날을 품고 있음.

FEB

20 ★

20 ★

20 ★

20 ★

MY
BUCKET
LIST
☐
☐
☐
☐

장사꾼이 되지 말라.
경영자가 되면 보는 눈이 달라진다. -**KH**

군계일학群鶏一鶴 평범한 사람 가운데의
특별히 뛰어난 사람.

★__20__

★__20__

★__20__

★__20__

MY
BUCKET
LIST

☐
☐
☐
☐

11

세상에 우연은 없다.
한번 맺은 인연을 소중히 하라. -**KH**

군웅할거群雄割據 같은 시기에 여러 곳에서 일어난 영웅들이
멋대로 위세를 부린다.

20 _★_

20 _★_

20 _★_

20 _★_

**MY
BUCKET
LIST**

☐
☐
☐
☐

돈 많은 사람을 부러워 말고
그 사람이 사는 법을 배워라. -**KH**

궁서설묘窮鼠齧猫 쥐가 궁지에 몰리면 고양이를 물듯
약자가 깅직에게 딤빈다.

★**20**

★**20**

★**20**

★**20**

MY
BUCKET
LIST
☐
☐
☐
☐

본전 생각을 하지 말라.
손해가 이익을 끌고 온다. -**KH**

궁인모사窮人謀事 궁한 사람이 일을 꾀한다.
즉 일이 순조로이 되지 않음.

FEB

20 ★

20 ★

20 ★

20 ★

MY
BUCKET
LIST

☐
☐
☐
☐

느낌을 소중히 하라.
느낌은 신의 목소리다. -**KH**

권모술수權謀術數 상황에 따라 모략이나 수단으로
사람을 속임. 즉 임기응변의 꾀와 수단.

★**20**

★**20**

★**20**

★**20**

MY
BUCKET
LIST

☐
☐
☐
☐

돈을 애인처럼 사랑하라.
사랑은 기적을 보여준다. **-KH**

권불십년權不十年 권세는 십 년을 넘지 못함.
즉 부당하게 잡은 권세는 오래 가지 않음.

20 ⭑

20 ⭑

20 ⭑

20 ⭑

MY
BUCKET
LIST

- [ ]
- [ ]
- [ ]
- [ ]

기회는 눈 깜빡 하는 사이에 지나간다.
순발력을 키워라. -**KH**

권선징악勸善懲惡 착한 행동은 상을 주면서 권하고
악한 행동은 징계한나.

_____★**20**_____

_____

_____

_____

_____

_____★**20**_____

_____

_____

_____

_____★**20**_____

_____

_____

_____

_____★**20**_____

_____

_____

_____

_____

MY BUCKET LIST
- ☐ _____
- ☐ _____
- ☐ _____
- ☐ _____

말이 씨앗이다.
좋은 종자를 골라서 심어라. -**KH**

권토중래捲土重來 한 번 실패한 사람이
다시 분발하여 끝내 성공함.

FEB

20 ⭑

20 ⭑

20 ⭑

20 ⭑

MY
BUCKET
LIST

☐
☐
☐
☐

돌다리만 두드리지 말라.
그사이에 남들은 결승점에 가 있다. -**KH**

귀이천목貴耳賤目 귀로 듣는 것은 소중하게 여기고
눈으로 보는 것은 천하게 여긴다.

FEB

_★20_

_★20_

_★20_

_★20_

MY
BUCKET
LIST
☐ ....
☐ ....
☐ ....
☐ ....

돈의 노예로 살지 말라.
돈의 주인으로 기쁘게 살아라. **-KH**

금과옥조金科玉條 금옥과 같이
귀중히 여기는 법칙이나 규정.

20 ⭐

20 ⭐

20 ⭐

20 ⭐

MY BUCKET LIST

☐

☐

☐

☐

절망 속에서도 희망을 잃지 말라.
희망만이 희망을 키운다. **-KH**

금란지교金蘭之交 마음이 통하고 교분이 두터워
어려운 일도 함께하는 깊은 우정.

★**20**

★**20**

FEB

★**20**

★**20**

MY
BUCKET
LIST

21

인색하지 말라. 인색한 사람에게는
돈도 야박하게 대한다. -**KH**

금상첨화錦上添花 비단에 다시 꽃을 더한다.
즉 좋은 데에 좋은 것을 다시 보탠다.

FEB

20 ____ ★

20 ____ ★

20 ____ ★

20 ____ ★

MY BUCKET LIST

☐
☐
☐
☐

있을 때 겸손하고 없을 때는
당당하게 행동하라. **-KH**

금의환향錦衣還鄉 타향에서 크게 성공하여
고향에 돌아옴.

★__20__

★__20__

★__20__

★__20__

MY BUCKET LIST

☐ _____

☐ _____

☐ _____

☐ _____

한발만 앞서라.
모든 승부는 한발자국 차이다. **-KH**

금지옥엽金枝玉葉 임금이나 귀족 또는 귀한 사람
또는 가장 귀중한 물건.

FEB

20 ⭐

20 ⭐

20 ⭐

20 ⭐

MY
BUCKET
LIST

☐
☐
☐
☐

마음이 가난하면 가난을 못 벗는다.
마음에 풍요를 심어라. -**KH**

기문지학記問之學 항상 고서를 읽어 기억할 뿐
아무 응용능력이 없는 학문.

★__20__

★__20__

★__20__

★__20__

MY
BUCKET
LIST

☐ ....

☐ ....

☐ ....

☐ ....

돈이 가는 길은 따로 있다.
그 길목을 지키며 미소를 지어라. -**KH**

기사회생起死回生 죽음에서 다시 살아남.
즉 다 죽게 되었다가 다시 살아남.

FEB

20 ___ ★

20 ___ ★

20 ___ ★

20 ___ ★

MY BUCKET LIST

☐
☐
☐
☐

부자 옆에 줄을 서라.
산삼 밭에 가야 산삼을 캘 수 있다. **-KH**

기상천외奇想天外 대단히 신기하고 엉뚱하고
이상하고 기발한 생각 등.

★**20**

★**20**

★**20**

★**20**

MY
BUCKET
LIST

부자처럼 생각하고 행동하라.
나도 모르는 사이에 부자가 되어있다. -**KH**

기승전결起承轉結 처음에 말머리를 일으키고,
내용을 풀이하고, 변화를 주고, 끝맺는다.

FEB

20 ★

20 ★

20 ★

20 ★

MY
BUCKET
LIST

☐

☐

☐

☐

항상 기뻐하라.
그래야 기뻐할 일이 줄줄이 따라온다. -**KH**

기호지세騎虎之勢 범을 타고 가는 형세.
도중에서 내리면 범에게 물려 내리지 못하는 처지.

★ **20**

★ **20**

★ **20**

★ **20**

MY
BUCKET
LIST

☐ ....
☐ ....
☐ ....
☐ ....

경영이 무어냐고 묻는다면
'보이지 않는 것을 보는 것'이라 답하겠다. -**KH**

기화가거奇貨可居 보기 드문 물건을 사두었다가
때를 보아 큰 이익을 남기고 팖.

20 ★

---

20 ★

---

20 ★

---

20 ★

MY
BUCKET
LIST

☐
☐
☐
☐

어린 왕자

LE PETIT PRINCE

앙투안 드 생텍쥐페리

ANTOINE DE SAINT-EXUPÉRY

레옹 베르트에게

이 책을 어른에게 바친 데 대해서 모든 어린이들에게 용서를 구하고 싶어. 나에게는 용서받을 만한 그럴 듯한 이유가 있어. 이 어른이 이 세상에서 나와 가장 가까운 친구라는 점이야. 또 다른 이유도 있어. 이 어른은 무엇이든지 이해할 수 있고, 어린이들을 위한 책까지도 다 이해할 수 있다는 점이야. 세 번째 이유를 말하자면 이 어른이 프랑스에 살고 있는데, 그는 배고픔과 추위에 떨고 있다는 거야. 이 어른을 위로해야만 해. 이 모든 이유로도 마땅치 않다면 그가 어른이 되기 전의 어린 시절에 이 책을 바치고 싶어.(하기야 그 사실을 기억하는 어른은 드물지만.) 그래서 나는 '헌사'를 이렇게 고쳐 쓴 거야.

어린아이였을 때의 레옹 베르트에게

1

내가 여섯 살 되던 해였다고 기억하는데, 한 번은 '체험담'이라고 하는 원시림에 관한 책에서 놀라운 그림을 하나 보았어요. 그건 보아 뱀이 어떤 짐승을 막 삼키고 있는 그림이었어요. 위의 그림이 그걸 그대로 그려 본 거예요.

그 책에는 이런 말이 써 있었어요. '보아 뱀은 먹이를 씹지 않고 그대로 집어삼킨다. 그러고 나서는 움직이지도 못하고 먹이가 소화되는 반 년 동안 계속 잠만 잔다.' 그래서 나는 밀림에서 일어나는 여러 가지 일들에 대해 이리저리 생각해 본 뒤에, 색연필을 가지고 나의 첫 번째 그림을 그렸어요. 내가 그린 제1호 그림은 바로 이거예요.

나는 그림을 어른들에게 보여 주며 무서운 느낌이 드느냐고 물어보았어요.

그랬더니 어른들은 "모자가 뭐가 무섭단 말이야?" 하고 의아해했어요.

내 그림은 모자를 그린 게 아니었어요. 보아 뱀이 코끼리를 뱃속에 넣고 소화시키는 그림이었어요. 그래서 어른들이 이해할 수 있도록 보아 뱀의 속을 그려서 보여 주니 그제야 이해했어요. 어른들은 항상 설명을 해 줘야 해요. 내가 그린 제2호 그림은 이런 거예요.

어른들은 속이 보이는 보아 뱀이고 보이지 않는 보아 뱀이고 그런 그림 따위는 때려치우고 차라리 지리나 역사, 산수, 문법 같은 데 관심을 가지라고 말했어요. 그래서 나는 여섯 살 때 훌륭한 화가가 되겠다는 꿈을 포기하게 되었어요. 나는 내 두 그림이 성공을 거두지 못했다는 생각에 대단히 실망했어요. 어른들은 혼자서는 아무것도 이해하지 못해요. 그렇다고 항상 설명을 해 주려니 어린애인 나로서는 너무 벅찬 일이었어요.

할 수 없이 나는 다른 직업을 선택해야 했고 결국 비행기 조종사가 되었어요. 나는 온 세계의 꽤 많은 곳을 비행했어요. 지리는 내게 많은 도움이 되었어요. 나는 한눈에 중국과 애리조나를 구별할 수 있었으니까요. 밤에 길을 잘못 들었을 적에 지리 상식은 매우 유용했어요.

이렇게 살아가는 동안 나는 수많은 진지한 사람들과 만나게 되었고 그들과 수없이 친분을 쌓았어요. 나는 어른들 속에 살며 오랜 세월 그들을 아주 가까이에서 보아 왔어요. 그렇다고 어른들에 대한 내 생각이 많이 달라진 건 아니에요.

나는 좀 현명해 보인다 싶은 사람을 만나면 늘 가지고 다니던 내 제1호 그림으로 시험해 보았어요. 혹시나 누언가 알아보지 않을까 싶었기 때문이에요. 그러나 늘 "모자로군" 하고 대답하는 게 고작이었어요. 그럴 때마다 나는 보아 뱀 이야기도, 원시림 이야기도, 별 이야기도 꺼내지 않았어요. 그 사람이 알고 있는 브리지 게임, 골프, 정치, 넥타이에 관한 이야기를 했어요. 그러면 그 사람은 똑똑한 사람을 알게 되었다며 몹시 좋아했어요.

2 ─────

이렇게 나는 속마음을 나눌 사람 없이 혼자서 살아왔어요. 6년 전 사하라 사막에서 비행기가 고장을 일으키기 전까지는. 기관에 무언가 크게 고장이 난 거예요. 정비사도 승객도 없었기 때문에 나는 혼자서 그 어려운 수리를 해결해 보리라 생각했어요. 내게 있어서 그건 죽느냐 사느냐 하는 문제였어요. 마실 물이 겨우 일주일분밖에 남지 않았으니까요.

첫날 저녁 나는 사람들이 사는 곳으로부터 수만 리 떨어진 모래 위에서 잠이 들었어요. 넓은 바다 한가운데에 뗏목을 타고 있는 난파선의 선원보다도 훨씬 더 고립된 처지였어요. 그러니 동틀 무렵 이상한 작은 목소리가 나를 깨웠을 때 얼마나 놀랐을지 짐작해 보세요.

"저…… 나 양 한 마리만 그려 줘요!"

"뭐라고?"

"양 한 마리만 그려 줘요……."

나는 벼락이라도 맞은 것처럼 놀라서 벌떡 일어났어요. 나는 눈을 비비고 자세히 주위를 바라보았어요. 신기한 아이가 나를 엄숙하게 바라보고 서 있었어요. 여기 그 초상화가 있어요. 이 그림은 나중에 내가 그를 그린 것 중에서 제일 훌륭하게 그려낸 초상화예요. 물론 내 그림은 그 모델보다는 훨씬 멋이 없어요. 그렇지만 내 잘못이 아니에요. 여섯 살 적에 나는 어른들 때문에 화가의 길에서 멀어졌고, 속이 안 보이는 보아 뱀과 속이 보이는 보아 뱀 외에는 한 번도 그림 공부를 해 본 적이 없으니까요.

나는 놀라서 눈을 동그랗게 뜨고 홀연히 나타난 그 모습을 바라보았어요. 내가 사람 사는 땅에서 수만 리 떨어진 곳에 있다는 사실을 잊어서는 안 됐어요. 그런데 이 꼬마 친구는 길을 잃은 것 같지도 않고, 피곤해 보이거나 배고프거나 목마르거나 무서워하지도 않는 것처럼 보였어요. 사람 사는 곳에서 수만 리 떨어진 사막 가운데서 길을 잃은 아이라고는 전혀 볼 수가 없었어요.

마침내 내가 이렇게 말했어요.

"그런데…… 넌 거기서 뭘 하고 있니?"

하지만 그 아이는 무슨 아주 중대한 이야기나 한 것처럼 가만히 같은 말을 되뇌었어요.

"저…… 나 양 한 마리만 그려 줘요……."

너무도 신비스럽고 이상한 일을 당하면 감히 거역하지 못하는 법이에요. 사람이 사는 곳에서 수만 리 떨어진 곳에서 생명의 위협을 받고 있는 순간 정말 터무니없는 일이라는 생각이 들었지만, 나는 주머니에서 종이와 만년필을 꺼냈어요. 그렇지만 나는 고작 지리니 역사니 산수니 문법이니 하는 공부를 힘들여 한 일이 생각나서 약간 퉁명스럽게 그림을 그릴 줄 모른다고 말했어요.

그 아이는 나에게 대답했어요.

"괜찮아. 나 양 한 마리만 그려 줘요."

나는 양을 그려 본 일이 한 번도 없었기 때문에 내가 그릴 줄 아는 두 가지 그림 중에서 하나를 그려 주었어요. 속이 안 보이는 보아 뱀 그림 말이에요. 그런데 그 어린 꼬마가 놀랍게도 이렇게 대답했어요.

"아냐! 아냐! 난 보아 뱀의 뱃속에 든 코끼리는 싫어. 보아 뱀은 아주 위험해. 코끼리는 너무 거추장스럽고. 우리 집은 아주 작아요. 난 양이 필요해요. 양을 그려 줘요."

그래서 나는 양을 그렸어요.

그는 조심스럽게 살펴보더니 말했어요.

"아냐! 이 양은 벌써 병이 들었잖아. 다시 그려 줘요……."

나는 또 그렸어요.

내 친구는 얌전하게 웃더니 다시 말했어요.

"이건 …… 이건 양이 아니라 숫양이야. 뿔이 있잖아."

그래서 나는 이 그림을 그렸어요.

그러나 그것마저 앞의 그림들처럼 거절을 당했어요.

"이건 너무 늙었어. 내겐 오래 살 수 있는 양이 필요해."

나는 기관을 분해할 일이 급했기 때문에 더는 참지 못하고 아무렇게나 끄적여 건네주며 말했어요.

"이건 상자다. 네가 원하는 양은 이 속에 있어."

그러자 놀랍게도 어린 재판관의 얼굴이 환하게 밝아졌어요.

"맞아. 이게 바로 내가 바라던 그림이야! 그런데 이 양을 먹이려면 풀을 많이 줘야 할까?"

"왜?"

"우리 집은 너무 작아서……."

"아마 충분할 거야. 내가 그린 건 아주 조그만 양이니까."

그는 머리를 숙여 그림을 들여다보았어요.

"생각보다 그렇게 작지도 않은데 뭐……. 이것 봐요! 양이 잠들었어요……."

이렇게 해서 나는 어린 왕자를 알게 되었어요.

3 ───────

그가 어디서 왔는지를 알기까지는 꽤 오랜 시간이 걸렸어요. 어린 왕자는 내게 계속 질문을 하면서도 내가 묻는 말에는 귀를 기울이지 않았어요. 무심코 내뱉는 말을 듣고 나는 차츰차츰 그를 알게 되었어요. 내 비행기를 처음 보았을 때(비행기 그림은 그리지 않을 거예요. 나에겐 너무 복잡하니까요) 그는 이렇게 물었어요.

"이 물건은 뭐야?"

"이건 물건이 아니야. 하늘을 날아다니는 거야. 비행기라고 하지, 내 비행기."

나는 내가 날아다닌다는 걸 알려 주는 일이 자랑스러웠어요. 그러자 그는 소리쳤어요.

"뭐! 아저씨가 하늘에서 떨어졌어?"

"그래."

나는 겸손하게 대답했어요.

"아! 참 신기하다……."

어린 왕자가 너무도 예쁘게 웃음을 터뜨렸는데, 그 때문에 나는 기분이 몹시 상했어요. 나는 사람들이 내 불행을 심각하게 받아들이기를 바랐으니까요. 그는 덧붙여 말했어요.

"그럼 아저씨도 하늘에서 왔구나! 어느 별에서 왔어?"

나는 그의 신비로운 존재를 밝히는 데에 한 줄기 서광이 비침을 깨닫고 얼른 물었어요.

"그럼 너는 다른 별에서 왔니?"

어린 왕자는 내 말에는 대답하지 않고 비행기를 바라보면서 가만히 머리를 끄덕였어요.

"그렇겠지, 이걸 타고 왔다면 저 멀리서 오지는 못했겠지……."

그리고 오랫동안 무엇인가 곰곰이 생각하다가 문득 내가 그려 준 양을 주머니에서 꺼내 그 보물을 열심히 들여다보았어요.

'다른 별들'에 대해서 약간 언급만 하고 말았으니 내가 얼마나 애가 탔을지를 생각해 보세요. 나는 좀 더 알아보려고 애를 썼어요.

"얘, 너 어느 별에서 왔니? 네가 사는 곳이 어디야? 내 양을 어디로 데려갈 거니?"

생각에 잠겨 한동안 말이 없던 그는 이렇게 말했어요.

"잘됐어. 아저씨가 준 상자가 밤에는 양의 집이 될 테니까."

"물론이지. 그리고 네가 말을 잘 들으면 낮 동안에 양을 매어 둘 고삐도 줄게. 말뚝도 주고."

이 말은 어린 왕자의 마음에 충격을 준 것 같았어요.

"매어 둔다고? 참 이상한 생각이야!"

"하지만 그렇게 묶어 두지 않으면 제멋대로 돌아다니다가 길을 잃어버 71

리게 되잖아……."

어린 왕자는 다시 웃음을 터뜨렸어요.

"가긴 어디로 간다는 거야?"

"어디로든지. 곧장 앞으로……."

그러자 어린 왕자는 웃음을 그치고 말했어요.

"내가 사는 곳은 작아서 괜찮아요."

그리고 어딘지 슬픈 듯한 목소리로 덧붙여 말했어요.

"앞으로 곧장 가도 별로 멀리 갈 수가 없어……."

4 ─────

이렇게 해서 나는 아주 중요한 두 번째 사실을 알아냈어요. 어린 왕자가 살던 별은 겨우 집 한 채보다 좀 클까 말까 하다는 것을요!

나는 그걸 별다르게 생각하지는 않았어요. 지구, 목성, 화성, 금성같이 사람들이 이름을 붙인 큰 별들 말고도 수많은 별들이 있는데, 너무 작아서 망원경으로도 잘 보이지 않는 별들이 수백 개도 넘는다는 걸 나는 잘 알고 있었으니까요.

천문학자가 그런 별을 하나 발견하면 이름 대신에 번호를 붙여 줘요. 예를 들면 '소행성 325' 하고 부르는 거예요. 나는 어린 왕자가 살았던 별이 소행성 B612라고 생각하는데, 그렇게 믿을 만한 중요한 증거가 있어요. 이 소행성은 1909년 터키 천문학자의 망원경에 딱 한 번 보였을 뿐이에요.

이 천문학자는 당시 국제 천문학회에서 자기가 발견한 소혹성에 대해 확실한 증명을 했어요. 하지만 그의 옷차림 때문에 아무도 그의 말을 받아들이지 않았어요. 어른들은 늘 그렇다니까요.

B612 소행성의 명예를 위해서는 참으로 다행스럽게도, 터키의 어떤 독재자가 국민들에게 반드시 양복을 입도록 명령하고 거역하는 자는 사형에 처한다고 했어요. 이 천문학자는 1920년에 아주 멋있는 양복을 입고 나와서 다시 증명을 했어요. 이번에는 모두들 그의 의견에 동의했어요.

내가 B612 소행성에 대해 이 정도로 자세히 이야기하고 번호까지 일러 주는 건 순전히 어른들 때문이에요. 어른들은 숫자를 좋아하니까요. 어린이들이 어른들에게 새로 사귄 친구 이야기를 하면 그들은 정말로 중요한 건 묻지 않아요. "그 애 목소리가 어떠니! 무슨 놀이를 제일 좋아하니? 나비를 수집하니?" 이렇게 묻는 일은 절대로 없어요. "그 애 나이는 몇 살이니? 형제는 몇이나 되니? 몸무게는? 그 애 아버지는 얼마나 버니?" 하는 식의 질문만으로 어른들은 그 친구를 잘 알고 있다고 생각해 버려요.

만약 어른들에게 "창문에는 제라늄이 피어 있고, 지붕에는 비둘기들이 놀고 있는 아름다운 장밋빛 벽돌집을 보았어요"라고 말하면, 어른들은 그 집을 상상해 내지 못할 거예요. "십만 프랑짜리 집을 보았어요"라고 해야 그들은 비로소 "정말 멋진 집이겠구나!" 하고 탄성을 질러요.

그러니 여러분이 "어린 왕자가 있었다는 증거는 그 애가 멋있었고, 그 애가 웃었고, 그 애가 양을 가지고 싶어 했다는 거예요. 누군가 양을 갖고 싶어 한다면 바로 그가 살아 있다는 증거예요"라고 어른들에게 말하면, 그들은 고개를 흔들며 우리를 어린아이로 취급할 거예요! 하지만 "그가 떠나온 별은 B612 소행성이에요"라고 말하면 어른들은 곧 우리 말을 알아듣고 또 여러 가지 질문으로 여러분을 귀찮게 하지도 않을 거예요. 어른들은 늘 그런 식이에요. 그들을 나쁘게 생각해서는 안 돼요. 어린이는 어른들에게 아주 너그러워야 해요.

물론 인생을 이해하는 우리는 숫자 같은 건 대수롭지 않게 여기지요! 나는 옛날 동화처럼 이 이야기를 시작하고 싶었어요. 이렇게 말이에요.

"옛날에 자기보다 좀 더 클까 말까 한 별에 사는 어린 왕자가 있었답니다. 그는 친구를 갖기 원했어요……."

인생을 이해하는 사람들에게는 이 이야기가 훨씬 더 진실한 느낌을 주었을 거예요.

나는 사람들이 이 책을 가볍게 읽어 버리는 일이 싫어요. 그 추억을 이야기하려니 슬픔이 느껴져요. 내 친구가 양을 데리고 떠난 지 벌써 여섯 해가 지났어요. 지금 여기에 그의 모습을 그리려 하는 건 그를 잊지 않기 위해서예요. 친구를 잊어버린다는 건 너무도 슬픈 일이니까. 누구에게나 친구가 있었던 것은 아니에요. 그리고 나 역시 숫자밖에는 관심이 없는 어른들처럼 되어 버릴 수도 있어요. 내가 그림물감 상자와 연필 몇 자루를 사 온 것도 이 때문이에요.

여섯 살 적에 속이 보이는 보아 뱀과 속이 보이지 않는 보아 뱀을 그려 본 일 외에 전혀 그림이라곤 그려 본 적이 없는 내가, 이 나이에 그림을 다시 시작한다는 건 꽤나 힘든 일이에요. 물론 할 수 있는 한 그와 비슷한 초상을 그리려고 노력할 거예요. 그러나 꼭 성공할 수 있을지는 자신이 없어요. 어떤 그림은 그런대로 괜찮은데 어떤 그림은 닮지 않았어요. 키를 가늠하는데도 조금 틀려요. 이쪽 어린 왕자는 너무 크고 저쪽은 너무 작아요. 또 옷 색깔에 대해서도 망설여져요. 그래서 나는 되든 안 되든 이렇게도 저렇게도 그려 봤어요. 끝내는 더 중요한 부분에서 잘못을 저지를 것만 같아요. 그래도 그건 용서를 해 주어야 해요. 내 친구는 아무런 설명을 해 주지 않았으니까요. 아마 내가 자기와 같은 줄로 생각했는지도 몰라요. 하지만 나는 불행하게도 상자 속에 든 양을 꿰뚫어보지는 못해요. 나도 아마 조금은 어른을 닮아 버린 모양이에요. 아마도 늙어 버렸나 봐요!

5 ———————

날마다 나는 그가 말하는 별, 별을 떠나온 이야기, 그의 여행 등에 대해서 조금씩 알게 되었어요. 그것은 무엇인가 곰곰이 생각하는 중에 천천히 자연스럽게 이루어졌어요. 사흘째 되는 날 바오바브나무의 비극도 이런 식으로 알게 되었어요.

이번에도 역시 양 덕택이었어요. 갑자기 어린 왕자가 무슨 중대한 의문에 사로잡힌 듯 나에게 질문했던 거예요.

"양이 작은 나무를 먹는다는 게 정말이야?"

"응, 그럼."

"아! 잘됐다."

양이 작은 나무를 먹는다는 사실이 왜 그렇게 중요한 일인지 나는 알 수 없었어요. 그러나 어린 왕자는 또 물었어요.

"그렇다면 바오바브나무도 먹겠지?"

나는 바오바브나무는 작은 나무가 아니라 커다란 교회만큼 큰 나무이며, 그가 한 떼의 코끼리를 몰고 간다 하더라도 그 바오바브나무 하나를 당해내지 못할 거라고 어린 왕자에게 일러 주었어요.

코끼리 떼라는 말에 어린 왕자는 웃었어요.

"그놈들을 모두 포개어 놓아야겠네……."

그러나 그는 총명하게 이런 말도 했어요.

"바오바브나무도 크기 전엔 조그마한 나무잖아요."

"물론이야! 그렇지만 네 양이 어째서 작은 바오바브나무를 먹어야 하지?"

"아이 참! 그래 그거야!"

그는 다 아는 걸 묻고 있다는 듯이 대답했어요. 하는 수 없이 나 혼자이 수수께끼를 푸느라 애를 먹어야 했어요.

과연 어린 왕자의 별에도 다른 별들과 마찬가지로 좋은 풀과 나쁜 풀이 있었어요. 따라서 좋은 풀의 좋은 씨앗과 나쁜 풀의 나쁜 씨앗이 있었어요. 하지만 씨앗은 보이지 않아요. 씨들은 땅속 깊은 곳에서 문득 깨어나고 싶다는 생각이 들 때까지 잠을 자는 거예요. 그런 다음 이어서 기지개를 켜고 먼저 연약하고 예쁜 조그만 싹을 태양을 향해 조심조심 내밀어요. 그것이 무나 장미 나무의 싹이라면 마음껏 자라게 해도 좋아요. 그러나 나쁜 싹이라는 걸 알게 되면 얼른 뽑아내야 해요.

어린 왕자의 별에는 무서운 씨가 있었어요. 바로 바오바브나무의 씨였어요. 그 별의 흙에는 바오바브나무 씨가 가득했어요. 그런데 바오바브나무는 어쩌다 늦게 손을 쓰면 어찌할 도리가 없게 돼 버려요. 나무가 별 전체를 차지하고 그 뿌리로 별 깊숙이 구멍을 뚫는 거예요. 별이 너무 작아서 바오바브나무가 많으면 별이 폭발해 버리고 말아요.

"그건 규율 문제야."

어린 왕자는 나중에 이렇게 말했어요.

"아침 세수를 마치면 별도 몸단장을 꼼꼼히 해 줘야 돼. 장미나무와 구별할 수 있게 되면 그때그때 신경을 써서 바오바브나무를 뽑아 버려야 해. 아주 귀찮은 일이기도 하지만 그게 훨씬 쉬운 일이기도 해."

그리고 어느 날엔가는 이 땅에 사는 어린이들 머릿속에 꼭 새겨지도록 나에게 예쁜 그림을 하나 그려 달라고 말했어요.

"언젠가 여행을 하게 되면 꼭 필요할 거야. 때로는 할 일을 나중으로 미뤄도 괜찮은 경우가 있어. 하지만 바오바브나무를 그냥 놔두는 건 큰 사고야. 난 게으름뱅이가 사는 별을 하나 아는데, 그 게으름뱅이는 작은 나무를 셋이나 소홀히 넘겨 버렸어……."

나는 어린 왕자의 말대로 그 별을 그렸어요. 나는 도덕 선생 같은 말투를 쓰는 일이 싫지만, 바오바브나무의 위험은 전혀 알려져 있지 않고 또 길을 잘못 들어 어떤 소행성에 닿게 된다면 그 사람이 크나큰 위험을 당할 수도 있다는 생각이 들었어요. 그래서 나는 조심스런 태도를 버리고 도덕 선생처럼 말하기로 한 거예요.

"어린이들아! 바오바브나무를 조심해라!"

내가 이 그림을 정성 들여 그린 건 나와 마찬가지로 오래전부터 알지 못하고 지나쳤던 그 위험을 내 친구들에게 알려 주기 위해서예요. 내가 알리고자 하는 교훈은 그만한 값어치가 있어요. 여러분은 아마 이런 의문을 가질지도 몰라요. '왜 이 책의 다른 그림들은 바오바브나무만큼 굉장하지 않을까?' 대답은 지극히 간단해요. 그려 보았지만 성공하지 못했어요. 바오바브나무를 그릴 적에는 매우 조급한 생각에 사로잡혀 힘이 솟았던 거예요.

6 ———

아! 어린 왕자, 나는 이렇게 조금씩 네 쓸쓸한 생활을 알게 되었지. 너는 해질 때의 고요한 풍경을 바라보는 위안 외에는 오랫동안 기쁨이라는 걸 몰랐어. 나는 그 새로운 사실을 나흘째 되는 날 아침 네가 이런 말을 했을 때에야 알 수 있었지.

"나는 해가 지는 풍경이 좋아. 우리 해가 지는 걸 보러 가자……."

"그렇지만 기다려야지……."

"기다린다고? 뭘?"

"해가 지기를 기다려야지."

처음에 너는 몹시 의아해하다가 나중에는 자신의 실수를 깨닫고 웃었지. 너는 이렇게 말했어.

"난 아직도 내 별에 있는 줄 생각한다니까!"

사실이야. 누구나 다 아는 일이지만 미국이 정오일 때 프랑스에서는 해가 져. 단숨에 프랑스로 갈 수 있다면 해가 지는 걸 볼 수 있지만 불행하게도 프랑스는 너무 먼 곳에 있어. 하지만 그 조그마한 너의 별에서는 의자를 몇 발자국만 옮기면 되지. 그래서 너는 보고 싶을 때는 언제나 해 지는 장면을 구경할 수가 있었겠지…….

"언젠가는 해가 지는 걸 마흔세 번이나 구경했어!"

그리고 조금 후에 넌 이렇게 덧붙였지.

"아저씨도 알 거야. 몹시 슬플 땐 해 지는 걸 보고 싶어 한다는 걸 ……."

"그럼 마흔세 번 석양을 본 그날은 몹시 쓸쓸했겠구나?"

하지만 어린 왕자는 대답하지 않았어.

7 ─────

닷새째 되던 날도 역시 양 덕택에 어린 왕자의 삶의 비밀을 알게 되었어요. 그는 오랫동안 곰곰이 생각하던 문제의 결과인 듯, 밑도 끝도 없이 갑자기 이렇게 물었어요.

"양이 작은 나무를 먹는다면 꽃도 먹을 수 있겠지?"

"양은 닥치는 대로 다 먹는단다."

"그럼, 가시가 있는 꽃도?"

"그렇지. 가시 있는 꽃도 먹어."

"그럼 가시는 무슨 소용이 있어?"

나는 그것을 알지 못했어요. 그때 나는 기관에 너무 빡빡하게 조여진 나사를 풀려고 한창 애쓰는 중이었어요. 기계 고장이 생각보다 심각하다는 걸 감지했고, 또 물이 얼마 남지 않아서 최악의 사태에 직면하게 될지도 모른다는 생각에 매우 초조해졌던 거예요.

"그럼 가시가 왜 있는 거야?"

어린 왕자는 일단 물어본 것은 그냥 지나치는 일이 없었어요. 나는 나사 때문에 화가 나 있어서 아무렇게나 대답했어요.

"가시는 아무 쓸모도 없는 거야. 꽃이 심술을 부리는 거지."

"그래?"

어린 왕자는 잠시 가만히 있다가 원망스러운 듯이 불쑥 이렇게 말했어요.

"나는 아저씨 말을 믿을 수 없어! 꽃들은 연약해. 꽃들은 순진해. 꽃들은 자기들을 지킬 수 있는 한 지키려는 거야. 가시를 가지고 겁을 주려는 거야……."

나는 아무 말도 하지 않았어요. 그 순간 내 머릿속엔 이런 생각이 가득 차 있었어요.

'요놈의 나사가 계속 말썽을 부리면 망치로 두드려 깨트려야지.'

그런데 어린 왕자는 또다시 내 생각을 어지럽혀 놓았어요.

"아저씨도 그렇게 생각해? 모든 꽃들이……."

"아냐, 아냐! 생각해서 대답한 게 아냐. 그냥 말한 거야. 나는 지금 중대한 일을 하고 있단 말이야!"

그는 어리둥절해서 나를 쳐다보았어요.

"중대한 일이라고?"

어린 왕자는 내가 손에는 망치를 들고 온통 시커먼 기름투성이를 해가지고, 추하게 보이는 물건 위에 몸을 굽히고 있는 것을 보았어요.

"아저씨는 어른들같이 말하는군요!"

이 말을 듣고 나는 좀 부끄러워졌어요. 그러나 그는 매정하게 말했어요.

"아저씨는 모든 걸 엉망진창으로 만들고 있어. 모두 헷갈리고 있단 말이야!"

그는 무척 화가 나 있었어요. 그의 금빛 머리카락이 바람에 휘날렸어요.

"나는 얼굴이 빨간 신사가 살고 있는 별을 하나 알고 있어. 그 신사는 꽃향기를 맡아본 일도 없고, 별을 쳐다본 적도 없어. 그는 누구를 사랑해본 일도 없어. 그 사람은 계속해서 덧셈만 하고 다른 일은 해 본 적이 없어. 하루 종일 아저씨처럼 '나는 중요한 사람이다, 나는 중요한 사람이다!' 하고 되풀이하면서 오만하게 구는 거야. 그렇지만 그는 사람이 아니야, 버섯이야!"

"뭐라고?"

"버섯이라고!"

어린 왕자는 그만 화가 나서 얼굴이 핼쑥해졌어요.

"수백만 년 전부터 꽃들은 가시를 키워 왔어. 양들도 수백만 년 전부터 꽃들을 먹어 왔고. 그런데도 왜 그토록 꽃들이 아무 짝에도 쓸모없는 가시를 만들기 위해 애를 쓰는지 아는 일이 중요한 게 아니란 말이야? 양과 꽃들의 전쟁이 중요한 일이 아니란 말이지? 그 빨간 신사의 계산보다 중요하지 않단 말이야? 그리고 내 별 외에는 어느 별에도 없는 이 세상에 단 하나뿐인 꽃을 내가 알고 있는데, 양이 뭣도 모르고 단숨에 그 꽃을 먹어 버릴 수도 있다는 게 중요한 일이 아니라고?"

어린 왕자는 얼굴이 빨개져서 계속 말했어요.

"수백만이 넘는 수없이 많은 별들 속에 오직 하나밖에 없는 꽃을 사랑하는 사람은, 하늘에 반짝이는 별들만 바라봐도 행복할 거야. '저 별들 중 어딘가에 내 꽃이 있겠지……' 하고 생각하면서 말이야. 그런데 양이 그 꽃을 먹어 버리면 어떻게 되지! 마치 모든 별들이 갑자기 그 빛을 잃고 사라져 버리는 것과 같아. 그런데도 이 일이 중요하지 않단 말이야!"

그는 목이 메어서 더 이상 말하지 못하고 흐느껴 울기 시작했어요. 이미 밤이 되었어요. 나는 연장들을 내려놓았어요. 망치도 나사도 갈증도 죽음도 다 우습게 생각됐어요. 어떤 별, 나의 별인 이 지구 위에 내가 위로해 주어야 할 어린 왕자가 있었으니까요. 나는 그를 품에 안고 달래며 말했어요.

"네가 사랑하는 꽃은 이제 위험하지 않아. 양에게 입마개를 씌우면 위험하지 않을 거야. 네 꽃을 위해서는 갑옷을 하나 그려 줄게, 그리고……" **82**

더 이상 무슨 말을 해야 할지 알 수 없었어요. 나는 자신이 매우 서툴다는 것을 인정해야 했어요. 어떻게 그의 마음을 달래고, 어떻게 그의 마음을 다시 붙잡아야 하는지 알 수 없었어요……. 눈물의 나라는 그처럼 신비로웠어요.

8

나는 곧 그 꽃에 대해 더 자세히 알게 되었어요. 어린 왕자의 작은 별에는 전부터 꽃잎이 한 겹만 있는 아주 소박한 꽃들이 있었어요. 그 꽃들은 별로 자리를 많이 차지하지 않았고 누구에게 방해가 되지도 않았어요. 그것들은 어느 날 아침 풀숲에 나타났다가 저녁에는 사라지곤 했어요.

그런데 어느 날인가 어디서 날아왔는지 모르는 씨앗에서 싹이 텄던 거예요. 지금까지 보았던 싹과는 달라서 어린 왕자는 이 싹을 가까이서 자세히 살펴보았어요. 어쩌면 새로운 종류의 바오바브나무일지도 모른다고 생각했어요. 이 어린 나무는 어느 정도 자라다가 성장을 멈추고 꽃을 피울 준비를 했어요. 꽃봉오리가 커져 가는 것을 지켜보던 어린 왕자는 거기에서 곧 어떤 기적이 나타나리라고 생각했어요.

그러나 꽃은 계속해서 그 초록빛 방 안에 숨어 아름다움을 가꾸기에 바빴어요. 신중하게 색깔을 고르고 천천히 옷을 입으며 하나씩 하나씩 꽃잎을 다듬어 나가기 시작했어요. 양귀비꽃처럼 구겨진 채 나오기가 싫었던 거예요. 그 꽃은 자기의 아름다움이 절정에 달했을 때 비로소 모습을 드러내고 싶었던 거예요. 그래요! 정말, 무척 멋진 꽃이었어요. 그 신비로운 단장이 며칠이고 계속됐어요. 그러던 어느 날 아침 바로 해가 뜨는 시각에 맞추어 그 꽃은 활짝 피어났어요.

그렇게도 정성을 들여 오랫동안 몸치장을 하고 난 꽃이 하품을 하면서 말했어요.

"아아! 전 이제야 겨우 깨어났어요……. 미안해요……. 머리가 아직까지 많이 헝클어져 있어요."

어린 왕자는 감탄을 금할 수가 없었어요.

"당신은 정말 아름다워요."

"뭘요, 나는 해와 함께 태어났어요……."

꽃이 나지막하게 대답했어요.

어린 왕자는 그 꽃이 그다지 겸손하지는 않다는 걸 알아차렸어요. 하지만 그 꽃은 너무도 마음을 설레게 하는 꽃이었어요!

꽃은 말을 이었어요.

"지금은 아침 식사 시간이 아닌가요? 제 생각을 좀 해 주셨으면 좋겠어요……."

어린 왕자는 당황해하며 얼른 시원한 물뿌리개를 가져다 꽃에 뿌려 주었어요.

이렇게 해서 이 꽃은 약간은 변덕스러운 허영심으로 어린 왕자의 마음을 괴롭혔어요. 예를 들면 어느 날은 자기 몸에 난 네 개의 가시에 대해 이야기하며 어린 왕자에게 이런 말을 했어요.

"호랑이들이 발톱을 내밀고 달려들지도 몰라요!"

"우리 별에는 호랑이가 없어요. 그리고 호랑이는 풀을 먹지 않아요!"

어린 왕자는 꽃의 말에 즉각 반박했어요. 꽃도 지지 않고 부드러운 목소리로 대답했어요.

"나는 풀이 아니에요."

"미안해요……."

"호랑이는 무서울 게 없지만 바람이 부는 건 질색이에요. 바람막이 없으세요?"

'바람 맞는 게 무섭다고……? 식물 치고는 운이 좋지 않구나. 이 꽃은 너무 까다로워.'

어린 왕자는 마음속으로 깊이 생각했어요.

"저녁에는 유리 덮개를 씌워 줘야 해요. 이 별은 너무 춥군요. 살기에 적당치 않아요. 내가 살던 곳은……."

그러나 꽃은 말을 끝맺지 못했어요. 그 꽃은 씨의 모습으로 이 별에 왔으니 다른 세상에 대해서는 아무것도 알 리가 없는 처지였어요. 이렇게 뻔한 거짓말을 하려다가 들킨 게 속상해서 그 꽃은 어린 왕자를 타박하려고 괴롭다는 듯이 두세 번 기침을 했어요.

"바람막이는요?"

"가지러 가려던 참인데 당신이 말을 시켰잖아요……."

그러자 꽃은 어떻게 해서든 어린 왕자가 가책을 느끼게 하려고 기침을 더 심하게 했어요.

어린 왕자는 꽃을 사랑하여 모든 것을 좋게 해석하려고 했지만 곧 그 꽃을 의심하게 되었어요. 그는 대수롭지 않은 말을 중요하게 생각하였고, 그건 그를 아주 불행하게 했어요.

어느 날 어린 왕자는 내게 속마음을 털어놓았어요.

"그 꽃의 말을 듣지 않았어야 했어. 꽃들이 하는 말은 듣지 말아야 해. 꽃은 그냥 바라보고 향기만 맡으면 돼. 그 꽃도 내 별을 향기롭게 해 주었는데 나는 그걸 즐길 줄 몰랐어. 그 발톱 이야기 때문에 발끈했던 건 사실이지만, 그렇게 화를 내지 말고 가엾게 생각했어야 하는데."

그는 계속 자기 마음을 이야기했어요.

"나는 그때 아무것도 몰랐어! 그 꽃이 하는 말이 아니라 행동을 보고 판단했어야 하는데. 그 꽃은 내게 향기를 주고 내 마음을 환하게 해 주었어. 거기서 도망치지 말았어야 했는데! 그 가련한 속임수 뒤에 애정이 숨어 있다는 걸 눈치챘어야 하는 건데. 꽃들은 모순덩어리거든! 그렇지만 나는 너무 어려서 그 꽃을 사랑할 줄 몰랐던 거야."

9 ———

나는 그가 철새들의 이동을 이용해 자기 별에서 떠나왔으리라 생각했어요.

떠나던 날 아침 그는 별을 깨끗이 정돈했어요. 불을 뿜는 화산을 정성껏 청소했지요. 그의 별에는 활화산이 두 개 있었는데 그것들은 아침 식사를 데우기에 아주 편리했어요. 그 별에는 사화산도 하나 있었어요. 하지만 '알 수 없는 일이야!'라고 한 그의 말마따나 어린 왕자는 꺼진 화산의 구멍도 똑같이 청소했어요. 화산들은 청소만 잘해 주면 무작정 폭발하지 않고 조용히 규칙적으로 불타오르니까요. 화산의 폭발이란 굴뚝의 불길과 같은 거예요. 지구에 사는 우리는 화산에 비해 너무 작기 때문에 청소를 해 줄 수가 없어요. 그래서 우리는 화산 폭발 때문에 많은 피해와 어려움을 겪는 거예요.

어린 왕자는 약간 서글픈 마음으로 나머지 바오바브나무 싹도 뽑아 주었어요. 다시는 돌아오지 못할 거라고 생각했던 거예요. 그날 아침엔 일상적으로 해 오던 그 모든 일들이 유난히 정겹게 생각되었어요. 그리고 마지막으로 꽃에 물을 주고 위험으로부터 보호해 주기 위해 유리 덮개를 씌울 때에는 그만 울고 싶어졌어요.

"잘 있어요."

그가 꽃에게 간신히 말했지만 꽃은 대답하지 않았어요.

"잘 있어요."

그는 다시 한 번 말했어요.

꽃은 기침을 했어요. 하지만 그건 감기 때문이 아니었어요.

"내가 어리석었어요. 용서를 빌고 싶어요. 부디 행복하세요."

마침내 꽃이 말했어요.

어린 왕자는 꽃이 자기를 원망하지 않는 것이 놀라웠어요. 그는 유리 덮개를 손에 든 채 멍하게 있었어요. 그런 아늑함과 침착함을 그는 이해할 수가 없었어요.

"그래요, 난 당신을 사랑해요."

꽃은 말했어요.

"내 잘못이지만 당신은 너무도 몰라주었어요. 그런 건 아무래도 괜찮아요. 하지만 나만큼이나 당신도 어리석었어요. 행복하세요……. 그 유리 덮개는 그냥 치워요. 이제 필요 없어요."

"하지만 바람이……."

"감기가 심하게 든 건 아니니까요. 어쩌면 시원한 바람이 더 좋을 거예요. 난 꽃이니까."

"하지만 벌레들이……."

"나비를 보려면 벌레 두세 마리 정도야 견뎌 내야죠. 나비는 무척 아름답다던데. 그렇지 않으면 누가 날 찾아오겠어요? 당신은 멀리 떠날 테고. 난 발톱이 있으니까 커다란 짐승들은 겁나지 않아요."

꽃은 순진하게 자기 몸에 난 가시 네 개를 가리켰어요. 그리고 말했어요.

"그렇게 꾸물거리지 말아요. 자꾸 신경이 쓰여요. 이미 떠나기로 마음먹었으면 빨리 가란 말이에요."

꽃은 우는 모습을 그에게 보이고 싶지 않았던 거예요. 그만큼 자존심이 강한 꽃이었어요…….

10 ─────

어린 왕자의 별은 소행성 325호, 326호, 327호, 328호, 329호, 330호가 있는 쪽에 있었어요. 그는 우선 일자리도 알아보고, 뭔가 배울 게 없을까 하는 생각을 가지고 그 별들을 방문했어요.

그가 찾아간 첫 번째 별에는 왕이 살고 있었어요. 왕은 붉은빛 천과 흰 담비 털가죽으로 만든 옷을 입고, 단순하긴 하지만 위엄 있어 보이는 왕좌에 앉아 있었어요.

"오! 신하가 하나 오는구나."

왕은 어린 왕자를 보자 소리쳤어요.

'나를 한 번도 본 일이 없을 텐데 어떻게 알아보지?'

어린 왕자는 의아해했어요.

왕들에게는 이 세상 모든 사람이 신민이라는 간단한 원리를 어린 왕자는 알지 못했던 거예요.

"짐이 더 잘 볼 수 있도록 가까이 오라."

드디어 어떤 사람의 왕 노릇을 할 수 있다는 사실을 너무나 뿌듯해하며 그 왕은 자랑스럽게 말했어요.

어린 왕자는 앉을 자리를 찾으려고 주위를 둘러보았지만 그 별은 온통 왕의 담비 털가죽 망토 자락에 덮여 있었어요. 할 수 없이 어린 왕자는 그냥 서 있다가 너무 피곤해서 하품을 하고 말았어요.

그 모습을 본 왕이 얼른 명령을 내렸어요.

"왕 앞에서 하품을 하는 것은 예의에 어긋나는 일이다. 짐은 이를 금하노라."

"하품을 참을 수가 없어요. 긴 여행을 한데다가 잠을 잘 못 잤거든요."

어린 왕자는 변명했어요.

"그럼 짐은 하품을 명하노라. 여러 해 전부터 짐은 하품하는 사람을 보지 못해 하품하는 것이 신기하도다. 자! 또 하품을 하라. 명령이다."

"그렇게 말씀하시니까 이젠 겁이 나서 하품이 안 나와요."

어린 왕자는 얼굴을 붉히며 말했어요.

"흠! 흠! 그러면 짐은…… 어, …… 그대에게 명한다. 하품을 하기도 하고……."

빠른 몇 마디를 중얼거리던 왕은 심기가 불편한 듯했어요. 왜냐하면 왕은 무엇보다도 자기 권위가 존중되기를 원하기 때문이에요. 그는 불복종을 허용하지 않는 절대군주였어요. 그러나 그는 선량한 사람이었기 때문에 이치에 맞는 명령을 내렸어요. 그는 평소에 이런 말도 하곤 했어요.

"짐이 만일 어떤 장군에게 새로 변하라고 명령하였는데 장군이 그 말을 따르지 않았다면, 그것은 장군의 잘못이 아니라 짐의 잘못이로다."

"앉아도 될까요?"

어린 왕자는 조심스럽게 물었어요.

"짐은 그대에게 앉기를 명하노라."

이렇게 대답하면서 왕은 담비 망토 자락을 끌어올렸어요.

어린 왕자는 깜짝 놀랐어요. 별이 너무나 작았기 때문이에요. 도대체 이 왕은 무얼 다스리고 있는 걸까요?

"폐하…… 제가 여쭤 보는 것을 용서하셨으면 하는데……."

"짐은 질문하기를 명하노라."

어린 왕자가 말하자 왕이 서둘러 대답했어요.

"폐하께서는 과연 무엇을 다스리시는 건가요?"

"모든 것을."

왕은 간단하게 대답했어요.

"모든 것을요?"

왕은 천천히 자기 별과 다른 모든 별들 그리고 떠돌이별들을 가리켰어요.

"저 전부를요?"

어린 왕자가 반문했어요.

"저것들 모두……."

왕이 대답했어요. 그는 절대군주였을 뿐만 아니라 전 우주의 왕이었기 때문이에요.

"저 모든 별들이 모두 폐하의 명령에 복종하나요?"

"물론이로다. 별들은 즉시 복종하노라. 짐은 규율을 어기는 것을 용납하지 아니하노라."

그러한 권력은 어린 왕자를 감탄시켰어요.

'내게도 이런 힘이 있다면 의자를 움직이지 않고도 해 지는 광경을 하루에 마흔네 번이 아니라 일흔두 번이라도, 아니 백 번까지라도, 아니 이백 번이라도 구경할 수 있었을 텐데…….'

그러자 자기가 버려두고 온 작은 별에 대한 추억이 떠올라 약간 서글픈 마음이 들었기 때문에, 그는 용기를 내어 왕에게 청원을 했어요.

"해 지는 광경을 보았으면 합니다. 제발 그렇게 해 주세요. 해가 지기를 명령해 주세요……."

"만약에 짐이 어떤 장군더러 나비처럼 이 꽃 저 꽃으로 날아다니라거나, 한편의 희곡을 쓰라거나, 물새로 변하라고 명령했는데도 장군이 자기가 받은 명령을 이행하지 않는다면 장군과 짐 둘 중에 누구의 잘못이겠는가?"

"그야 폐하의 잘못이지요."

어린 왕자는 당돌하게 대답했어요.

"옳도다. 누구에게든 가능한 일을 명령해야만 하느니라. 권위는 이성에 근거를 두는 법이로다. 만일 백성들에게 바다에 빠지라고 명령하면 그들은 모반을 일으킬 것이다. 짐이 복종을 요구할 권리가 있음은 짐의 명령이 이치에 맞는 까닭이로다."

"그러면 제가 부탁한 석양은 어떻게 되나요?"

한 번 질문을 던지면 잊어버리는 일이 없는 어린 왕자는 이렇게 일깨웠어요.

"해 지는 광경을 보게 되리로다. 짐은 그것을 요구하겠노라. 하지만 짐의 다스리는 원칙을 따라 조건이 갖추어지기를 기다리겠노라."

"언제 조건이 갖추어질까요?"

어린 왕자는 다시 물었어요.

"흠! 흠! 흠!"

왕은 먼저 커다란 달력을 찾아보고 나서 대답했어요.

"그것은…… 그것은 오늘 저녁…… 일곱 시 사십 분경이 될 것이니라! 그때 그대는 짐의 명령이 얼마나 잘 이행되는지 보게 될 것이로다."

어린 왕자는 하품을 했어요. 그는 해 지는 광경을 못 보게 되어 서운했어요. 그는 약간 지루해졌어요.

어린 왕자는 왕에게 이렇게 말했어요.

"저는 여기서 할 일이 없으니 이제 떠나겠어요."

신민을 한 사람 가지게 된 것이 몹시도 자랑스럽던 왕은 서둘러 말했어요.

"떠나지 말라. 짐은 그대를 장관에 임명하노라!"

"무슨 장관이요?"

"법무부 장관!"

"여기엔 재판받을 사람이 아무도 없는데요?"

"알 수 없는 일이도다. 짐은 아직까지 짐의 왕국을 순시한 일이 없노라. 짐은 매우 늙었고, 수레를 놓을 자리도 없고, 걷는 일은 힘이 드노라."

왕이 대답했어요.

"오! 그렇지만 저는 벌써 다 보았는걸요."

몸을 기울여 별의 저쪽을 한 번 둘러보고 난 어린 왕자는 말했어요.

"저쪽에도 아무도 없어요……."

"그러면 그대 자신을 심판하라. 이것이 가장 어려운 일이로다. 남을 판단하기보다 자기 자신을 판단하는 것이 훨씬 어려운 일이니라. 그대가 그대 자신을 잘 심판하게 되면 그대는 지혜로운 사람이 될 것이니라."

"저는 아무데서라도 저 자신을 심판할 수 있어요. 꼭 여기서 살 필요는 없어요."

"흠! 흠! 짐의 별 어디엔가 늙은 쥐 한 마리가 숨어 있도다. 그대는 이 늙은 쥐를 재판할 수 있으리라. 그 쥐를 사형에 처하라. 그러므로 그 쥐의 생명은 그대에게 달려 있으리라. 하지만 매번 특사를 내려 그 쥐를 살려 두도록 하라. 쥐는 한 마리밖에 없으니까."

"저는 사형선고를 내리는 게 싫어요. 아무래도 가야겠어요."

"가지 말라."

어린 왕자는 준비를 다 끝냈으나, 늙은 왕의 마음을 서운하게 하고 싶지 않았어요. 그래서 이렇게 말했어요.

"폐하의 명령이 한 치의 오차도 없이 이행되기를 원하신다면 이치에 맞는 명령을 내려 주셔야 해요. 예를 들어 일 분 안에 떠나가라고 명령하실 수 있다고요. 시기적으로 알맞은 조건이 마련되었다고 생각되는데요……."

왕은 아무 대답도 하지 않았어요. 어린 왕자는 잠시 망설이다가 한숨을 쉬며 별을 떠났어요.

그러자 왕은 서둘러 소리쳤어요.

"짐은 그대를 대사로 임명하노라!"

왕은 잔뜩 위엄을 부렸어요.

'어른들은 참 이상하기도 하다.'

어린 왕자는 길을 가며 이렇게 생각했어요.

11 ———

두 번째 찾아간 별에는 허영쟁이가 살고 있었어요.

"아! 아! 드디어 숭배자가 하나 찾아오는군!"

허영쟁이는 어린 왕자를 보자마자 멀리서부터 소리쳤어요. 허영쟁이에게는 사람들이 모두 숭배자로 보이기 때문이에요.

"안녕하세요, 아저씨. 이상한 모자를 쓰셨네요."

어린 왕자는 인사를 했어요.

"이건 인사하려고 쓰는 거야. 사람들이 내게 환호를 보내면 답례하기 위한 거지. 그런데 불행히도 이리로 지나가는 사람이 아무도 없단 말이야."

"그래요?"

어린 왕자는 그의 말을 이해하지 못했어요.

"네 양손을 마주 쳐 봐."

허영쟁이가 시켰어요.

어린 왕자가 손뼉을 치니 허영쟁이는 모자를 벗어 들고 정중히 인사했어요.

'왕을 방문했을 때보다는 더 재미있는데.'

어린 왕자는 이렇게 생각했어요. 그래서 어린 왕자가 다시 박수를 치자 허영쟁이는 모자를 벗어 들며 허리를 굽혀 답했어요. 5분쯤 이렇게 하고 나니 어린 왕자는 이 장난에 싫증이 났어요.

"그런데 모자를 떨어뜨리려면 어떻게 해야 되나요?"

그러나 허영쟁이는 그의 말을 듣지 못했어요. 허영쟁이들에게는 칭찬 밖에는 아무것도 귀에 들어오지 않으니까요.

"너는 정말로 나를 숭배하니?"

허영쟁이가 어린 왕자에게 물었어요.

"숭배한다는 게 뭔데요?"

"숭배한다는 건 내가 이 별에서 가장 잘생기고, 가장 옷을 잘 입고, 제일 부자고, 가장 지적인 사람이라는 걸 인정한다는 뜻이지."

"그렇지만 이 별에는 아저씨 혼자뿐이잖아요?"

"제발 나를 즐겁게 해다오. 어서 나를 숭배해 주렴!"

"아저씨를 숭배해요. 그렇지만 그게 아저씨한테 무슨 소용이 있어요?"

어린 왕자는 고개를 갸우뚱하며 말하고 그 별을 떠났어요. 어린 왕자는 여행을 가는 동안 '어른들은 정말 이상하다'라고 생각했어요.

12 ——————

세 번째 별에는 술꾼이 살고 있었어요. 이 별에는 잠시 동안만 머물렀지만 어린 왕자는 마음이 몹시 우울해졌어요.

어린 왕자가 술꾼에게 물었어요.

"거기서 뭘 하시는 거예요?"

술꾼은 빈 병 한 무더기와 가득 찬 병 한 무더기를 앞에 놓고 우두커니 앉아 있었어요.

"술을 마시고 있지."

술꾼은 몹시 침울한 기색으로 대답했어요.

"술은 왜 마셔요?"

"잊어버리기 위해서."

"무얼 잊어버리려고요?"

어린 왕자는 그 술꾼이 측은하게 생각되어 물었어요.

"창피한 걸 잊어버리려고."

술꾼은 고개를 숙이며 고백했어요.

"뭐가 부끄러운데요?"

그를 도와줄 생각으로 어린 왕자는 물었어요.

"술을 마신다는 게 부끄러워!"

술꾼은 이렇게 말하고 입을 꾹 다물어 버렸어요.

어린 왕자는 머리를 갸웃거리며 그 별을 떠났어요. 어린 왕자는 길을 가며 '어른들은 정말 너무너무 이상하다'고 생각했어요.

13

네 번째 별에는 사업가가 살고 있었어요. 이 사람은 무엇이 그리 바쁜지 어린 왕자가 왔는데 고개조차 돌리지 않았어요.

"안녕하세요. 아저씨 담뱃불이 꺼졌네요."

어린 왕자가 말했어요.

"셋 더하기 둘은 다섯, 다섯 더하기 일곱이면 열둘, 열둘 더하기 셋이면 열다섯, 열다섯에다 일곱 하면 스물둘, 스물둘에다 여섯이면 스물여덟, 새로 불붙일 시간도 없다. 스물여섯에 다섯을 더하면 서른하나라. 휴우! 그러니까 합해서 오억 백육십이만 이천칠백삼십일이 되는구나."

"뭐가 오억인데요?"

"응? 너 여태 거기 있었니? 저어…… 오억 백만…… 뭐더라, 잊어버렸

네…… 나는 하도 바빠서 말이다. 나는 성실한 사람이야. 잡담할 시간이 없어! 둘 더하기 다섯은 일곱……."

"뭐가 오억 백만이란 말이에요?"

일단 질문을 하면 절대로 잊어버리지 않는 어린 왕자는 다시 물었어요.

사업가는 고개를 들었어요.

"나는 오십사 년 전부터 이 별에서 살아왔는데 그동안에 방해를 받은 일은 세 번밖에 없었어. 첫 번째는 스물두 해 전인데, 어디선지 풍뎅이가 날아와 뚝 떨어졌단다. 그놈이 어찌나 요란스러운 소리를 내는지 더하기를 하다가 네 번이나 틀렸어. 두 번째는 십일 년 전에 신경통이 일어났을 때야. 나는 운동 부족이야. 걸어다닐 시간이 없단 말이야. 나는 바쁜 사람이니까. 세 번째가……, 그래 바로 이번이야! 가만 있자, 오억 백만…… 이라고 했었지."

"뭐가 억이고 백만이란 말이에요?"

사업가는 조용해질 가망이 없음을 깨달았어요.

"가끔씩 하늘에 보이는 조그만 것들이 몇 억이란 말이다."

"파리 떼들 말인가요?"

"아니! 반짝반짝 빛나는 조그만 것들이지."

"벌들이요?"

"그것도 아니야! 그걸 보고 게으름뱅이들은 쓸데없이 공상을 하지. 하지만 난 착실한 사람이라서 그따위 부질없는 걸 보고 공상할 틈이 없어."

"아! 별들 말이에요?"

"그래, 맞아, 별들 말이다."

"별을 오억 개나 가지고 아저씨는 뭘 하는 거예요?"

"오억 백육십이만 이천칠백삼십일 개야. 나는 착실하고 정확한 사람이다."

"그런데 아저씨는 그 별을 가지고 뭘 하는 건데요?"

"무얼 하느냐고?"

"그래요."

"아무것도 안 해. 그냥 갖고 있는 거야."

"별을 갖는다고요?"

"그래."

"그렇지만…… 난 왕을 만나 보았는데……."

"왕들은 소유하는 게 아니라 '다스리는' 거야. 그건 아주 달라."

"별을 갖는 게 아저씨한테 필요한 일인가요?"

"부자가 되는 데 필요하지."

"그럼 부자가 되는 건 무슨 소용이 있어요?"

"다른 별을 발견하면 그걸 또 살 수 있는 거야."

어린 왕자는 '이 사람도 그 술꾼과 비슷한 말을 하는구나' 하고 생각했어요.

그렇지만 그는 다시 질문했어요.

"어떻게 별을 갖는데요?"

"별들이 누구 거지?"

사업가는 까다롭게 되물었어요.

"몰라요. 아무도 없잖아요."

"그러니까 내 거야. 내가 제일 먼저 그걸 생각했으니까."

"그러면 다 되는 거예요?"

"아, 물론. 만일 네가 임자 없는 다이아몬드를 보았다면 그건 네 거야. 임자 없는 섬을 네가 발견하면 그 섬이 네 소유가 되. 네가 맨 먼저 어떤 생각을 해내면 거기 대해서 특허를 내면 돼. 그 생각은 네 것이니까. 그러니까 별은 내 거야. 나보다 먼저 별을 갖겠다고 생각한 사람은 없으니까."

"그렇군요. 그런데 그걸로 무얼 해요?"

"그걸 관리하지. 그 별들을 세고 또 세는 거야. 그건 어려운 일이야. 하지만 나는 성실한 사람이거든!"

어린 왕자는 그래도 만족스럽지 않았어요.

"나는 말이에요, 목도리가 있으면 그걸 목에 두르고 다닐 수가 있어요. 또 꽃이 있으면 그걸 따서 가지고 다닐 수도 있어요. 그렇지만 아저씨는 별을 딸 수가 없잖아요!"

"없어, 하지만 그걸 은행에 맡겨 둘 수는 있지."

"그게 무슨 소리예요?"

"작은 종이에다 내 별의 숫자를 써서 서랍에 넣고 잠근단 말이야."

"그뿐이에요?"

"그거면 충분하지!"

'그거 재미있네. 꽤 시적이기도 해. 그렇지만 그게 중요한 일은 아니야.'

어린 왕자는 중요한 일이라는 견해에 대해서 어른들과는 다른 생각을 가지고 있었어요. 그는 이런 말도 했어요.

"나는 꽃이 하나 있는데, 매일 물을 줘요. 또 화산이 세 개 있는데 일주일에 한 번씩 청소를 하고요. 사화산까지도 어떻게 될지 몰라서 깨끗이 청소를 해요. 이렇게 하는 게 꽃이나 화산한테 이로운 일이에요. 그렇지만 아저씨는 별들에게 하나도 이로울 게 없네요."

사업가는 뭐라고 대꾸하고 싶었지만 얼른 대답할 말이 떠오르지 않았어요. 어린 왕자는 그 별을 떠났어요.

어린 왕자는 계속 길을 가며 '어른들은 정말 이상하다'고 생각했어요.

14 ───────

다섯 번째 별은 아주 이상했어요. 지금까지의 별들 중에서 가장 작은 별이었어요. 그저 가로등 하나와 그 가로등에 불을 붙이는 한 사람이 앉을 만한 공간이 있을 뿐이었어요. 하늘 한구석에 있는, 집도 없고 사람도 없는 별에 가로등과 점등하는 사람이 왜 있어야 하는지 어린 왕자는 이해할 수가 없었어요.

어린 왕자는 이렇게 생각했어요.

'이 사람은 어리석은 사람인 것 같아. 그래도 왕이나 허영쟁이나 사업가나 술꾼 같은 엉터리보다는 낫겠지. 적어도 그가 하는 일에는 의미가 있으니까. 그 가로등을 켜면 별이나 꽃을 하나 돋아나게 하는 거랑 같고, 가로등을 끄면 꽃이나 별을 잠재우는 일이지. 이건 아름다운 일이야. 아름다우니까 이로운 일이기도 해.'

어린 왕자는 별에 발을 들여놓으며 점등하는 사람에게 공손히 인사를 했어요.

"안녕하세요. 아저씨 왜 지금 가로등을 껐어요?"

"명령이야, 안녕."

그가 대답했어요.

"명령이 뭔데요?"

"가로등을 끄라는 거지, 잘 자거라."

그러고 나서 그는 금방 다시 가로등을 켰어요.

"왜 불을 다시 켜요?"

"명령이야!"

"전 이해가 안 돼요."

어린 왕자가 말했어요.

"알지 못할 건 없어. 명령은 명령이니까, 잘 잤니."

그러면서 그는 도로 가로등을 껐어요.

이어 그는 붉은 바둑판 무늬의 손수건으로 이마의 땀을 닦았어요.

"이건 정말 힘든 일이란다. 예전에는 괜찮았어. 아침에 불을 끄고 저녁에는 켰으니까. 나머지 낮 시간에는 쉴 수도 있고 밤에는 잘 수도 있었지……."

"그럼 그 뒤로 명령이 바뀌었나요?"

"명령이 바뀐 건 아니란다. 그러니 큰일이지! 이 별은 해마다 자꾸자꾸 더 빨리 도는데 명령이 바뀌지 않는단 말이야!"

"그래요?"

"이젠 일 분에 한 바퀴씩 별이 도니까 단 일 초도 쉴 시간이 없어. 일 분에 한 번씩 켜고 끄고 해야 하니까!"

"참 신기하군요! 아저씨네 별은 일 분이 하루가 되는군요."

"이상할 거 없단다. 우리가 이야기하는 동안 벌써 한 달이 지났어."

"한 달이라고요?"

"그래. 삼십 분이니 삼십 일이지! 잘 자거라."

그리고 그는 다시 가로등을 켰어요. 어린 왕자는 명령에 이렇게까지 충실한 이 사람이 좋아졌어요. 어린 왕자는 전에 자기 별에서 의자를 끌어당겨 해 지는 걸 보던 일이 생각났어요. 어린 왕자는 점등하는 사람을 도와주고 싶었어요.

"아저씨…… 나는 아저씨가 쉬고 싶을 때 쉴 수 있는 방법을 알아요."

"쉬고 싶어. 그걸 가르쳐 줘."

그가 말했어요. 사람은 충실하면서 동시에 게으를 수도 있으니까요.

어린 왕자는 말을 이었어요.

"아저씨 별은 아주 작아서 세 걸음이면 한 바퀴를 돌 수 있어요. 그러니까 항상 해를 볼 수 있도록 천천히 걷기만 하면 돼요. 아저씨가 쉬고 싶을 때는 걸으면 되는 거예요. 그러면 낮이 계속되는 거예요."

"그건 별로 도움이 안 돼. 내가 원하는 건 잠을 자는 거니까."

"그렇다면 안됐군요."

어린 왕자가 말했어요.

"안됐고 말고, 잘 잤니."

점등 하는 사람은 말하면서 다시 가로등을 껐어요.

어린 왕자는 더 먼 길을 가며 이런 생각을 했어요.

'저 사람은 왕이니 허영쟁이니 술꾼이니 사업가니 하는 사람들에게 업신여김을 당할 거야. 하지만 내가 보기에 우스꽝스럽지 않은 사람은 저 사람뿐이야. 그건 아마 저 사람이 자기 일 외에 다른 일을 보살피고 있기 때문일 거야.'

어린 왕자는 아쉬운 마음에 한숨을 내쉬며 계속 생각했어요.

'내가 친구로 사귈 만한 유일한 사람은 그 사람이었는데. 그렇지만 그 별은 너무 작아서 둘이 있을 자리가 없어……'

어린 왕자가 차마 고백하지 못한 건, 무엇보다도 이 축복받은 별에서는 스물네 시간 동안에 천사백사십 번이나 석양이 찾아오기 때문에 아쉬워했다는 사실이에요!

15 ———————

여섯 번째 별은 열 배가 더 큰 별이었어요. 그 별에는 아주 큰 책을 쓰고 있는 노신사가 살고 있었어요.

"저런! 탐험가가 하나 오는군!"

노신사는 어린 왕자를 보자 소리쳤어요.

어린 왕자는 책상 옆에 앉아 숨을 잠시 돌렸어요. 벌써 얼마나 긴 여행을 했던가요!

"어디서 오는 길이니?"

노신사가 물었어요.

"이 큰 책은 뭐예요? 할아버지는 여기서 뭘 하세요?"

어린 왕자가 물었어요.

"나는 지리학자란다."

"지리학자가 뭔데요?"

"바다, 강, 도시, 산, 사막이 어디 있는지를 아는 사람을 말한단다."

"그건 참 재미있네요. 이제야 직업다운 직업을 보게 되었어요."

어린 왕자는 지리학자의 별을 한 바퀴 둘러보았어요. 그는 아직 이처럼 아름다운 별을 본 적이 없었어요.

"할아버지 별은 참 아름답군요. 큰 바다도 있나요?"

"나는 알 수 없단다."

지리학자가 대답했어요.

"그래요?"

어린 왕자는 실망했어요.

"산은요?"

"난 모른단다."

"도시와 강과 사막은요?"

"그것도 알 수 없어."

"할아버지는 지리학자라면서요?"

"그래. 그러나 나는 탐험가는 아냐. 내게는 탐험가 소질이 전혀 없어. 도시나 강, 산, 바다, 대양, 사막을 세러 돌아다니는 건 지리학자의 일이 아니야. 지리학자는 아주 중요해서 돌아다닐 수가 없단다. 서재를 떠나는 법이 없는 거야. 서재에서 탐험가들을 만나 보지. 지리학자는 탐험가들에게 물어서 그들이 회상해 낸 것들을 기록한단다. 그러다 그중에 어떤 탐험가가 본 것이 흥미가 있으면 지리학자는 그 탐험가의 인격을 조사하도록 한단다."

"그건 왜요?"

"탐험가가 거짓말을 하면 지리책에 크나큰 변화가 생기니까 그렇지. 또 탐험가가 술꾼인가 아닌가도 조사하지."

"왜요?"

"술꾼들은 사물을 둘로 보기 때문이야. 그렇게 되면 실제로 산이 하나 밖에 없는 곳에 둘이 있다고 기록해 넣을 수 있으니까."

"나쁜 탐험가가 될 만한 사람을 저도 알고 있어요."

"그럴 수 있지. 그래서 탐험가의 인격이 건전하면 나는 그가 발견한 것에 대해서 조사를 시킨단다."

"가 보나요?"

"아니. 그건 너무 복잡해. 탐험가에게 증거물을 내보이라고 요구하지. 가령 큰 산을 발견했다고 하면 거기서 큰 돌들을 가져오라고 한단다."

지리학자는 갑자기 흥분해서 소리쳤어요.

"그런데 너는 멀리서 왔구나? 탐험가로구나? 네가 살던 별 얘기를 해다오!"

지리학자는 큰 등록부를 펼치더니 연필을 깎았어요. 먼저 탐험가들의 이야기를 연필로 써 두었다가 탐험가가 증거품을 내놓을 때까지 기다리는 거예요.

"어땠니?"

지리학자가 물었어요.

"오, 제 별은 별로 흥밋거리가 못 돼요. 아주 조그맣거든요. 화산이 세 개 있는데, 둘은 활화산이고 하나는 불이 꺼진 화산이에요. 그렇지만 어떻게 될지 아무도 몰라요."

어린 왕자가 말했어요.

"어떻게 될지 알 수 없지."

"꽃도 하나 있어요."

"꽃은 기록하지 않아."

"왜요? 내 별에서 제일 예쁜 건데요!"

"꽃들은 덧없이 피었다 지니까."

"덧없다는 건 무슨 뜻이에요?"

지리학자가 대답했어요.

"지리책은 모든 책 중에서 가장 귀중한 책이야. 절대로 유행을 타서는 안 된단다. 산이 자리를 옮긴다는 건 아주 드문 일이고, 큰 바다에 물이 말라 버리는 일도 매우 드물지. 우리는 변하지 않는 것들만 기록한단다."

어린 왕자가 말을 막았어요.

"하지만 사화산도 다시 살아날 수 있잖아요. 덧없다는 건 무슨 뜻이에요?"

지리학자가 말했어요.

"화산이 죽었건 살았건 상관없어. 그건 우리에겐 똑같은 거야. 중요한 건 산이야. 산은 변하지 않는 거니까."

한 번 물어본 것은 포기한 적이 없는 어린 왕자가 또다시 물었어요.

"그런데 '덧없다'는 건 무슨 뜻이에요?"

"그건 '곧 사라질 염려가 있는 것'이란 뜻이지."

"내 꽃이 머지않아 사라질 위험이 있다고요?"

"물론이지."

어린 왕자는 생각했어요.

'내 꽃은 덧없는 거구나. 그런데 내 꽃은 자신을 보호하기 위한 가시가 네 개밖에 없어! 그런 꽃을 홀로 내버려 두고 떠나온 거야!'

이것이 그가 처음으로 후회한 순간이었어요. 그러나 어린 왕자는 다시 용기를 내었어요. 그리고 이렇게 물었어요.

"할아버지, 제가 어떤 별에 가 보는 게 좋을지 알려 주실래요?"

"지구라는 별에 가 보렴. 그 별은 평판이 좋으니까……."

그래서 어린 왕자는 자기 꽃을 생각하면서 길을 떠났어요.

16

그렇게 일곱 번째 찾아간 별이 지구였어요.

지구는 작은 별이 아니에요. 거기에는 왕이 백열한 명(물론 흑인 왕까지 합쳐서), 지리학자가 칠천 명, 사업가가 구십만 명, 술꾼 칠백오십만 명, 허영쟁이 삼억 일천일백만 명, 즉 이십억 가량의 어른들이 살고 있는 거예요.

전기를 발명하기 전까지 육대주 전체를 통틀어 사십육만 이천오백십일 명이나 되는 가로등 켜는 사람이 엄청난 군대처럼 무리를 이루고 있었다는 말을 하면 지구의 넓이가 얼마만 한지 짐작이 갈 거예요.

조금 멀리서 바라보면 그건 정말 찬란한 광경이었어요. 이 군대의 움직임은 오페라의 무용수들처럼 질서 정연했어요. 먼저 뉴질랜드와 오스트레일리아의 점등하는 사람들 차례였어요. 이들이 등불을 켜고 자러 가면, 이번에는 중국과 시베리아의 등불 켜는 사람들이 춤을 추며 들어왔어요. 그리고 이들 역시 무대 뒤로 사라지면 다음은 러시아와 인도의 점등하는 사람들 차례예요. 그 다음은 아프리카와 유럽, 남아메리카와 북아메리카 순서였어요. 그들이 무대로 들어서는 순서가 틀리는 일은 절대로 없었어요. 참으로 대단한 장관이었어요. 단지, 북극에 하나밖에 없는 가로등을 켜는 사람과 남극에 하나밖에 없는 가로등을 켜는 사람만이 한가하고 마음 편한 생활을 하고 있었어요. 그들은 일 년에 두 번만 일을 할 뿐이었거든요.

17 ————

재치를 부리다 보면 약간 거짓말을 할 일이 생기게 돼요. 점등 켜는 사람들 이야기를 하면서 나도 아주 정직하지는 못했어요. 잘 모르는 사람들에게는 지구에 대해서 잘못된 생각을 가지게 할 염려가 있으니까요. 넓은 지구에서 사람이 살고 있는 공간은 아주 작아요. 지구에 사는 이십 억 명이 무슨 집회에서처럼 바싹 다가선다면 사방 20마일 넓이 되는 광장에 넉넉히 들어갈 수 있을 거예요. 온 인류를 태평양의 아주 조그만 섬 안에 채워 넣을 수도 있을 거고요.

물론 어른들은 이 말을 믿지 않을 거예요. 어른들은 자기들이 훨씬 많은 자리를 차지하고 있는 줄로 생각하고 있으니까요. 자기들이 바오바브나무처럼 중요한 줄로 착각하는 거예요. 그러니까 여러분은 그들에게 계산을 해 보라고 조언을 하세요.

그들은 숫자를 몹시 좋아하니까 이렇게 하면 만족해할 거예요. 하지만 여러분까지 이 문제를 푸느라고 시간을 허비하지는 말아요. 그건 불필요한 일이니까요. 내 말을 믿으면 돼요.

어린 왕자가 지구에 이르자 사람을 아무도 만날 수 없어서 몹시 놀랐어요. 그는 혹시 다른 별을 찾아온 것이 아닌가 무서워하던 중에, 모래에서 달빛 같은 고리가 움직이는 것을 보았어요.

"좋은 밤이야."

어린 왕자는 재빨리 말을 걸었어요.

"안녕."

뱀이 대답했어요.

"내가 떨어진 이곳이 무슨 별이니?"

어린 왕자가 물었어요.

"지구의 아프리카야."

뱀이 대답했어요.

"아 그래! 그런데 지구에는 사람이 하나도 없니?"

"여기는 사막이야. 사막에는 사람이 살지 않아. 지구는 크단다."

뱀이 말했어요.

어린 왕자는 돌 위에 앉아 하늘을 바라보았어요.

"별들은 사람들이 언젠가는 자기 별을 찾아낼 수 있도록 저렇게 반짝이는 걸 거야. 내 별을 봐. 바로 우리 머리 위에 있어. 그렇지만 정말 멀구나!"

"참 아름다운 별이구나. 그런데 넌 여기 왜 왔니?"

뱀이 물었어요.

"꽃하고 갈등이 좀 생겼거든."

어린 왕자가 대답했어요.

"그랬구나!"

그러고 나서 그들은 말이 없었어요.

"사람들은 어디 있니? 사막은 좀 쓸쓸하구나……."

이윽고 어린 왕자가 다시 입을 열었어요.

"사람들과 같이 있어도 역시 외로워."

뱀이 말했어요.

"넌 참 이상한 짐승이구나. 손가락처럼 가느다랗고."

어린 왕자는 참지 못하고 이렇게 말했어요.

"하지만 나는 왕의 손가락보다도 더 강해."

어린 왕자는 미소를 띠며 말했어요.

"그렇게 무섭지 않을 거야……. 넌 다리도 없잖아……. 여행을 할 수도 없을 텐데."

"난 너를 배보다 더 멀리 데리고 갈 수 있어."

뱀은 어린 왕자의 발목에 금팔찌처럼 감기며 또 이런 말을 했어요.

"내가 건드리는 사람은 자기가 나왔던 땅으로 돌아가게 되는 거야……. 하지만 너는 순진하고 다른 별에서 왔으니까……."

어린 왕자는 대답하지 않았어요.

"너처럼 연약한 애가 바위투성이 땅 위에 있는 것을 보니 가엾은 생각이 드는구나. 네 별이 너무 그리우면 내가 언제고 너를 도와줄게. 나는 할 수 있어……."

"그래, 알았어! 그런데 어째서 너는 계속 수수께끼 같은 얘길 하니?"

어린 왕자가 물었어요.

"난 그걸 모두 풀거든."

뱀이 말했고 그들은 다시 말이 없었어요.

18

어린 왕자는 사막을 가로질러 갔지만 꽃 한 송이 외에는 아무도 만나지 못했어요. 꽃잎이 세 개 달린 보잘것없는 꽃이었어요.

"안녕."

어린 왕자가 인사했어요.

"안녕."

꽃이 대답했어요.

"사람들은 어디 있니?"

어린 왕자가 예의를 갖춰 물었어요.

이 꽃은 어느 날인가 대상隊商들이 지나가는 걸 본 일이 있대요.

"사람들? 예닐곱 명쯤 있을 텐데……. 여러 해 전에 그 사람들을 본 일이 있어. 그렇지만 어딜 가야 만날지는 도무지 알 수가 없어. 바람이 데리고 갔나 봐. 사람들은 뿌리가 없거든. 그래서 상당히 불편해 하지."

"잘 있어."

어린 왕자가 작별 인사를 했어요.

"잘 가."

꽃이 대답했어요.

19

어린 왕자는 높은 산에 올라갔어요. 그가 아는 산이라고는 무릎 높이의 화산 세 개밖에 없었어요. 그는 불이 꺼진 화산을 의자 대신 사용하기도 했어요. 그래서 이런 생각을 했어요.

'이렇게 높은 산에서는 한눈에 지구 전체와 사람들을 알아볼 수 있을 거야…….'

그러나 그는 바늘처럼 날카로운 바위산 꼭대기 외에 다른 건 아무것도 보지 못했어요.

"안녕!"

그는 무턱대고 정중하게 인사를 했어요.

"안녕…… 안녕…… 안녕……."

메아리가 대답했어요.

"너희들은 누구니?"

"너희들은 누구니…… 누구니…… 누구니……."

메아리가 대답했어요.

"내 친구들아, 나는 외로워."

"나는 외로워…… 외로워…… 외로워……."

메아리가 또 대답했어요.

그때 어린 왕자는 이런 생각을 했어요.

'이상한 별이로구나! 아주 메마르고, 몹시 날카롭고 모든 게 가혹한 별이야. 거기다가 사람들은 상상력도 없이 남이 하는 말만 되풀이하고……. 내 별에는 꽃이 하나 있지. 그 꽃은 언제나 먼저 말을 걸었는데…….'

20 ——————

어린 왕자는 한참 동안 모래와 바위와 눈 위를 이리저리 걸어 다닌 끝에 마침내 길을 하나 발견하게 되었어요. 그 길은 모든 사람들이 있는 데로 이어지고 있었어요.

"안녕."

어린 왕자가 인사했어요.

그곳은 장미꽃이 많이 피어 있는 정원이었어요.

"안녕."

장미꽃도 따라서 인사했어요.

어린 왕자가 꽃들을 쳐다보니 모두 자기 별에 있는 꽃과 닮아 있었어요.

"너희들은 누구야?"

어린 왕자는 어리둥절해서 물었어요.

"우리들은 장미꽃이야."

장미꽃들이 대답했어요.

"아! 그래……."

어린 왕자는 자기가 아주 불행하게 생각되었어요. 그의 꽃은 어린 왕자에게 이 세상에 자기 같은 꽃은 단 한 송이도 없다고 말했었는데, 지금 이 정원 하나에만도 아주 닮은 꽃이 5천 송이나 피어 있었으니까요!

'내 꽃이 이걸 보면 몹시 속이 상하겠지. 창피한 꼴을 겪지 않으려고 기침을 해 대고 금방 죽는 시늉을 할 거야. 그러면 나는 또 돌봐 주는 척을 하겠지. 안 그러면 내게 창피를 주려고 정말 죽을지도 몰라…….'

어린 왕자는 또 이런 생각도 했어요.

'나는 세상에 하나밖에 없는 꽃을 가져서 부자라고 생각했었는데, 장미는 흔한 꽃이었어. 그것 하고 무릎까지 오는 화산 세 개, 그중에 하나는

영영 꺼져 버렸을지도 모르는데. 그것 가지고는 훌륭한 왕자는 못 되겠구
나…….'

그러고는 풀밭에 엎드려 울었어요.

21 ————

여우가 나타난 건 그때였어요.

"안녕."

여우가 인사했어요.

"안녕."

어린 왕자는 얌전히 대답하며 고개를 돌렸지만, 아무것도 보이지 않았
어요.

"나 여기 있어. 사과나무 아래……."

나무 밑에서 목소리가 들려왔어요.

"넌 누구니? 정말 예쁘구나."

어린 왕자가 말했어요.

"나는 여우야."

"이리 와서 나하고 놀자. 난 너무나 슬퍼."

"난 너하고 놀 수가 없어. 길들여지지 않았으니까."

여우가 대답했어요.

"아! 미안해."

그러나 조금 생각한 끝에 어린 왕자는 이렇게 물었어요.

"'길들인다'는 게 무슨 뜻이지?"

"넌 여기 사는 아이가 아니구나. 넌 뭘 찾고 있니?"

여우가 물었어요.

"나는 사람들을 찾고 있어. 근데 '길들인다'는 게 무슨 뜻이야?"

"사람들은 총을 가지고 사냥을 해. 그건 대단히 불편한 일이야. 사람들
은 닭도 키우는데 그게 유일한 낙이야. 너도 닭을 찾니?"

"아니. 난 친구를 찾고 있어. '길들인다'는 건 무슨 뜻이니?"

"그건 너무나 잊혀져 있는 말이야. 그건 '관계를 맺는다'는 의미야."

여우가 대답했어요.

"관계를 맺는다고?"

"그래, 내게 있어서 너는 아직 수십만 명의 어린이들과 조금도 다름없는 아이에 지나지 않아. 그리고 나는 네가 필요하지 않고, 너 역시 내가 필요 없지. 너에게는 내가 수십만 마리의 여우와 같은 여우에 불과하니까. 그렇지만 네가 나를 길들이면 우리는 서로를 필요로 하게 될 거야. 내게는 네가 세상에서 유일한 존재가 될 테고, 네게는 내가 이 세상에 하나밖에 없는 존재가 될 거야……."

"이제 이해하기 시작했어."

어린 왕자는 말을 이었어요.

"내게 꽃이 하나 있는데…… 그 꽃이 날 길들인 것 같아……."

"그럴 수도 있지, 지구엔 온갖 것들이 다 있으니까……."

"으응, 지구에 있는 게 아니야."

어린 왕자가 말하자 여우는 의아한 모양이었어요.

"그럼 다른 별에 있어?"

"응."

"그 별에도 사냥꾼들이 있니?"

"아니."

"야, 거기 괜찮은데! 그럼 닭은?"

"없어."

"완전한 건 아무것도 없구나."

여우는 한숨을 쉬었어요. 하지만 여우는 하던 이야기로 되돌아갔어요.

"내 생활은 단조로워. 나는 닭들을 쫓고, 사람들은 나를 쫓아…… 닭들은 모두 비슷비슷하고 사람들도 모두 비슷비슷해. 그래서 나는 좀 권태로워. 그렇지만 지금부터 네가 나를 길들인다면 내 생활은 이제 환해질 거야. 난 여느 발자국 소리와는 다른 너의 발소리를 알게 될 거야. 다른 발자국 소리를 들으면 나는 굴속으로 들어갈 테지만 네 발자국 소리는 음악 소리처럼 나를 굴 밖으로 불러낼 거야. 그리고 저길 봐! 저기 밀밭이 보이지? 난 빵을 안 먹기 때문에 밀은 나한테 소용이 없어. 밀밭을 보아도 내 머리에는 아무것도 떠오르지 않아. 그게 몹시 슬퍼. 그런데 네 머리칼은 금빛이야. 그러니까 네가 나를 길들인다면 정말 신날 거야. 금빛이 도는 밀을 보면 네 생각이 날 테니까. 그러면 나는 밀밭을 스치는 바람 소리까지 사랑하게 될 거야……."

여우는 말을 중단하고 어린 왕자를 오래오래 쳐다보았어요.

"제발…… 나를 길들여 줘!"

어린 왕자는 대답했어요.

"나도 정말 그러고 싶어. 그렇지만 나는 시간이 별로 없어. 친구들을 찾아보아야 하고 알아야 할 것들도 많아!"

"누구나 자기가 길들인 것밖에는 알지 못하는 거야. 사람들은 이제 무얼 알 시간조차 없어지고 말았어. 사람들은 이미 만들어 놓은 것들을 가게에서 사고 있어. 하지만 친구를 파는 장사꾼은 없으니까, 사람들은 이제 친구가 없게 된 거야. 친구를 원한다면 나를 길들여!"

"어떻게 하는 건데?"

"아주 참을성이 많아야 해. 처음에는 내게서 좀 떨어져서 그렇게 풀밭에 앉아 있어. 내가 곁눈으로 너를 볼 테니까 너는 아무 말도 하지 마. 말이란 오해의 씨앗이니까. 그렇지만 매일 조금씩 더 가까이 앉으면 돼……."

어린 왕자는 이튿날 다시 왔어요. 여우가 이렇게 말했어요.

"시간을 정해 놓고 오면 더 좋을 거야. 가령 네가 오후 네 시에 온다면 나는 세 시부터 벌써 행복해지기 시작할 거야. 시간이 지날수록 나는 점점 더 행복을 느낄 거야. 네 시가 되면 나는 안절부절 못하고 걱정을 할 거야. 행복이 얼마나 값진 건지 알게 될 거야. 하지만 네가 아무 때나 오면 나는 몇 시에 마음의 준비를 해야 할지 알 수가 없지 않아?…… 의례가 필요한 거야."

"의례가 뭐니?"

어린 왕자가 물었어요.

"그것도 너무나 잊혀진 거야. 어떤 날을 그 밖의 날과 다르게, 어떤 시간을 그 외의 시간과 다르게 만드는 거야. 이를테면 사냥꾼들에게도 의례가 있어. 그들은 목요일에는 마을 처녀들하고 춤을 춘단 말이야. 그래서 목요일은 나한테 기막히게 신나는 날이란다! 나는 포도밭까지 소풍을 나가. 만약 사냥꾼들이 아무 때고 춤을 춘다고 해 봐. 그러면 그저 그날이 그날 같을 테고, 내게는 휴일이라는 게 없게 될 거야."

이렇게 해서 어린 왕자는 여우를 길들였어요. 그리고 떠날 시간이 다가왔을 때 여우는 말했어요.

"아! 울고 싶어."

"그건 네 잘못이야. 나는 너를 괴롭힐 생각은 조금도 없었는데, 네가 길들여 달라고 그래서……."

"그래."

"그런데 넌 울려고 하잖아?"

"그래."

"그럼 넌 아무것도 얻은 게 없잖아!"

"얻은 게 있어. 저 밀 색깔이 있으니까."

여우는 계속 말했어요.

"장미꽃들을 다시 보러 가 봐. 그럼 네 장미꽃이 이 세상에 단 하나란 걸 알게 될 거야. 그리고 나한테 작별 인사를 하러 와. 비밀 하나를 선물로 줄게."

어린 왕자는 장미꽃들을 다시 보러 갔어요.

"너희들은 내 장미꽃하고 조금도 닮은 데가 없어. 너희들은 아직 아무것도 아니야. 아무도 너희를 길들이지 않았고, 너희들도 누구 하나 길들이지 않았어. 내 여우도 너희와 마찬가지였어. 수많은 다른 여우들과 같은 여우에 지나지 않았지. 하지만 난 그 여우를 내 친구로 삼았고, 그래서 지금은 이 세상에 하나밖에 없는 여우가 되었어."

그러자 장미꽃들은 어쩔 줄을 몰라 했어요.

어린 왕자는 이런 말도 했어요.

"너희들은 아름답긴 하지만 속이 비었어. 누가 너희들을 위해서 죽을 수는 없을 테니까. 멋모르는 사람들은 내 장미도 너희와 비슷하다고 생각할 거야. 그렇지만 내겐 그 꽃 하나가 너희들 전부보다 더 중요해. 그건 내가 물을 준 꽃이기 때문이야. 내가 유리 덮개를 씌워 주고 바람막이로 바람을 막아 준 꽃이기 때문이야. 나비가 되라고 두세 마리는 남겨 두었지만, 내가 벌레를 잡아 준 것도 그 장미꽃이기 때문이야. 그리고 원망하는 소리나 자랑하는 말이나, 심지어 어떤 때는 침묵까지도 들어준 꽃이기 때문이야. 그건 내 장미이기 때문이야."

그리고 어린 왕자는 도로 여우한테 와서 작별 인사를 했어요.

"잘 있어."

"잘 가. 내 비밀은 이거야. 아주 간단해. 잘 보려면 마음으로 보아야 해. 가장 중요한 건 눈에 보이지 않아."

"중요한 건 눈에 보이지 않는다."

어린 왕자는 이 말을 기억하기 위해 되뇌었어요.

"네 장미꽃이 그렇게 소중해진 건 네가 너의 장미꽃을 위해서 쓴 시간 때문이야."

"내 꽃을 위해서 쓴 시간 때문에⋯⋯."

잊어버리지 않으려고 어린 왕자는 따라 말했어요.

"사람들은 이 진실을 잊어버렸어. 하지만 너는 잊어버리면 안 돼. 네가 길들인 것에 대해서는 넌 영원히 책임이 있어. 너는 네 장미꽃에 대해서 책임이 있어⋯⋯."

여우가 말했어요.

"나는 내 장미꽃한테 책임이 있다⋯⋯."

머리에 새겨 두려고 어린 왕자는 다시 한 번 말했어요.

22 ─────

"안녕하세요."

어린 왕자가 말했어요.

"안녕."

전철수가 대답했어요.

"아저씨, 여기서 뭘 하세요?"

"손님들을 천 명씩 고르고 있단다. 그 손님들을 태운 열차를 오른쪽으로 보내기도 하고 왼쪽으로 보내기도 하지."

그러는 중에 불이 환하게 켜진 급행열차가 천둥같이 요란스런 소리를 내며 전철수의 경비실을 흔들어 놓았어요.

"저 사람들은 무척 바쁜가 봐요. 뭘 찾아가는 거예요?"

어린 왕자가 물었어요.

"그건 기관사도 모른단다."

또 다른 급행열차가 반대편에서 우렁찬 소리를 내며 달려왔어요.

"그 사람들이 벌써 돌아오는 거예요?"

어린 왕자가 물었어요.

"아까 그 사람들이 아니라, 두 차가 서로 엇갈리는 거야."

"자기들이 있던 곳이 마음에 들지 않나 보죠?"

"사람은 자기가 있는 곳에서 만족하는 법이 없단다."

그러는데 세 번째 급행열차가 불을 환하게 켜고 으르렁거리며 달려왔어요.

"이 사람들은 앞에 간 손님들을 쫓아가는 건가요?"

"그들은 아무것도 쫓아가지 않는단다. 저 속에서 잠을 자거나 하품을 하겠지. 그저 아이들이나 유리창에다 코를 비벼 대고 있을 뿐이야."

"아이들만은 자기들이 찾는 게 무언지 알고 있어요. 아이들은 헝겊으로 만든 인형 하나 때문에 두 시간을 허비하고, 그래서 그 인형은 그들에게 아주 소중한 게 돼 버려요. 그러니까 그걸 빼앗기면 우는 거예요……"

어린 왕자가 말했어요.

"아이들은 운이 좋구나."

전철수가 말했어요.

23 ——————

"안녕하세요."

어린 왕자가 인사했어요.

"안녕하세요."

장사꾼이 대답했어요. 그는 갈증을 푸는 알약을 파는 장사꾼이었어요.

일주일에 한 알씩 먹으면 절대 목이 마르지 않는다는 약이에요.

"아저씨, 그건 왜 파는 거예요?"

"이건 많은 시간을 절약하게 만드는 거야. 전문가들이 계산을 했는데 일주일에 오십삼 분이나 절약되거든."

"그럼 그 오십삼 분을 가지고 뭘 하는데요?"

"자기 하고 싶은 걸 하지."

'나는 오십삼 분의 여유가 있다면 샘 있는 데로 천천히 걸어갈 텐데······.'

어린 왕자는 생각했어요.

24 ————

사막에서 비행기 고장을 일으킨 지 여드레째 되는 날이었어요. 나는 남아 있는 마지막 한 방울의 물을 마시면서 이 장사꾼 이야기를 들었어요.

"아! 너의 추억들은 정말 아름다워. 그런데 나는 아직 비행기를 고치지 못했어. 이제는 마실 물조차 떨어졌으니, 나도 샘 있는 데로 천천히 걸어갈 수만 있다면 좋겠구나!"

"내 친구 여우가······."

"얘야, 지금은 여우 이야기가 중요한 게 아니야!"

"왜요?"

"우린 목이 말라 죽을지도 몰라."

그는 내 말을 알아듣지 못하고 이런 대답을 했어요.

"죽게 되었다 해도 친구를 갖게 되었다는 건 좋은 일이야. 나는 여우 친구를 가진 게 참 기뻐······."

'이 아이는 위험이 어떤 건지 잘 몰라. 배고픔도 목마름도 알 리가 없어. 그저 햇볕만 좀 있으면 충분할 테니까······.'

나는 이런 생각을 했어요. 그러나 어린 왕자는 나를 바라보더니 내 생각에 대답하듯 말했어요.

"나도 목이 말라······. 우리 우물을 찾으러 가요······."

나는 피곤하다는 몸짓을 보였어요. 끝없는 사막 가운데에서 무턱대고 우물을 찾아 나선다는 건 당치도 않은 소리니까요. 그렇지만 우리는 걸음을 옮기기 시작했어요. 몇 시간 동안을 아무 말 없이 걷고 나니 해가 떨어지고 별이 빛나기 시작했어요.

나는 갈증 때문에 열이 좀 들떠서 꿈속인 듯 별들을 올려다보았어요. 어린 왕자가 한 말이 내 기억 속에서 춤을 추었어요.

"그래, 너도 목이 마르니?"

그러나 어린 왕자는 내 물음에는 대답하지 않고 이렇게 말할 뿐이었어요.

"물은 마음에도 좋을 거예요……."

나는 그의 대답을 이해하지 못했지만 다시 묻지는 않았어요. 그에게 그걸 물어보지 말아야 한다는 걸 잘 알고 있었으니까요.

그는 피곤해하며 주저앉았어요. 나도 그의 옆에 앉았어요. 그는 한동안 말이 없다가 이윽고 이런 말을 했어요.

"별들은 아름다워요. 누군가 보지 못한 꽃 한 송이 때문에 그런 거예요……."

"그렇고말고."

나는 그렇게 대답하고 달빛 아래 펼쳐진 모래 언덕을 말없이 바라보았어요. 그리고 이렇게 덧붙였어요.

"사막은 아름다워……."

그 말은 진심이었어요. 나는 언제나 사막을 사랑했어요. 모래언덕에 앉아 있으면 아무것도 보이지 않고 아무 소리도 들리지 않거든요. 그렇지만 조용한 가운데 무언가 빛나는 것이 있어요.

"사막이 아름다운 건 어딘가 우물을 감추고 있어서 그래요."

어린 왕자가 말했어요.

나는 그때 문득 모래의 이 신비로운 빛남을 이해하고 깜짝 놀랐어요. 어렸을 적에 나는 오래된 집에서 살았는데, 그 집에는 보물이 묻혀 있다는 이야기가 전해 내려왔어요. 물론 아무도 그 보물을 발견하지 못했고, 어쩌면 찾아보지도 않았는지 몰라요. 하지만 그 이야기로 인해서 그 집은 매력이 있었던 거예요. 그 속 깊숙이 어떤 비밀을 간직하고 있었으니까…….

"맞아. 집이건 별이건 사막이건 그 아름다움은 눈에 보이지 않는 데서 오는 거야."

나는 어린 왕자에게 말했어요.

"아저씨가 내 여우하고 의견이 같아서 기뻐요."

그가 말했어요.

어린 왕자가 잠이 들어서, 나는 그를 품에 안고 다시 길을 떠났어요. 나는 가슴이 뭉클해졌어요. 깨지기 쉬운 보물을 안고 가는 것 같았어요. 이 지구 위에 그보다 더 부서지기 쉬운 건 없으리라는 느낌마저 들었어요. 그 창백한 이마, 감긴 눈, 바람에 흩날리는 머리카락을 달빛에 비춰 보며 나는 생각했어요.

'내가 지금 보고 있는 건 오직 껍질에 지나지 않을 뿐이야. 가장 중요한 건 보이지 않을 거야.'

반쯤 벌어진 어린 왕자의 입술에 살며시 머금은 미소를 보고 나는 또 이런 생각도 했어요.

'잠이 든 어린 왕자가 이렇게까지 내 마음을 감동시키는 건 이 애가 꽃 하나에 바치는 충실한 마음 때문이야. 잠을 자는 동안에도 등불처럼 장미꽃의 영상이 그의 가슴 속에서 밝게 빛나기 때문이야.'

그러자 나는 그가 더 연약한 존재임을 알 수 있었어요.

'등불을 잘 지켜 주어야만 해. 바람이 한 번 몰아치면 꺼질 수도 있으니까…….'

이렇게 걸어가다가 나는 해 뜰 무렵에 우물을 발견했어요.

25 ———

"사람들은 급행열차를 골라 타지만, 자신들이 무얼 찾아가는지도 몰라. 그래서 불안해하며 갈팡질팡 맴도는 거야."

어린 왕자는 이렇게 말하고 다시 덧붙였어요.

"그건 소용없는 일인데……."

우리가 찾아낸 우물은 사하라 사막에 있는 다른 우물과는 달랐어요. 사하라 사막의 우물들은 그저 모래에 뚫어 놓은 구멍일 뿐이었어요. 그런데 그 우물은 마을의 우물과 같았어요. 하지만 거기에는 마을이라고는 전혀 없어서 나는 꿈이 아닌가 생각했어요.

"이상한 일이야. 도르래며 두레박이며 밧줄이 모두 마련돼 있다 니……."

나는 어린 왕자에게 말했어요. 그는 웃으며 줄을 만지고 도르래를 돌려 보기도 했어요. 그러자 바람이 오랫동안 자고 일어나서 낡은 풍차가 삐걱 거리듯 도르래가 삐걱거렸어요.

"아저씨, 이 소리가 들려? 우리가 이 우물을 깨우니까 우물이 노래를 부르잖아……."

나는 그에게 힘든 일을 시키고 싶지 않았어요.

"내가 할게. 너한텐 너무 무거워."

나는 두레박을 천천히 우물 가장자리까지 올려서 떨어지지 않게 잘 얹어 놓았어요. 내 귀에는 도르래의 노래가 계속 쟁쟁하고, 출렁거리는 물 속에서는 해가 일렁이는 것이 보였어요.

"난 이 물이 마시고 싶었어, 마시게 해 줘……."

나는 두레박을 그의 입술에까지 들어 주었어요. 그는 눈을 감고 물을 마셨어요. 나는 특별한 축제에서처럼 달콤한 기쁨을 맛보았어요. 그 물은 양식 이외의 어떤 다른 의미였어요. 그 물은 별빛 아래에서 걸어와 도르래의 노래를 들으며 내 팔의 노력으로 얻은 것이었으니까요. 어렸을 적에 내가 받은 성탄 선물이 크리스마스트리의 불빛, 자정 미사의 음악, 서로 주고받는 다정한 미소로 인해 빛난 것처럼요.

"아저씨네 별의 사람들은 한 정원에 장미꽃을 오천 송이나 가꾸지만 자기들이 찾는 것을 거기서 얻어 내지 못해요……."

어린 왕자가 말했어요.

"그래 찾지 못하고 있지……."

"그렇지만 그 사람들이 찾는 건 장미꽃 한 송이나 물 한 모금에서도 찾을 수 있을 거야……."

"그렇지."

그러자 어린 왕자는 또 말했어요.

"하지만 눈으로는 보질 못해. 마음으로 보아야만 해요."

나는 물을 마셨어요. 이제 숨을 제대로 쉴 수가 있었어요. 사막의 모래는 떠오르는 햇빛을 받으면 꿀 빛깔을 띠었어요. 이 꿀 빛깔에서 나는 행복을 느꼈어요. 그러니 내 마음을 괴롭힐 까닭이 무엇이 있었겠어요?

"아저씨는 약속을 지켜야만 해."

어린 왕자는 부드럽게 말하더니 내 옆에 다시 앉았어요.

"무슨 약속?"

"알잖아요……. 내 양에 씌울 입마개 말이야……. 난 그 꽃에게 책임이 있어요!"

나는 그려 두었던 그림을 주머니에서 꺼냈어요. 어린 왕자는 그림들을 보고 웃으며 말했어요.

"아저씨가 그린 바오바브나무는 어쩐지 배추를 닮았어요."

"그래?"

나는 내가 그린 바오바브나무 그림을 퍽 자랑스럽게 여기고 있었는데!

"아저씨가 그린 여우는…… 귀가 약간 뿔같이 생겼어……. 너무 길잖아!"

그러고 그는 또 웃었어요.

"꼬마 신사야, 너는 너무하구나. 난 속이 안 보이는 보아 뱀하고 속이 들여다보이는 보아 뱀밖에 그릴 줄 모른다는 걸 알아야지."

"응, 괜찮아. 아이들은 다 알아볼 테니까."

나는 연필로 입마개를 하나 그렸어요. 그 입마개를 어린 왕자에게 주자니, 가슴이 꽉 메었어요.

"나는 네가 무슨 계획을 가지고 있는지 모르겠구나."

그러나 어린 왕자는 내 말에는 대답하지 않고, 이렇게 말했어요.

"있잖아요, 내가 지구에 떨어진 게…… 내일이면 일 년이에요……."

그리고 잠시 말이 없더니 다시 말했어요.

"바로 이 근처에서 떨어졌었어……."

그러면서 얼굴을 붉혔어요.

나는 왠지 모르게 또다시 이상한 슬픔을 느꼈어요. 그러는 중에 이런 의문이 떠올랐어요.

"그럼, 우연이 아니었구나. 여드레 전 내가 너를 알게 된 날 아침, 사람 사는 땅에서 수천 마일 떨어진 곳을 혼자서 이렇게 걸었단 말이니! 네가 떨어진 데로 돌아가는 길이었니?"

어린 왕자는 다시 얼굴을 붉혔어요.

나는 주저하며 이어 물었어요.

"어쩌면 1년이 되어서 그랬던 거였니……?"

어린 왕자는 한 번 더 얼굴을 붉혔어요. 그는 묻는 말에 대답하는 일이 절대 없었어요. 그러나 얼굴을 붉히면 '그렇다'는 뜻이 아닐까요?

"아! 난 겁이 나……."

나는 어린 왕자에게 말했어요. 하지만 그는 내게 이런 대답을 했어요.

"아저씨는 이제 일을 해야만 해. 기계 있는 데로 다시 가야 해. 난 여기서 기다리고 있을 게요. 내일 저녁에 다시 와요……."

하지만 나는 마음이 놓이지 않았어요. 여우 생각이 떠올랐어요. 길을 들여 놓으면 울 염려가 있게 마련이거든요…….

26

우물 옆에는 오래되어 무너진 돌담이 있었어요. 이튿날 저녁, 일을 마치고 돌아오던 나는 나의 어린 왕자가 그 위에 올라앉아 다리를 늘어뜨리고 걸터앉아 있는 것을 보았어요. 그리고 그가 이렇게 말하는 소리를 들었어요.

"그래 넌 생각이 안 나? 바로 이 자리는 아니야!"

저편에서 대답하는 다른 목소리가 분명 있었어요.

"아니, 아니야! 날짜는 맞아. 하지만 장소는 여기가 아니야."

나는 그대로 돌담을 향해 걸어갔지만, 아무도 보이지 않고 말소리도 들리지 않았어요. 그렇지만 어린 왕자는 다시 말을 건넸어요.

"…… 그렇지, 모래 위에 내 발자국이 어디서 시작하는지를 봐. 거기서 기다리면 돼. 난 오늘 밤에 거기 가 있을 테니까."

나는 담에서 20미터쯤 떨어진 곳에 있었는데, 여전히 보이는 건 없었어요.

조금 있다가 어린 왕자는 또 이런 말을 했어요.

"너는 좋은 독을 가지고 있니? 날 오랫동안 아프게 하지 않을 자신이 있어?"

나는 가슴이 찢기는 듯하여 걸음을 멈칫했어요. 그러나 무슨 말인지 아직 알아듣지 못했어요.

"이젠 가 봐……. 내려가고 싶어!"

어린 왕자가 말했어요.

그때서야 나는 담 밑을 내려다보다가 펄쩍 뛰었어요! 거기에는 순식간에 사람을 죽여 버릴 수 있는 노란 뱀 한 마리가 어린 왕자를 향해 머리를 쳐들고 있지 않겠어요! 나는 권총을 꺼내려고 주머니를 뒤지며 뛰어갔어요. 하지만 내 발소리를 들은 뱀은 마치 잦아들어 가는 물줄기 모양으로 소리 없이 기어가더니, 별로 서두르지도 않고 가벼운 쇳소리를 내며 돌 틈으로 사라졌어요.

내가 담 밑에 이르는 순간 겨우 눈처럼 창백한 나의 어린 왕자를 품에 받아 안을 수 있었어요.

"대체 어떻게 된 일이니? 이젠 뱀하고 이야길 다하고."

나는 그가 항상 두르고 있는 금빛 목도리를 풀고 관자놀이를 적셔 준 뒤 물을 먹였어요. 이젠 그에게 감히 무언가를 물어볼 엄두를 내지 못했어요. 그는 나를 진지하게 바라보더니 두 팔로 내 목을 껴안았어요. 그의 가슴이 총에 맞아 죽어 가는 새처럼 뛰는 게 느껴졌어요.

"아저씨가 고장 난 기계를 고치게 돼서 난 정말 기뻐요. 이제 아저씨는 집에 돌아갈 수 있게 됐어……."

"그걸 어떻게 알지?"

나는 마침 천만뜻밖에도 비행기를 고치는 데 성공했다는 것을 그에게 알리려던 참이었어요.

어린 왕자는 내 물음에는 대답하지 않고 덧붙여 말했어요.

"나도 오늘 내 집으로 돌아갈 거예요……."

그리고 우울한 목소리로 말했어요.

"그건 훨씬 더 멀고…… 훨씬 더 어려워……."

나는 무슨 이상한 일이 생겼다는 걸 깨달았어요. 나는 그를 어린애처럼 꼭 껴안았어요. 하지만 내가 그를 붙잡아 두기 위해 어떻게 해 볼 도리도 없이 어린 왕자가 끝없는 심연으로 곧장 빠져 들어가는 것만 같았어요……. 그의 진지한 눈길은 먼 데를 바라보고 있었어요.

"나는 아저씨가 준 양이 있어. 그리고 양을 넣어 둘 상자랑 입마개도 있고……."

그는 쓸쓸하게 웃었어요. 나는 오랫동안 기다렸어요. 그의 몸이 조금씩 따뜻해지는 걸 느꼈어요.

"얘야, 무서웠지……."

물론 그는 무서워했어요! 그러나 어린 왕자는 상냥하게 웃으며 말했어요.

"오늘 저녁이 훨씬 더 무서울 거야……."

나는 돌이킬 수 없는 일이라는 생각에 온몸이 얼어붙는 것 같았어요. 그리고 이제 다시는 그 웃음소리를 영영 듣지 못하게 되리라는 생각에 견딜 수 없었어요. 그 웃음은 내게 있어 사막에 있는 샘과 같은 것이었어요.

"얘야, 네 웃음소리를 더 듣고 싶구나……."

하지만 어린 왕자는 내게 말했어요.

"오늘 밤이면 꼭 일 년이야. 내가 지난해에 떨어졌던 자리 바로 위에 내 별이 나타날 거예요."

"얘야, 넌 못된 꿈을 꾼 걸 거야. 그 뱀이라든가 만날 장소, 별 이야기 같은 건 모두……?"

그렇지만 어린 왕자는 내 물음에 대답하지 않고 이렇게 말했어요.

"중요한 건 눈에 보이지 않아요……."

"그래 알아……."

"꽃도 마찬가지야. 어떤 별에 있는 꽃 하나를 사랑하게 되면 밤하늘을 처다보는 일이 참 아늑해져요. 어느 별이나 다 꽃이 피어 있어요."

"그렇고말고……."

"물도 마찬가지예요. 아저씨가 내게 먹여 준 물은 음악 같았어요. 도르래랑 밧줄…… 그것들 때문이에요……. 아저씨도 알 거예요. 참 좋은 물이었어요."

"그래 알아……."

"아저씨도 밤이 되면 별들을 쳐다보겠지요. 내 별은 너무 작아서 어디 있는지 아저씨한테 보여 줄 수가 없어요. 그게 더 나은 일인지도 몰라요. 내 별은 아저씨에겐 여러 별 중의 하나가 될 거예요……. 그러면 아저씨는 어느 별을 바라봐도 다 즐거울 거예요……. 그 별들이 모두 아저씨와 친구가 될 거고. 아저씨한테 선물을 하나 줄게요……."

그는 다시 웃었어요.

"얘야! 얘야! 나는 네 웃음소리가 좋아!"

"바로 이게 내 선물이에요. 물도 마찬가지야……."

"그게 무슨 소리니?"

"누구에게나 별은 다른 의미가 있어요. 다 똑같은 별이 아니에요. 여행하는 사람에게는 별들이 길잡이예요. 별들을 한낱 작은 빛으로밖에 보지 않는 사람들도 있어요. 학문을 연구하는 사람들에겐 별들이 수수께끼가 되겠지요. 내가 만난 상인한테는 별이 곧 돈이고요. 그렇지만 별들은 말이 없어요. 아저씨는 다른 사람들하고는 다른 별을 갖게 될 거예요……."

"무슨 말을 하려는 거니?"

"내가 그 별들 중의 어느 한 별에 살고 있고, 그 별들 중의 한 별에서 웃고 있을 테니까, 아저씨가 밤에 하늘을 바라보게 되면 웃는 별들을 가지게 될 거예요!"

그러면서 그는 또 웃었어요.

"아저씨 슬픔이 가라앉게 되면, 시간은 슬픔을 가져가요, 나를 알았다는 게 기쁘게 생각될 거예요. 아저씨는 언제까지나 내 친구일 테고, 나와 함께 웃고 싶을 거예요. 그래서 그저 기쁜 마음으로 창문을 열 때가 있을 거예요……. 친구들은 아저씨가 하늘을 쳐다보며 웃는 걸 보고 아주 이상히 여기겠죠. 그러면 아저씨는 이렇게 말할 거야. '응, 별들은 언제나 날 웃게 해 줘!' 그럼 친구들은 아저씨가 미쳤다고 생각할 거예요. 내가 아저씨한테 아주 못된 장난을 한 것 같은데……."

그러면서 어린 왕자는 다시 웃었어요.

"별 대신에 웃을 줄 아는 조그만 방울들을 잔뜩 아저씨한테 주고 싶은
데……."

그리고 그는 또 한 번 웃더니, 곧 진지한 얼굴로 말했어요.

"아저씨…… 오늘 밤엔 오지 말아요."

"난 네 곁을 떠나지 않을 거야."

"나는 아픈 것처럼 보일 텐데……. 어쩌면 죽은 것처럼 보일 거야. 그러
니 보러 오지 말아요, 그럴 필요 없어……."

"난 네 곁을 떠나지 않을 거야."

하지만 그는 걱정스러워하는 눈치였어요.

"아저씨한테 이런 말을 하는 건…… 뱀 때문이기도 해. 뱀이 아저씨를
물면 안 되니까……. 뱀들은 심술쟁이에요. 괜히 장난삼아 물지도 몰라
요……."

"난 네 곁을 떠나지 않는다니까."

그러나 무언가 그는 안심이 되는 모양이었어요.

"뱀이 두 번째 물 땐 독이 없다는 게 사실이긴 해요……."

그날 밤 나는 그가 떠나는 것을 보지 못했어요. 그는 소리 없이 빠져나
갔어요. 내가 그를 보고 따라갔을 때, 그는 망설이지 않고 빠른 걸음으로
걷고 있었어요. 그는 이렇게 말했어요.

"아! 아저씨 거기 있었어요?"

그러면서 내 손을 잡았어요. 그렇지만 그는 또다시 고통스러워하며 말
했어요.

"아저씨가 온 건 잘못이야. 마음이 괴로울 테니까. 난 죽는 것처럼 보이
지만 사실은 정말 그런 게 아니야……."

나는 잠자코 있었어요.

"아저씨도 알죠, 거긴 너무 먼 곳이에요. 이 몸을 가지고 갈 수가 없어
요. 너무 무거워서요."

나는 아무 말도 하지 않았어요.

"하지만 몸은 내버린 낡은 껍데기와 같아요. 낡은 껍데기 때문에 슬플 건 없잖아요……."

나는 말없이 있었어요.

어린 왕자는 약간 기운을 잃었어요. 그러나 그는 다시 힘을 냈어요.

"아저씨, 아주 멋있을 거야. 나도 별들을 바라볼 테니까요. 그러면 모든 별들이 녹슨 도르래를 달고 있는 우물이 될 거예요. 모든 별들이 내게 마실 물을 부어 줄 테고……."

나는 잠자코 있었어요.

"정말 재미있을 거야! 아저씨는 방울을 오억 개나 갖게 되고, 나는 샘을 오억 개나 갖게 될 테고……."

그러고는 그도 말이 없었어요. 울고 있었기 때문이에요…….

"다 왔어, 저기야. 나 혼자 한 걸음만 내딛게 내버려 둬요."

그리고 어린 왕자는 겁이 났는지 풀썩 주저앉았어요.

어린 왕자가 다시 말했어요.

"알죠……. 내 꽃 말이에요……. 난 그 꽃에 대한 책임이 있어요! 게다가 그 꽃은 너무 약해요! 또 너무나 순진하고. 그런데도 세상에 맞서 몸을 보호해 주는 건 약한 가시 네 개뿐이에요……."

나는 더 이상 서 있을 수가 없어서 그 자리에 주저앉았어요.

어린 왕자가 말했어요.

"지금이야……, 이게 전부에요……."

그는 잠깐 망설이더니 몸을 일으켰어요. 그가 한 걸음 내디뎠어요. 나는 꼼짝을 할 수가 없었어요.

그의 발목 부근에서 노란 빛이 반짝했을 뿐이었어요. 그는 잠시 동안 그대로 서 있었어요. 그는 비명을 지르지도 않고 나무가 넘어지듯 조용히 쓰러졌어요. 모래 때문에 소리조차 나지 않았어요.

27 ————

그래요, 그건 지금으로부터 벌써 여섯 해 전의 일이 되었네요……. 나는 아직까지 이 이야기를 한 번도 한 적이 없어요. 나를 다시 만난 동료들은 내가 살아 돌아온 것을 무척 기뻐했어요. 나는 슬펐지만 그들에게는 "고단해서……"라고 말했어요.

지금은 마음이 좀 가라앉았어요. 그렇지만…… 완전히 가라앉은 것은 아니에요. 나는 어린 왕자가 자기 별로 돌아간 것을 잘 알고 있어요. 해 뜰 무렵에 그의 몸은 어디론가 사라지고 없었기 때문이에요. 그렇게 무거운 몸은 아니었어요. 그래서 나는 밤이면 별들의 이야기를 듣기 좋아해요. 별들은 오억 개의 방울과도 같으니까요…….

그런데 참 이상한 일이 하나 생겼어요. 어린 왕자에게 그려 준 입마개에 나는 그만 잊어버리고 가죽끈을 달아 주지 않았던 거예요. 어린 왕자는 그 입마개를 양에게 씌우질 못했을 거예요.

그래서 나는 이런 생각을 했어요.

'그의 별에서 무슨 일이 생긴 건 아닐까? 양이 꽃을 먹어 버렸는지도 모를 일이야……'

그러다가 때로는 이런 생각도 해 봐요.

'그럴 리가 없어! 어린 왕자는 밤마다 꽃에 유리 덮개를 씌우고 양을 잘 지킬 거야……'

그러면 나는 행복해져요. 그리고 별들도 모두 고요히 웃어 주고요.

어떤 때는 이런 생각도 들어요.

'어쩌다 한번 실수하게 되면 그만이야! 어느 날 저녁 그 애가 유리 덮개 씌우기를 깜빡 잊어버리거나, 양이 밤중에 소리 없이 나가기라도 한다면……'

그러면 방울들은 모두 눈물로 변해 버려요.

이건 크나큰 수수께끼에요. 어린 왕자를 사랑하는 여러분들에게나 나에게나, 우리가 알지 못하는 양이 어디선가 장미 한 송이를 먹었느냐 안 먹었느냐에 따라 천지가 온통 달라지고 마니까요…….

하늘을 보고 이렇게 물어보세요.

'양이 그 꽃을 먹었을까요, 안 먹었을까요?'

그러면 여러분은 분명 모든 것이 얼마나 달라지는지 알게 될 거예요.

그렇지만 이게 그렇게 중요하다는 것을 어른들은 아무도 이해하지 못할 거예요.

내게 이 그림은 이 세상에서 가장 아름답고 가장 쓸쓸한 풍경이에요. 이건 앞 쪽의 그림과 꼭 같은 풍경이지만, 여러분의 기억에 확실히 심어 주려고 다시 한 번 그린 거예요. 어린 왕자가 나타났다가 사라진 곳이 바로 여기예요.

언제고 아프리카의 사막을 여행하게 되면 이곳을 틀림없이 알아볼 수 있도록 이 풍경을 주의 깊게 보아 두세요. 그리고 그곳을 지나게 되거든, 제발 서두르지 말고 바로 그 별 아래에서 잠시만 기다려 보세요! 만일 그 때 한 아이가 당신에게로 다가오며 웃으면, 그 애의 머리가 금발이면, 또 질문을 던져도 대답이 없으면, 당신은 그 애가 누군지 알 수 있을 거예요.

그러면 친절을 베풀어 주시길! 내가 그 애 생각에 이렇게 슬퍼하지 않도록 말이에요. 외면하지 말고 그 애가 돌아왔다고, 만나 보았노라고 내게 편지를 보내 주세요!

1

나는 선친으로부터 '기업은 곧 사람'이라는 말을
수없이 들어왔다. -**KH**

낙극애생樂極哀生 즐거움이 지나치면
반드시 슬픔이 찾아옴.

20____ ★

20____ ★

20____ ★

20____ ★

MY
BUCKET
LIST
☐
☐
☐
☐

끈기 있게 생(生)의 데이터를 모아야 한다.
역사의 차이는 곧 기록의 차이다. -**KH**

낙화유수落花流水 떨어지는 꽃과 흐르는 물.
남녀 간의 그리운 마음.

★20

★20

★20

★20

MY
BUCKET
LIST
☐
☐
☐
☐

레슬링이든 탁구든 사업이든 뭐든
일본만 이기면 나는 기분이 좋다. **-KH**

난신적자亂臣賊子 세상을 어지럽히는
백성을 괴롭히는 무리.

20 ⭐

20 ⭐

20 ⭐

20 ⭐

MY
BUCKET
LIST

☐
☐
☐
☐

직관과 통찰력은
훈련을 통해 기를 수 있다. -**KH**

난형난제難兄難弟 형 노릇도 동생 노릇도 어려워
누가 더 낫다고 말할 수 없음.

★ **20**

★ **20**

★ **20**

★ **20**

**MY
BUCKET
LIST**

☐
☐
☐
☐

내가 볼 수 없는 미래를
볼 수 있는 사람을 옆에 두라. **-KH**

남가일몽南柯一夢 남쪽으로 뻗은 나뭇가지 밑에서의 한 꿈.
한때의 헛된 부귀영화.

20 ★

20 ★

20 ★

20 ★

MY BUCKET LIST

☐
☐
☐
☐

내 앞에서는 담배를 피워도 좋다.
고객 앞에서는 절대 피우지 말라. **-KH**

낭중지추襄中之錐 주머니 속의 송곳과 같이
재능이 뛰어난 사람은 자연히 드러나게 마련.

★ **20**

★ **20**

★ **20**

★ **20**

MY BUCKET LIST
☐
☐
☐
☐

7

무언가 자꾸 막히는 것은 '우선멈춤' 신호다.
멈춘 다음 정비하고 출발하라. -**KH**

낭중취물囊中取物 주머니 속에 든 것을 꺼내 가지는 것처럼
아주 손쉽게 얻을 수 있음.

MAR

20 ___ ★

20 ___ ★

20 ___ ★

20 ___ ★

MY
BUCKET
LIST

☐
☐
☐
☐

내가 두려워하는 것은 실패 그 자체가 아니라
같은 실패를 되풀이하는 것이다. -**KH**

내우외환內憂外患 나라 안에도 근심이 있고
나라 밖에는 외적이 쳐들어오는 불안전한 시국.

★ **20**

★ **20**

★ **20**

★ **20**

MY
BUCKET
LIST

☐
☐
☐
☐

나는 어릴 때부터 물건을 뜯어보는 습관이 있다.
그 안의 구조를 알고 싶었기 때문이다. -**KH**

내유외강內柔外剛 사실은 마음이 약한데도
밖에서는 강하게 나타남.

20 ★

20 ★

20 ★

20 ★

MY BUCKET LIST

☐
☐
☐
☐

나는 레슬링의 룰을 통해
규칙과 원칙의 중요성을 배웠다. -**KH**

노류장화路柳墻花 길가의 버들과 담 밑의 꽃.
노는계집이나 기생.

★ **20**

★ **20**

MAR

★ **20**

★ **20**

MY BUCKET LIST

☐
☐
☐
☐

11

바둑 1급 열 명은
바둑 1단 단 한 명을 이길 수 없다. -**KH**

녹음방초綠陰芳草 푸른 나무 그늘과 꽃다운 풀.
여름의 자연 경치.

MAR

20 ★

20 ★

20 ★

20 ★

MY BUCKET LIST

☐
☐
☐
☐

기술과 지식, 정보를 길러라.
이것이 경쟁력의 원천이다. -**KH**

뇌봉전별雷逢電別 우레처럼 만났다가 번개처럼 헤어짐.
즉 잠깐 만났다가 이별한다.

★<u>20</u>

★<u>20</u>

★<u>20</u>

★<u>20</u>

MY
BUCKET
LIST

- [ ]
- [ ]
- [ ]
- [ ]

서비스에서 가장 중요한 것은
기술력을 바탕으로 한 고객만족이다. -**KH**

누란지세累卵之勢 몹시 위태로운 형세.
조금만 건드리면 와르르 무너지고 맒.

20 ⭐

20 ⭐

20 ⭐

20 ⭐

MY BUCKET LIST
- ☐
- ☐
- ☐
- ☐

모든 조직은 젊어질수록
경쟁력이 살아난다. **-KH**

능견난사能見難思 능히 보고도 생각하기는 어려우니
눈으로 보고도 이치는 깨닫기가 어렵다는 뜻이다.

★ __20__

★ __20__

MAR

★ __20__

★ __20__

<table>
<tr><td>MY
BUCKET
LIST</td><td>☐</td><td></td></tr>
<tr><td></td><td>☐</td><td></td></tr>
<tr><td></td><td>☐</td><td></td></tr>
<tr><td></td><td>☐</td><td></td></tr>
</table>

헌 돈은 새 돈으로 바꿔 사용하라.
새 돈은 충성심을 보여준다. **-KH**

능곡지변陵谷之變 높은 언덕이 변하여 깊은 골짜기가 되고
골짜기가 변하여 언덕이 됨.

MAR

20 ⭐

20 ⭐

20 ⭐

20 ⭐

MY
BUCKET
LIST

☐
☐
☐
☐

버릴 건 빨리 버리고
시작할 건 빨리 시작하라. -**KH**

능대능소能大能小 모든 일을 임기응변과
자유자재로 잘 처리함.

★**20**

★**20**

★**20**

★**20**

MY
BUCKET
LIST

깨진 독에 물 붓지 말라.
새는 구멍을 막은 다음 물을 부어라. -**KH**

다기망양多岐亡羊 여러 길에서 양을 잃음.
즉 학문의 길이 다방면이면 진리를 얻기 어려움.

20 ★

20 ★

20 ★

20 ★

MY
BUCKET
LIST

☐
☐
☐
☐

요행의 유혹에 넘어가지 말라.
요행은 불행의 안내자다. -**KH**

다다익선多多益善 많으면 많을수록 좋음.

_★_<u>**20**</u>

_★_<u>**20**</u>

_★_<u>**20**</u>

_★_<u>**20**</u>

**MY
BUCKET
LIST**

☐
☐
☐
☐

작은 것 탐내다가 큰 것을 잃는다.
무엇이 큰 것인가를 판단하라. -**KH**

단금지교斷金之交 쇠를 자를 정도로 절친한 친구 사이.

20 ⭐ _____

_____

_____

_____

20 ⭐ _____

_____

_____

_____

20 ⭐ _____

_____

_____

_____

20 ⭐ _____

_____

_____

_____

MY BUCKET LIST

☐ _____

☐ _____

☐ _____

☐ _____

최고 경영자는 좋은 의미의 메기가 되어야 한다. **-KH**

단도직입單刀直入 너절한 서두를 생략하고
요점이나 본문제를 간단명료하게 말함.

★<u>20</u>

★<u>20</u>

★<u>20</u>

★<u>20</u>

MY BUCKET LIST

☐
☐
☐
☐

기쁨 넘치는 노래를 불러라.
그 소리를 듣고 사방팔방에서 몰려든다. -**KH**

달인대관達人大觀 도리에 통달한
선비의 탁월한 식견.

20 ★

20 ★

20 ★

20 ★

MY
BUCKET
LIST

☐
☐
☐
☐

지갑은 돈이 사는 아파트다.
나의 돈을 좋은 아파트에 입주시켜라. **-KH**

담소자약談笑自若 위험이나 곤란에 직면해서도
보통 때와 변함없이 유연하게 있는 모습.

★<u>20</u>

★<u>20</u>

★<u>20</u>

★<u>20</u>

MY BUCKET LIST

☐
☐
☐
☐

값진 곳에 돈을 써라.
그러면 돈도 신이 나면 떼를 지어 몰려온다. -**KH**

대기만성大器晚成 큰 그릇은 만드는데 오래 걸린다.
즉 크게 될 사람은 늦게 성공한다.

MAR

20 ⭐

20 ⭐

20 ⭐

20 ⭐

MY BUCKET LIST

☐
☐
☐
☐

마케팅은 철학과 문화를 파는
마케팅이라야 한다. **-KH**

대도무문大道無門 크고 바른 길은 거리낄 문이 없다.
즉 정당한 일에는 문이 필요 없다.

_____ ★**20**_____

_____ ★**20**_____

MAR

_____ ★**20**_____

_____ ★**20**_____

MY BUCKET LIST

☐ _____
☐ _____
☐ _____
☐ _____

25

규율과 질서는 지키게 하되
자율과 창의는 최대한 존중하라. -**KH**

도원결의桃園結義 유비, 관우, 장비가
도원에서 의형제를 맺은 일.

20 ____ ⭐

20 ____ ⭐

20 ____ ⭐

20 ____ ⭐

MY
BUCKET
LIST

☐
☐
☐
☐

좋은 대우만큼
직원에게 훌륭한 격려는 없다. -**KH**

독서삼도讀書三到 독서의 법은 구도, 안도, 심도로
눈으로 보고, 입으로 읽고, 마음으로 깨우쳐야 한다.

★ **20**

★ **20**

★ **20**

★ **20**

MY
BUCKET
LIST

☐
☐
☐
☐

미래를 위해 가장 먼저 할 일은 인재 확보다. -**KH**

독서상우讀書尚友 책을 읽음으로써
옛날의 현인들과 벗이 될 수 있음.

20　★

20　★

20　★

20　★

MAR

MY BUCKET LIST

- [ ]
- [ ]
- [ ]
- [ ]

성과를 내는 직원은 사장보다 더 많이 보상하라. **-KH**

독숙공방獨宿空房 빈방에 혼자 자는 것.
즉 부부가 한곳에서 거처하지 아니함.

★ __20__

★ __20__

★ __20__

★ __20__

MY BUCKET LIST

- [ ]
- [ ]
- [ ]
- [ ]

사람만큼 귀한 존재는 없다.
사람을 소중히 하라. -**KH**

독청독성獨淸獨醒 어지러운 세상 술 취한 무리 속에서
홀로 깨끗하고 정신이 맑음.

20 ★

20 ★

20 ★

20 ★

MY
BUCKET
LIST

☐
☐
☐
☐

여자와 개와 돈은 같다.
쫓아가면 도망가고 기다리면 쫓아온다. -**KH**

동문서답東問西答 동쪽 물음에 서쪽 답을 함.
즉 묻는 말에 아주 딴판인 엉뚱한 대답.

★20

★20

★20

★20

MY
BUCKET
LIST

☐
☐
☐
☐

잘 뽑는 것만큼 잘 배치하고 잘 챙기는 게 중요하다. -**KH**

동병상련同病相憐 같은 병을 앓는 사람끼리 가엾게 여김.
즉 처지가 비슷한 사람끼리 동정함.

20 ★ ⎯⎯⎯⎯⎯⎯⎯⎯⎯⎯⎯⎯⎯⎯⎯⎯

20 ★ ⎯⎯⎯⎯⎯⎯⎯⎯⎯⎯⎯⎯⎯⎯⎯⎯

20 ★ ⎯⎯⎯⎯⎯⎯⎯⎯⎯⎯⎯⎯⎯⎯⎯⎯

20 ★ ⎯⎯⎯⎯⎯⎯⎯⎯⎯⎯⎯⎯⎯⎯⎯⎯

MAR

MY BUCKET LIST

☐ ⎯⎯⎯⎯⎯⎯⎯⎯⎯⎯⎯⎯
☐ ⎯⎯⎯⎯⎯⎯⎯⎯⎯⎯⎯⎯
☐ ⎯⎯⎯⎯⎯⎯⎯⎯⎯⎯⎯⎯
☐ ⎯⎯⎯⎯⎯⎯⎯⎯⎯⎯⎯⎯

안달하지 말라. 돈은 안달하는 사람을 증오한다. **-KH**

동분서주東奔西走 동서로 몹시 분주함.
즉 이곳저곳을 아주 바쁘게 돌아다님.

1

_____ ⭐20_____

_____

_____

_____

_____

_____ ⭐20_____

_____

_____

_____

_____

_____ ⭐20_____

_____

_____

_____

_____

_____ ⭐20_____

_____

_____

_____

MY BUCKET LIST
- ☐ _____
- ☐ _____
- ☐ _____
- ☐ _____

마음이 가난하면 가난을 못 벗는다.
마음에 풍요를 심어라. -**KH**

동상이몽同床異夢 같은 잠자리에서 다른 꿈을 꾼다.
즉 같이 행동하면서 속으로는 딴 생각을 함.

20 ★

20 ★

20 ★

20 ★

MY
BUCKET
LIST

☐
☐
☐
☐

기업은 살아 있는 생명체다.
끊임없이 변하지 않으면 살아남을 수 없다. -**KH**

동선하로冬扇夏爐 겨울의 부채와 여름의 화로.
즉 쓸데없는 물건.

★**20**

★**20**

★**20**

★**20**

MY
BUCKET
LIST

☐
☐
☐
☐

극과 극으로 대비해서 보는
흑백논리의 시각에서 벗어나라. **-KH**

동주상구同舟相救 서로 알거나 모르거나
위급한 경우를 함께 만났을 때는 서로 도와주는 것.

20 ★

20 ★

20 ★

20 ★

MY
BUCKET
LIST

☐
☐
☐
☐

인간이 인간을 믿는 것이야말로
가장 큰 재산이다. -**KH**

두문불출杜門不出 문은 닫아 걸고 나가지 않는 것.
즉 집 안에만 들이앉아 있고 밖에는 나가지 않음.

★ __20____

★ __20____

★ __20____

★ __20____

MY
BUCKET
LIST
- [ ]
- [ ]
- [ ]
- [ ]

대기업과 중소기업은 부부와 같이 이끌고 밀어주면서
공존공영 해야 한다. -**KH**

등하불명燈下不明 등잔 밑이 어둡다.
즉 가까이 있는 것을 도리어 알아내기 어려움.

20 ___ ★ _____

_____

_____

_____

20 ___ ★ _____

_____

_____

_____

20 ___ ★ _____

_____

_____

_____

20 ___ ★ _____

_____

_____

_____

MY BUCKET LIST

☐ _____

☐ _____

☐ _____

☐ _____

개를 길러 봐라.
상대방 처지에서 생각하는 법을 배우게 된다. -**KH**

등화가친燈火可親 가을이 되면 서늘하여
밤에 등불을 가까이 두고 글 읽기에 좋음.

7

★20

★20

★20

★20

MY
BUCKET
LIST

상품의 원가는 기업이 아니라
고객이 매기는 것이다. -**KH**

마이동풍馬耳東風 남의 말을 조금도 귀담아 듣지 않고
무관심하게 흘려 버림.

20 ★

20 ★

20 ★

20 ★

 APR

MY BUCKET LIST	☐
	☐
	☐
	☐

5명이 할 일을 4명이 하면 더 잘한다.
그 이유를 생각해 봐라. -**KH**

막상막하莫上莫下 어느 것이 위고
어느 것이 아래인지 구별할 수 없음.

★ 20

★ 20

★ 20

★ 20

MY
BUCKET
LIST

☐
☐
☐
☐

소크라테스와 오후를 보낼 수 있다면
나는 나의 모든 기술을 넘길 수 있다. -**스티브 잡스(SJ)**

막역지우莫逆之友 뜻이 서로 맞는 가까운 친구.
즉 거역할 수 없는 친한 벗.

20 ★

20 ★

20 ★

20 ★

MY
BUCKET
LIST

☐
☐
☐
☐

컴퓨터는 우리 마음속의 자전거와 같고
인간이 만든 것 중 가장 위대한 도구다. -**SJ**

만고풍상萬古風霜 오랜 세월 겪어온
수많은 어려움과 힘들었던 일들.

★**20**

★**20**

★**20**

★**20**

MY BUCKET LIST

☐
☐
☐
☐

혁신은 리더와 추종자를
구분하는 잣대다. **-SJ**

만사형통萬事亨通 모든 일이
뜻대로 잘 이루어지는 것.

20　★

20　★

20　★

20　★

APR

MY
BUCKET
LIST

☐
☐
☐
☐

남은 인생을 설탕물이나 팔면서 보내고 싶은가,
세상을 바꿀 기회를 갖고 싶은가? -**SJ**

망매지갈望梅止渴 매실은 시기 때문에
이야기만 들어도 침이 돌아 해갈이 된다.

★__20__

_____

_____

_____

_____

★__20__

_____

_____

_____

APR

★__20__

_____

_____

_____

★__20__

_____

_____

_____

_____

MY BUCKET LIST

☐ _____

☐ _____

☐ _____

☐ _____

14

망양지탄望洋之歎 바다를 바라보고 하는 탄식.
즉 학문의 길이 여러 갈래여서 못 미침.

20 ★

20 ★

APR

20 ★

20 ★

MY BUCKET LIST

☐
☐
☐
☐

오늘, 지금 위험한 일로 가득하다면
매우 좋은 징조다. -**SJ**

망운지정望雲之情 멀리 떠나온 자식이
어버이를 사모하여 그리는 정.

$\star$ **20**

$\star$ **20**

APR

$\star$ **20**

$\star$ **20**

MY BUCKET LIST

☐

☐

☐

☐

위대한 일은 언제나
다른 사람과 협력해야만 이뤄낼 수 있다. -**SJ**

망월폐견望月吠犬 개가 달보고 짖는다.
즉 개의 버릇이 나쁘다.

20 ★

20 ★

20 ★

20 ★

MY
BUCKET
LIST

☐
☐
☐
☐

제품들이 후지다!
나는 제품에서 더 이상 섹스를 찾을 수가 없다. -**SJ**

멸사봉공滅私奉公 사를 버리고
공을 위하여 힘써 일함.

★20

_____
_____
_____
_____
_____

★20

_____
_____
_____
_____

APR

★20

_____
_____
_____
_____

★20

_____
_____
_____
_____

MY BUCKET LIST

☐ _____
☐ _____
☐ _____
☐ _____

우리에게 필요한 건 현재의 궁지에서 벗어나도록
방법을 혁신하는 일이다. -**SJ**

명견만리明見萬里 미래의 사물을 밝게 앎.
즉 자신의 장래를 미리 예측함.

20　　★

20　　★

20　　★

20　　★

MY BUCKET LIST	☐
	☐
	☐
	☐

일본 제품이 마구 밀려오고 있다.
마치 해변에 떠밀려온 죽은 물고기처럼. -**SJ**

명경지수明鏡止水 맑은 거울처럼 잔잔하게
정지되어 있는 물. 즉 맑고 깨끗한 마음.

★**20**

★**20**

APR

★**20**

★**20**

MY BUCKET LIST	☐
	☐
	☐
	☐

혁신은 연구개발 자금을
얼마나 갖고 있느냐와는 전혀 상관없다. **-SJ**

명불허전名不虛傳 이름이 헛되이 전해지지 않음.
즉 명예로운 이름은 실적이 있어야 퍼짐.

20　＿＿★

20　＿＿★

20　＿＿★

20　＿＿★

MY
BUCKET
LIST

☐
☐
☐
☐

애플의 DNA는 기술만 가지고는
충분히 만족시킬 수 없다. -**SJ**

명실상부名實相符 이름과 실상이 서로 들어맞음.

★**20**

★**20**

★**20**

★**20**

MY
BUCKET
LIST

☐
☐
☐
☐

기술은 인문학과 사람의 마음에서 우러나오는
휴머니티를 반영해야 한다. -**SJ**

명약관화明若觀火 불을 보는 듯이 환하게 살필 수 있음.
즉 더 말할 나위 없이 명백함.

20 _★_

20 _★_

20 _★_

20 _★_

APR

MY BUCKET LIST
☐
☐
☐
☐

타인의 의견 때문에
자신의 직감을 믿는 용기를 포기하지 말라. -**SJ**

명철보신明哲保身 총명하고 사리에 밝아
일을 잘 처리해서 몸을 보전함.

★**20**

_____

_____

_____

_____

★**20**

_____

_____

_____

_____

APR

★**20**

_____

_____

_____

_____

★**20**

_____

_____

_____

_____

MY BUCKET LIST
- ☐ _____
- ☐ _____
- ☐ _____
- ☐ _____

여러분은 참으로 사랑스러운 케이크를 구워왔다.
그러고는 그 위에다 개똥으로 설탕 옷을 입혀왔다. **-SJ**

목불인견目不忍見 차마 눈뜨고 볼 수 없는 일.
즉 아주 처참한 참상.

20 ⭐

20 ⭐

20 ⭐

20 ⭐

MY
BUCKET
LIST

☐
☐
☐
☐

우리의 통찰력들 가운데 하나는 음악도서관을
아이팟이 아닌 아이튠즈 안에 설치했다는 점이다. **-SJ**

몽중설몽夢中說夢 꿈속에서 꿈 이야기를 함.
즉 도무지 종잡을 수 없는 말.

★__20__

★__20__

★__20__

★__20__

MY
BUCKET
LIST

☐ ....

☐ ....

☐ ....

☐ ....

우리는 위대한 아이디어를 훔치는 것에는
수치심을 느끼지 않는다. **-SJ**

묘두현령猫頭縣鈴 고양이 목에 방울 달기.
즉 실행할 수 없는 헛된 이론.

20 ___ ★

20 ___ ★

20 ___ ★

20 ___ ★

MY
BUCKET
LIST

☐
☐
☐
☐

디자인은 디자이너에게 맡기고
엔지니어는 디자인에 따라 만든다. -**SJ**

무릉도원武陵桃源 신선이 살았다는
전설적인 중국의 명승지. 즉 별천지.

★ **20**

★ **20**

★ **20**

★ **20**

MY
BUCKET
LIST

☐
☐
☐
☐

매일을 인생의 마지막 날처럼 산다면,
언젠가는 꼭 성공할 것이다. -**SJ**

무위도식無爲徒食 하는 일없이
먹고 놀기만 하는 사람.

20 ⭐

20 ⭐

20 ⭐

20 ⭐

MY
BUCKET
LIST

☐
☐
☐
☐

인생에서 가장 좋아하는 것을 하는 데는
돈이 필요하지 않다. 시간이다. -**SJ**

무장지졸無將之卒 상수가 없는 병졸.
즉 지도하는 이가 없는 단체.

★ **20**

★ **20**

★ **20**

★ **20**

MY
BUCKET
LIST

☐
☐
☐
☐

당신이 아름다운 침실용 옷장을 만드는 목수라면
뒷면에 합판을 쓰지 않을 것이다. -**SJ**

묵묵부답默默不答 질문에 아무 대답도 하지 않으면서
침묵을 지키는 것.

20 ___ ★ _____

_____

_____

_____

20 ___ ★ _____

_____

_____

_____

20 ___ ★ _____

_____

_____

_____

20 ___ ★ _____

_____

_____

_____

MY BUCKET LIST

- ☐ ....
- ☐ ....
- ☐ ....
- ☐ ....

품질에 대한 본보기가 돼라.
사람들은 훌륭함이 어떤 것인지 익숙하지 않다. -**SJ**

문경지교刎頸之交 죽고 살기를 같이하여
목이 떨어져도 두려워하지 않을 만큼 친한 사귐.

1

★**20**

★**20**

★**20**

★**20**

MY
BUCKET
LIST

□
□
□
□

어제를 뒤돌아보는 건 그만하자.
그 대신 내일을 발전시켜 나가자. -**SJ**

문방사우文房四友 서재에 꼭 있어야 할 네 벗.
즉 종이, 붓, 먹, 벼루.

20 ★

20 ★

20 ★

20 ★

MY BUCKET LIST
☐ .
☐
☐
☐

매일 아침 거울을 보며 물었다. "오늘이 인생 마지막 날이라면,
오늘 할 일을 하고 싶나?" -**SJ**

문전걸식門前乞食 문 앞에서 음식을 구걸함.
즉 이집 저집을 다니면서 밥을 구걸하는 것.

★<u>20</u>

★<u>20</u>

★<u>20</u>

★<u>20</u>

MY
BUCKET
LIST

- [ ]
- [ ]
- [ ]
- [ ]

나는 항상 점진적 개선이란 개념을 존중하고
내 삶에 적용해왔다. -**SJ**

문전성시門前成市 권세가 드날리거나 부자가 되어
찾아오는 손님들로 마치 시장을 이룬 것 같음.

20 ⭐

20 ⭐

20 ⭐

20 ⭐

MY BUCKET LIST

☐
☐
☐
☐

나는 좀 더 혁명적인 변화에
항상 이상한 매력을 느낀다. **-SJ**

문전옥답門前沃畓 집 문 앞에 있는 기름진 전답.
즉 멀리 가지 않고도 소득이 매우 좋음.

★ **20**

★ **20**

★ **20**

★ **20**

MY BUCKET LIST

☐
☐
☐
☐

나는 모든 사람이 "당신 완전 실패했어"라고 말하는 시기를
거치게 되었다. -**SJ**

물아일체物我一體 주관과 객관이 혼연히 한 덩이가 됨.
즉 나와 남의 구별이 없음.

20 ___ ★

20 ___ ★

20 ___ ★

20 ___ ★

MY BUCKET LIST

☐
☐
☐
☐

가장 중요한 건 내 안의 마음과 직감을 따를 용기를
가져야 한다는 것이다. -**SJ**

물외한인物外閑人 물질에 관심이 없이
한가로이 자연 속에 노니는 사람.

7

★__20__

★__20__

★__20__

★__20__

MY BUCKET LIST

☐
☐
☐
☐

당신의 삶에 만족할 수 있는 방법은
당신이 하는 일이 '위대하다'고 믿는 것이다. -**SJ**

박물군자博物君子 온갖 사물에
정통하고 박식한 사람.

20 ★

20 ★

20 ★

20 ★

MY
BUCKET
LIST

☐
☐
☐
☐

위대한 일을 하는 유일한 방법은
자신의 일을 사랑하는 것이다. **-SJ**

박장대소拍掌大笑 손뼉을 치면서
극성스럽게 크게 웃는 웃음.

★ __20__

★ __20__

MAY

★ __20__

★ __20__

MY BUCKET LIST
- [ ] ....
- [ ] ....
- [ ] ....
- [ ] ....

사랑하는 일을 찾지 못했더라도 타협하지 말고
그 일을 계속 찾아라. -**SJ**

반생불숙半生不熟 반쯤은 설고 반쯤은 익음.

20 ★_____

20 ★_____

20 ★_____

20 ★_____

MY
BUCKET
LIST

☐ _____
☐ _____
☐ _____
☐ _____

모든 위대한 관계처럼,
당신도 해마다 더 좋아지게 될 것이다. -**SJ**

발본색원拔本塞源 뿌리를 뽑고 근원을 완벽하게 막음.

★**20**

★**20**

★**20**

★**20**

MY BUCKET LIST

☐

☐

☐

☐

12

밤마다 잠자리에 들면서 "오늘 굉장한 일을 했어"라고
말할 수 있도록 하는 것이다. **-SJ**

방약무인傍若無人 좌우에 사람이 없는 것 같이
언어나 행동을 제멋대로 하는 것.

20 ⭐

20 ⭐

MAY

20 ⭐

20 ⭐

MY
BUCKET
LIST
☐
☐
☐
☐

내가 곧 죽는다는 걸 기억하는 건
큰 선택을 할 수 있도록 도와주는 원동력이다. -**SJ**

배달민족倍達民族 역사상으로 대한민국에서 태어난
우리 겨레를 일컫는 말.

_★_**20**

_★_**20**

MAY

_★_**20**

_★_**20**

MY
BUCKET
LIST

☐
☐
☐
☐

14

외부의 기대든, 자존심이든
죽음을 기억하면 정말로 중요한 것만 남는다. -**SJ**

백귀야행百鬼夜行 온갖 잡귀가 밤에 웅성댄다.
즉 흉악한 짓을 하는 놈들이 돌아다님.

20 ★

20 ★

20 ★

20 ★

MY BUCKET LIST

☐
☐
☐
☐

망신이나 실패에 대한 두려움도
죽음 앞에선 아무것도 아니다. -**SJ**

15

백년하청百年河淸 황하가 항상 흐리어 맑을 때가 없음.
즉 이루어지기 어려움.

★**20**

★**20**

★**20**

★**20**

MY
BUCKET
LIST

☐ ....
☐ ....
☐ ....
☐ ....

미래를 보면서 인생의 점들을 연결할 순 없다.
과거를 돌아봐야 점이 연결된다. -**SJ**

백면서생白面書生 글만 읽고
세상일에 경험이 없는 사람.

20 ★

___

___

___

___

20 ★

___

___

___

___

20 ★

___

___

___

___

20 ★

___

___

___

___

MY
BUCKET
LIST

☐ ___

☐ ___

☐ ___

☐ ___

당신의 배짱, 운명, 인생, 인연 등
당신에 관한 모든 걸 신뢰해야 한다. -**SJ**

백의종군白衣從軍 벼슬이 없는 사람이
군대를 따라 전쟁터로 나감.

★**20**

★**20**

MAY

★**20**

★**20**

MY BUCKET LIST
- [ ]
- [ ]
- [ ]
- [ ]

혁신을 시도하다 실수를 할 때는
다른 혁신들로 서둘러 개선해나가야 한다. -**SJ**

백절불굴百折不屈 여러 번 겪어도 굽히지 않음.
즉 많은 고난을 극복하여 이김.

20 ★

20 ★

20 ★

20 ★

MY
BUCKET
LIST

- [ ]
- [ ]
- [ ]
- [ ]

많은 사람들에게 '집중'이란
집중해야 할 것에 '예스'하는 걸 의미한다. -**SJ**

백중지세佰仲之勢 우열을 가리기 어려울 만큼
서로 맞먹는 사람.

★__20__

★__20__

★__20__

★__20__

MY BUCKET LIST

☐ ....
☐ ....
☐ ....
☐ ....

집중이란 좋은 아이디어 수백 개에
'노'라고 말하는 것이다. -**SJ**

백척간두百尺竿頭 백 척 높이의 장대의 끝.
즉 위험이나 곤란이 극도에 달한 상태.

20 ★

20 ★

20 ★

20 ★

MY
BUCKET
LIST

IT업계에선 문제에 대한 넓은 시각이 없는
매우 단선적인 솔루션을 내놓는다. -**SJ**

백팔번뇌百八煩惱 인간의 과거, 현재, 미래에 걸친
108가지의 번뇌.

★__20__

★__20__

★__20__

★__20__

MY BUCKET LIST

☐ ....
☐ ....
☐ ....
☐ ....

인간 경험에 대한 광범위한 이해를 갖고 있을수록
더 훌륭한 디자인이 나올 것이다. -**SJ**

부화뇌동附和雷同 자기의 주관은 없이
남의 의견에 덮어놓고 붙좇아 행동함.

20 ★

20 ★

20 ★

20 ★

MY
BUCKET
LIST

☐
☐
☐
☐

누구도 죽길 바라지 않는다. 천국에 가는 이들도
천국에 가려고 죽음을 택하진 않는다. -**SJ**

분골쇄신粉骨碎身 뼈가 가루가 되고 몸이
부서지도록 일함. 즉 자기 몸을 돌보지 않고 노력함.

★ **20**

★ **20**

★ **20**

★ **20**

**MY
BUCKET
LIST**

☐
☐
☐
☐

우리 모두가 공유하는 죽음은
삶의 가장 훌륭한 발명품이다. -**SJ**

분서갱유焚書坑儒 진시황이 서적을 불태우고
많은 학자를 구덩이에 묻어 죽인 일.

20 ★

20 ★

20 ★

20 ★

MY
BUCKET
LIST

☐
☐
☐
☐

죽음은 삶을 바꾸는 원동력이다.
새로운 것을 위해 낡은 것을 없애 준다. -**SJ**

불가사의不可思議 사람의 생각으로는
미루어 헤아릴 수 없이 이상하고 야릇한 것.

★<u>**20**</u>

★<u>**20**</u>

MAY

★<u>**20**</u>

★<u>**20**</u>

MY BUCKET LIST
- [ ]
- [ ]
- [ ]
- [ ]

창조성이란 단지 점과 점들을
생활에 편리하게 연결하는 능력이다. -**SJ**

불공대천不共戴天 하늘을 같이 이지 못함.
즉 이 세상에서는 같이 살 수 없음.

20 ⭐

20 ⭐

20 ⭐

20 ⭐

MY BUCKET LIST

☐
☐
☐
☐

창조적인 사람들은 수많은 경험들은 연결해서
새로운 걸 합성해 낸다. -**SJ**

불립문자不立文字 도는 마음으로 전하는 것이지
문자로 전하는 것이 아니다.

★<u>20</u>

★<u>20</u>

★<u>20</u>

★<u>20</u>

MY
BUCKET
LIST

☐
☐
☐
☐

예술가처럼 창조적인 삶을 살고 싶다면
뒤를 너무 돌아보면 안 된다. -**SJ**

불문곡직不問曲直 일의 옳고 그름을 묻지 아니하고
곧바로 행동이나 말로 들어감.

20 ★

20 ★

20 ★

20 ★

MY BUCKET LIST

☐
☐
☐
☐

당신이 지금까지 무얼 했든 누구였든 간에
그 모든 걸 내던질 자세가 돼야 한다. **-SJ**

불세지웅不世之雄 세상에 떠어난 영웅.
즉 세상에 썩 드물게 나타난 영웅.

★__20__

★__20__

★__20__

★__20__

MY BUCKET LIST

☐ ....

☐ ....

☐ ....

☐ ....

집중과 단순함은 기업경영과 제품을 만드는
내 원칙 중 제일 첫 번째다. -**SJ**

불요불굴不撓不屈 한번 결심한 마음이
흔들거리거나 굽힘이 없이 억셈.

20　★

20　★

20　★

20　★

MY BUCKET LIST
- ☐
- ☐
- ☐
- ☐

단순함은 복잡함보다 어렵다.
생각을 단순하게 만들려면 굉장히 노력해야 한다. -**SJ**

불원천리不遠千里 천리를 멀다 하지 않고 찾아옴.

★__20__

★__20__

★__20__

★__20__

MY
BUCKET
LIST

☐
☐
☐
☐

1

단순함의 힘은 일단 단순함에 도달하면
산을 움직일 수 있어서다. -**SJ**

불치하문不恥下問 모르는 것을 아랫사람에게 묻는다고
부끄러울 것이 없음.

20 ___ ★

20 ___ ★

20 ___ ★

20 ___ ★

MY BUCKET LIST

☐
☐
☐
☐

때론 인생이 벽돌로 당신 머리를 칠 것이다.
그래도 절대 믿음을 잃지 마라. **-SJ**

붕정만리鵬程萬里 봉황새가 날아가는 만 리 길처럼
전도가 극히 양양한 장래.

_★ **20**_____

_____

_____

_____

_____

_★ **20**_____

_____

_____

_____

_____

_★ **20**_____

_____

_____

_____

_____

_★ **20**_____

_____

_____

_____

_____

MY BUCKET LIST	☐	
	☐	
	☐	
	☐	

3

테크놀로지는 아무것도 아니다.
중요한 건 사람들을 신뢰하는 것이다. -**SJ**

빙청옥결氷淸玉潔 맑은 얼음과 티 없이 깨끗한 옥돌같이
지조와 덕행이 담박함.

20 ★

20 ★

20 ★

20 ★

MY
BUCKET
LIST

☐
☐
☐
☐

사람들에게 도구를 주면
그 도구로 훌륭한 일을 해낼 것이다. -**SJ**

사귀신속事貴神速 일을 시작했다면
빨리 하면 할수록 좋음.

★ 20

★ 20

★ 20

★ 20

MY
BUCKET
LIST

☐
☐
☐
☐

소비자들에게 어떤 걸 원하는지 물어보고
그걸 주려고 하면 안 된다. **-SJ**

사농공상士農工商 선비·농부·공원·상인 등
모든 계급의 백성.

20 ★

20 ★

JUN

20 ★

20 ★

MY
BUCKET
LIST

☐
☐
☐
☐

고객들 요구에 맞게 무언가를 만들어내면
그들은 이미 다른 새로운 걸 원한다. -**SJ**

사면초가四面楚歌 사방이 완전히 적으로
둘러싸여 있음. 즉 비참한 처지.

$\star$__20__

$\star$__20__

$\star$__20__

$\star$__20__

MY BUCKET LIST
☐ ....
☐ ....
☐ ....
☐ ....

7

개개인으로 보면 사람들은 선하다.
하지만 그룹이 되면 난 다소 비관적이다. -**SJ**

사문난적斯文亂賊 교리에 어긋나는 언동으로
유교를 어지럽히는 사람.

20　★

20　★

20　★

20　★

MY
BUCKET
LIST

☐
☐
☐
☐

흥미로운 아이디어와 기술의 혁신을 지속시키는 회사는
많은 규율이 필요하다. -**SJ**

사상누각砂上樓閣 모래 위에 지은 누각.
어떤 일이나 사물의 기초가 견고하지 못함.

★**20**

★**20**

★**20**

★**20**

MY BUCKET LIST

☐ ....
☐ ....
☐ ....
☐ ....

9

20 ★

20 ★

JUN

20 ★

20 ★

MY
BUCKET
LIST

☐
☐
☐
☐

그땐 몰랐는데, 애플에서 해고된 건
내게 일어난 일 중 가장 훌륭한 일이었다. **-SJ**

사필귀정事必歸正 모든 일은 결과적으로
반드시 바른 길로 돌아가게 된다.

★ **20**

★ **20**

★ **20**

JUN

★ **20**

MY
BUCKET
LIST

11

해고는 날 자유롭게 만들어서
내 인생 중 가장 창조적인 시간에 접어들게 해줬다. -**SJ**

산전수전山戰水戰 산에서의 전투와 물에서의 전투를 다 겪음.
즉 험한 세상일에 경험이 많음.

20 ⭐

20 ⭐

JUN

20 ⭐

20 ⭐

MY BUCKET LIST	☐
	☐
	☐
	☐

사람들은 젊을 땐 TV를 보면서
그 뒤에 뭔가 음모가 있을 거라 생각한다. -**SJ**

산해진미山海珍味 산과 바다의 진귀한 맛.
즉 온갖 귀한 재료로 만든 맛 좋은 음식들.

★20

★20

★20

★20

MY
BUCKET
LIST

☐
☐
☐
☐

TV는 음모가 아니라 사실은
방송이 사람들이 원하는 걸 정확히 들어주고 있다. -**SJ**

살신성인殺身成仁 몸을 죽여 어짊을 이룸.
즉 자기를 희생하여 착한 일을 함.

20 ___ ★

20 ___ ★

20 ___ ★

20 ___ ★

MY BUCKET LIST

☐
☐
☐
☐

애플은 우리가 무얼 원하는지 파악하고
다른 사람들도 원할지 말지를 파악한다. -**SJ**

삼고초려三顧草廬 중국 삼국 시대, 유비가
제갈 양을 세 번이나 그의 집으로 찾아갔다는 고사.

_★_**20**

_★_**20**

_★_**20**

_★_**20**

MY
BUCKET
LIST

☐ ....
☐ ....
☐ ....
☐ ....

해군보다 해적이 되라! 해군에 입대하는 것보단
해적이 되는 게 더 재밌다. -**SJ**

삼라만상森羅萬象 우주 사이에 벌여 있는
수많은 현상.

20 ★

20 ★

20 ★

20 ★

MY
BUCKET
LIST

- [ ]
- [ ]
- [ ]
- [ ]

미친 골치 덩어리들은 사물을 다르게 보는 사람들로
규칙을 좋아하지 않는다. -**SJ**

삼십육계三十六計 봉변을 모면하려면
도망치는 것이 제일이다.

_★**20**

_★**20**

_★**20**

_★**20**

MY BUCKET LIST

☐ ....

☐ ....

☐ ....

☐ ....

17

당신은 그들 말을 인용할 수도, 반대할 수도,
칭찬하거나 욕할 수도 있다. -**SJ**

삼인성호三人成虎 마을에 범이 있을 리 없지만
세 사람이 우기면 마침내 곧이듣게 된다는 뜻이다.

20 ★

20 ★

20 ★

20 ★

JUN

MY
BUCKET
LIST

☐
☐
☐
☐

미친 사람들은 세상을 변화시키고,
또한 인류를 앞으로 전진시킨다. -**SJ**

삼일천하三日天下 짧은 동안 정권을 잡았다가 실패함.
즉 영화를 누리는 시기가 짧음.

★ **20**

★ **20**

★ **20**

JUN

★ **20**

MY
BUCKET
LIST

- [ ]
- [ ]
- [ ]
- [ ]

성공한 사업가와 실패한 사업가의 차이는
인내심이 있느냐 없느냐의 차이다. **-SJ**

삼척동자三尺童子 키가 석자에 불과한
자그마한 어린아이.

20 ⭐

20 ⭐

20 ⭐

20 ⭐

MY
BUCKET
LIST

☐
☐
☐
☐

인생은 절대 공평하지 않다.
그런 현실을 받아들여라. -**빌 게이츠(BG)**

삼천지교三遷之敎 맹자의 어머니가
맹자를 가르치기 위하여 집을 세 번 옮긴 것.

★20

★20

★20

★20

MY
BUCKET
LIST

☐
☐
☐
☐

21

세상은 네가 어떻게 생각하든 상관하지 않는다. **-BG**

상아지탑象牙之塔 예술을 사랑하는 사람들이
실리생활을 떠나 예술만을 즐기는 경지.

20 ★

20 ★

20 ★

20 ★

**MY
BUCKET
LIST**

☐
☐
☐
☐

현실을 직시하고 적응한 자만이 살아남는다. -**BG**

상유십이尙有十二 "우리는 아직
12척의 배가 남아있다"라는 이순신 장군의 말.

_★_20

_★_20

_★_20

_★_20

**MY
BUCKET
LIST**

☐

☐

☐

☐

적극적인 마음자세를 소유하고
자신의 단점 보완에 도전하라. -**BG**

상전벽해桑田碧海 뽕나무밭이 푸른 바다가 됨.
즉 세상이 엄청나게 변했음.

20 ★

20 ★

20 ★

20 ★

MY BUCKET LIST
- [ ]
- [ ]
- [ ]
- [ ]

대가 없이 얻고자 하지 말라.
성공은 저절로 찾아오지 않는다. **-BG**

새옹지마塞翁之馬 내일을 알 수 없는
사람의 길흉화복은 예측하기 어려움.

$\star$ __20__

$\star$ __20__

$\star$ __20__

$\star$ __20__

MY BUCKET LIST
- [ ]
- [ ]
- [ ]
- [ ]

좋은 제품을 만들 수 없다면
적어도 좋은 제품처럼 보이게 만들어라. -**BG**

생로병사生老病死 나고 늙고 병들고 죽는 일.
즉 인생이 겪어야 할 네 가지 고통.

20 ____ ★ _____

_____

_____

_____

20 ____ ★ _____

_____

_____

_____

20 ____ ★ _____

_____

_____

_____

20 ____ ★ _____

_____

_____

_____

JUN

MY
BUCKET
LIST

☐ _____

☐ _____

☐ _____

☐ _____

불만이 가장 많은 고객으로부터
배울 게 가장 많다. -**BG**

생살여탈生殺與奪 살리고 죽이고 주고 빼앗는 권력.
즉 대단한 권세.

★ **20**

★ **20**

★ **20**

★ **20**

MY
BUCKET
LIST

☐

☐

☐

☐

가는 말이 곱다고
오는 말이 항상 곱기를 바라지 마라. **-BG**

생자필멸生者必滅 무릇 이 세상에 생명이 있는 것은
다 마침내 죽기 마련이다.

20 ★

20 ★

20 ★

20 ★

JUN

MY
BUCKET
LIST

☐
☐
☐
☐

사람들이 나를 이해해주기도 바라지 말고
내가 먼저 다가가라. -BG

선견지명先見之明 앞일을 미리 예견하여 내다보는
밝은 슬기와 재능.

_____ ⋆**20**_____

_____

_____

_____

_____

_____ ⋆**20**_____

_____

_____

_____

_____

_____ ⋆**20**_____

_____

_____

_____

_____

_____ ⋆**20**_____

_____

_____

_____

_____

MY BUCKET LIST
- [ ] _____
- [ ] _____
- [ ] _____
- [ ] _____

자신의 인생을 스스로 망치고 있으면서
부모 탓을 하지 말라. -**BG**

선공후사先公後私 공적인 일을 먼저 하고
사적인 일은 뒤로 미룸.

20 ___ ★

20 ___ ★

20 ___ ★

20 ___ ★

MY BUCKET LIST
☐
☐
☐
☐

시간과 자원의 분배 측면에서만 본다면
종교는 효율적이지 않다. -**BG**

선우후락先憂後樂 근심할 일은 남보다 먼저 걱정하고
즐거워할 일은 남보다 나중에 기뻐함.

$\star$**20**

$\star$**20**

$\star$**20**

$\star$**20**

MY BUCKET LIST
- [ ]
- [ ]
- [ ]
- [ ]

JULY

1

햄버거가게에서 일하는 것을
너희 할아버지는 기회라고 생각했다. -**BG**

설상가상雪上加霜 눈 위에 서리를 더함.
즉 엎친 데 덮치기로 일어난 일이 다시 일어남.

20 ___ ★

20 ___ ★

20 ___ ★

20 ___ ★

JUL

MY BUCKET LIST	☐
	☐
	☐
	☐

학교는 승자와 패자가 뚜렷이 가리지 않지만
사회 현실은 다르다는 것을 명심해라. -**BG**

성현군자聖賢君子 성인과 현인과 군자.
곧 지식과 덕망이 뛰어난 사람.

★ **20**

★ **20**

★ **20**

JUL

★ **20**

MY
BUCKET
LIST

☐
☐
☐
☐

인생은 학기처럼 구분되어 있지 않고
방학이라는 것은 아예 있지도 않다. -**BG**

소탐대실小貪大失 작은 것을 탐내다가
오히려 큰 것을 잃는다.

20 ___ ★

20 ___ ★

20 ___ ★

20 ___ ★

JUL

MY
BUCKET
LIST

☐
☐
☐
☐

네가 스스로 알아서 하지 않으면
직장에서 가르쳐주지 않는다. **-BG**

속성속패速成速敗 갑작스럽게 이루어진 것은
또 급히 결딴난다.

★20

★20

★20

★20

	MY BUCKET LIST	☐	
		☐	
		☐	
		☐	

TV는 현실이 아니다. 현실에서 커피를 마셨으면
일을 시작하는 것이 옳다. -**BG**

속수무책束手無策 손을 묶었으니 계획이 없음.
즉 어찌할 도리가 없음.

20 ★

20 ★

20 ★

20 ★

JUL

MY
BUCKET
LIST

☐
☐
☐
☐

학교에 다닐 때 공부밖에 할 줄 모르는
"바보"한테 잘 보여라. **-BG**

송구영신送舊迎新 묵은해를 보내고 새해를 맞음.

★_20_____

★_20_____

★_20_____

★_20_____

MY BUCKET LIST

☐ ....

☐ ....

☐ ....

☐ ....

7

사회에 나오면
"바보" 밑에서 일하게 될지도 모른다. -**BG**

수구초심首邱初心 여우는 죽을 때 제가 살던 굴 쪽으로
머리를 둠. 즉 고향을 그리는 마음.

20 ★

20 ★

20 ★

20 ★

JUL

MY
BUCKET
LIST

☐
☐
☐
☐

성공은 절대 운명의 장난처럼
쉬운 게 아니다. -**BG**

수수방관袖手傍觀 응당 해야 할 일에
아무런 손도 쓰이지 않고 그저 보고만 있음.

★ 20

★ 20

★ 20

★ 20

MY
BUCKET
LIST

☐
☐
☐
☐

큰일이든 작은 일이든 시종일관 충실해라. -**BG**

수신제가修身齊家 마음가짐을 바로하고
행실을 올바로 닦고 집안을 바로잡음.

20 ★

20 ★

20 ★

20 ★

MY BUCKET LIST

☐
☐
☐
☐

너그럽지 못한 것은 곧 여유가 없음을 말한다. -**BG**

수어지교水魚之交 고기와 물과의 사이처럼
떨어질 수 없는 특별한 친분.

_★_**20**_____

_★_**20**_____

_★_**20**_____

_★_**20**_____

MY BUCKET LIST

☐ _____
☐ _____
☐ _____
☐ _____

나에겐 원대한 꿈이 있었고
그 꿈의 대부분은 독서가 밑바탕이 되었다. **-BG**

순망치한脣亡齒寒 입술이 없으면 이가 시림.
즉 한쪽이 망하면 다른 한쪽이 위태로움.

20 ★

20 ★

20 ★

20 ★

MY BUCKET LIST
☐
☐
☐
☐

모든 것을 내가 아니면 안 된다는
생각을 버려라. -**BG**

승승장구乘勝長驅 싸움에서 이긴 기세를 타고
계속 적을 몰아침.

_★**20**_

_★**20**_

_★**20**_

_★**20**_

**MY
BUCKET
LIST**
☐
☐
☐
☐

13

성공은 자아실현의 욕구가 성취될 때이다. **-BG**

시문서화詩文書畵 시와 문과 글씨와 그림.

20 ____ ★

20 ____ ★

20 ____ ★

JUL

20 ____ ★

MY BUCKET LIST

- [ ]
- [ ]
- [ ]
- [ ]

먼저 다가가고 먼저 배려하고 먼저 이해하도록 하라. **-BG**

시위소찬尸位素餐 직책을 다하지 못하면서
한갓 자리만 차지하고 녹만 받는 일.

14

★20

★20

★20

★20

MY BUCKET LIST

☐
☐
☐
☐

기회는 항상
위기와 변화 속에 숨어 있다. -**BG**

식자우환識字憂患 서투른 지식 때문에 도리어 일을 망침.
속담에 반풍수 집안 망친다.

20 ★

20 ★

20 ★

20 ★

MY
BUCKET
LIST

☐
☐
☐
☐

인생은 산과 같아서 정상에 올라야만
산 아래 아름다운 풍경을 볼 수 있다. -**BG**

신상필벌信賞必罰 공이 있는 사람에게는 상을 주고 즉
죄가 있는 사람에게는 반드시 벌을 줌.

★ 20

★ 20

★ 20

★ 20

MY
BUCKET
LIST

☐

☐

☐

☐

성공은 당신의 삶과
인격과 위상을 바꿔준다. -**BG**

신출귀몰新出鬼沒 귀신이 출몰하듯 자유자재하여
그 변화가 무궁무진함.

20 ★

20 ★

20 ★

20 ★

MY
**BUCKET
LIST**
☐
☐
☐
☐

노력조차 안 해보고 정상에 오를 수 없다고
말만 하는 사람은 패자. -**BG**

실사구시實事求是 사실에 입각하여
진리를 탐구하려는 태도.

_____ ★ **20** _____

_____

_____

_____

_____ ★ **20** _____

_____

_____

_____

_____ ★ **20** _____

_____

_____

_____

_____ ★ **20** _____

_____

_____

_____

MY BUCKET LIST	☐
	☐
	☐
	☐

JUL

성공은 쉽게 만족하지 않고
계속 전진할 때에만 온다. **-BG**

심사숙고深思熟考 깊이 생각하고 익히 생각함.
즉 신중을 기하여 곰곰이 생각함.

20 ⭐

20 ⭐

JUL

20 ⭐

20 ⭐

MY
BUCKET
LIST

☐
☐
☐
☐

가장 불만에 가득 찬 고객은
바로 가장 위대한 배움의 원천이다. -**BG**

심원의마心猿意馬 사람의 번뇌와 욕심이
한없고 걷잡을 수 없음.

★**20**

★**20**

★**20**

★**20**

MY
BUCKET
LIST

☐

☐

☐

☐

21

힘들고 궂은일을 수치스럽게 생각 말라.
그 일의 다른 이름은 기회다. **-BG**

십시일반十匙一飯 여러 사람이 힘을 합하면
한 사람을 구원할 수 있음.

20 ★

20 ★

20 ★

20 ★

MY BUCKET LIST
- [ ]
- [ ]
- [ ]
- [ ]

실수는 할 수 있지만
같은 실수를 반복하는 사람은 미개인이다. **-BG**

십인십색十人十色 열 사람이면 열 사람이
각각 성질이 다르다.

★**20**

★**20**

★**20**

★**20**

MY BUCKET LIST
- [ ]
- [ ]
- [ ]
- [ ]

우리는 가난한 사람을 위한 자본주의가 될 수 있는
방법도 찾아야 한다. **-BG**

십지부동十指不動 열 손가락을 움직이지 않음.
즉 조금도 일을 하지 않음.

20 ★

20 ★

20 ★

20 ★

MY
BUCKET
LIST

☐

☐

☐

☐

성공은 똑똑한 사람들로 하여금
절대 실패할 수 없다고 착각하게 만든다. -**BG**

아시타비我是他非 나는 옳고 타인은 틀렸음.
즉 자신은 문제 삼지 않고 타인은 비방함.

★20

★20

★20

★20

MY
BUCKET
LIST

☐
☐
☐
☐

다음 세기에는 상대에게 최대한의 능력을
불어넣는 사람이 지도자가 될 것이다. **-BG**

아비규환阿鼻叫喚 아비지옥과 규환지옥.
즉 여러 사람이 심한 고통으로 울부짖는 참상.

20　　★

20　　★

20　　★

20　　★

MY BUCKET LIST

☐
☐
☐
☐

겨울은 내 머리 위에 있다.
하지만 영원한 봄은 내 마음속에 존재한다. -**BG**

아전인수我田引水 내 논에 물대기.
자기에게만 유리하도록 함.

_★_ **20**

_★_ **20**

_★_ **20**

JUL

_★_ **20**

MY
BUCKET
LIST

- [ ]
- [ ]
- [ ]
- [ ]

가난하게 태어난 건 당신 잘못이 아니지만
가난하게 죽는 건 당신 잘못이다. -**BG**

안거위사安居危思 편안할 때에
위난이 닥쳐올 것을 잊지 말고 대비함.

20 ⭐

20 ⭐

20 ⭐

20 ⭐

MY
BUCKET
LIST

☐
☐
☐
☐

주는 만큼 받아야 된다고 생각하지 말라.
아낌없이 주는 나무가 되라. -**BG**

안하무인眼下無人 눈 아래 사람이 없음.
즉 교만하여 사람들을 아래로 보고 업신여김.

★20

★20

★20

★20

MY
BUCKET
LIST
- [ ]
- [ ]
- [ ]
- [ ]

시작도 하기 전에 결과를 생각 하지 말고
다른 사람 시선도 생각지 말라. **-BG**

암중모색暗中摸索 분명히 알지 못하는 일을
여러모로 더듬어 찾아냄.

20 ★ _____

_____

_____

_____

20 ★ _____

_____

_____

_____

20 ★ _____

_____

_____

_____

20 ★ _____

_____

_____

_____

MY
BUCKET
LIST

☐ ....

☐ ....

☐ ....

☐ ....

JUL

다른 사람을 평가하지 말라.
눈에는 눈 이에는 이 갚을 땐 갚고 받을 땐 받아라. -**BG**

양두구육羊頭狗肉 양의 머리를 걸어놓고 개고기를 팖.
즉 겉은 좋게 보이나 속은 음흉함.

★ **20**

★ **20**

★ **20**

★ **20**

MY BUCKET LIST	☐
	☐
	☐
	☐

당신의 선생님이 엄격하다고 생각한다면
직장 상사를 만날 때까지 기다려보라. **-BG**

양상군자梁上君子 도둑을 고상하고 점잖게 일컫는 말.

20 ★

20 ★

20 ★

20 ★

JUL

MY
BUCKET
LIST

☐
☐
☐
☐

PC가 등장했을 때 사람들은
그것이 중요하다는 것을 알았다. -**BG**

양자택일兩者擇一 두 사람 또는
두 물건 중에서 하나를 선택함.

1

★ 20 _____

_____

_____

_____

_____

★ 20 _____

_____

_____

_____

_____

★ 20 _____

_____

_____

_____

_____

★ 20 _____

_____

_____

_____

_____

AUG

MY BUCKET LIST	☐ _____
	☐ _____
	☐ _____
	☐ _____

지적재산권의 유통기한은 바나나만큼이나 짧다. -**BG**

어두육미魚頭肉尾 물고기는 머리,
동물은 꼬리가 맛이 좋음.

20 ★

20 ★

20 ★

20 ★

AUG

MY
BUCKET
LIST

☐
☐
☐
☐

행동을 변화시키려면 많은 돈을 투자해야 한다. -**BG**

어부지리漁父之利 무명조개와 도요새가 서로 다투는 틈에
어부가 두 놈을 다 잡아 이익을 봄.

★20

★20

★20

AUG

★20

MY
BUCKET
LIST

나는 PC로 실현할 수 있는
가장 기본적인 꿈조차 실현하려면 아직 멀었다. -**BG**

어불성설語不成說 말이 사리에 맞니 않음.
즉 말이 말 같지 않음.

20 _____ ★ _____

_____

_____

_____

20 _____ ★ _____

_____

_____

_____

20 _____ ★ _____

_____

_____

_____

20 _____ ★ _____

_____

_____

_____

MY BUCKET LIST
- ☐ _____
- ☐ _____
- ☐ _____
- ☐ _____

사람들에게 문제점과 해결방식을 제시하면
사람들이 실천에 옮기리라 믿는다. -**BG**

억하심장億何心腸 대체 무슨 생각인지
그 마음을 추측하기 어려움.

★ 20 ___

___
___
___
___

★ 20 ___

___
___
___
___

★ 20 ___

___
___
___
___

★ 20 ___

___
___
___
___
___

MY BUCKET LIST

☐ _____
☐ _____
☐ _____
☐ _____

6

자본주의를 싫어하는 사람도 있고
PC를 싫어하는 사람도 있다. -**BG**

언어도단言語道斷 말문이 막힘.
즉 너무 어이가 없어 할 말이 없음.

20 ★

20 ★

20 ★

20 ★

MY BUCKET LIST

☐
☐
☐
☐

성공을 자축하는 것보다
실패를 통한 교훈에 주의를 기울이는 것이 더 중요하다. -**BG**

언중유골言中有骨 말속에 뼈가 있음.
즉 말은 순하나 속뜻은 비꼬거나 헐뜯음.

★__20__

★__20__

★__20__

AUG

★__20__

<table>
<tr><td>MY
BUCKET
LIST</td><td>☐</td><td></td></tr>
<tr><td></td><td>☐</td><td></td></tr>
<tr><td></td><td>☐</td><td></td></tr>
<tr><td></td><td>☐</td><td></td></tr>
</table>

사람들은 늘 변화를 두려워한다.
전기가 발명되었을 때도 두려워했다. -**BG**

역지사지易地思之 상대와 처지를 바꾸어 생각함.

20 ___ ★

20 ___ ★

20 ___ ★

20 ___ ★

AUG

MY BUCKET LIST
- ☐
- ☐
- ☐
- ☐

똑똑한 사람들과 변화의 중심에서
더 많이 더 기꺼이 일하라. **-BG**

오리무중五里霧中 오리에 걸쳐 낀 안개 속.
즉 무슨 일에 대하여 알 길이 없음.

11

★ **20**

★ **20**

★ **20**

AUG

★ **20**

MY BUCKET LIST

☐
☐
☐
☐

나는 매일 일하러 오는 것이
그렇게 즐거울 수가 없다. -**BG**

오비이락烏飛梨落 까마귀 날자 배 떨어진다.
어떤 일을 하자마자 혐의를 받기 알맞게 딴 일이 일어남.

20 ★

20 ★

20 ★

20 ★

MY BUCKET LIST
☐
☐
☐
☐

내 앞에는 항상 새로운 도전과 기회와
배울 것들이 기다리고 있다. -**BG**

13

오월동주吳越同舟 서로 원수의 사이인
오나라 사람과 월나라 사람이 같은 배를 탐.

★ **20**

★ **20**

★ **20**

★ **20**

MY BUCKET LIST

- [ ]
- [ ]
- [ ]
- [ ]

14

당신이 인식하지 못하는 것이 있다.
그것은 바로 위기감이다. **-BG**

오합지중烏合之衆 까마귀 떼처럼 모인 통제 없는 무리.
즉 맹목적으로 모여 든 무리.

20 ★

20 ★

20 ★

20 ★

AUG

MY BUCKET LIST
- [ ]
- [ ]
- [ ]
- [ ]

회사는 고객들에게 화려하게 비쳐지는 데
중독되면 안 된다. **-제프 베이조스**(JB)

옥상가옥屋上架屋 지붕 위에 또 지붕을 만듦.
즉 사물의 부질없는 중복.

_★_20

_★_20

_★_20

_★_20

MY BUCKET LIST

☐

☐

☐

☐

발명의 세계에서는
늘 예기치 않은 행운이 존재한다. **- JB**
온고지신溫故之新 옛것을 앎으로써
그것을 통해 새로운 것을 발견함.

20 ____ ★

20 ____ ★

20 ____ ★

AUG

20 ____ ★

MY BUCKET LIST

- [ ] ....
- [ ] ....
- [ ] ....
- [ ] ....

최고의 고객 서비스는 홍보를 필요로 하지 않는다.
그냥 작동할 뿐이다. -**JB**

와각지쟁蝸角之爭 달팽이의 집에서 싸움.
즉 좁은 세상에서 사소한 일로 싸움.

17

_★_**20**

_★_**20**

_★_**20**

_★_**20**

MY BUCKET LIST
- [ ]
- [ ]
- [ ]
- [ ]

회사 브랜드는 개인의 평판과도 같이
노력할 때 얻을 수 있다. -**JB**

와신상담臥薪嘗膽 섶에 누워서 쓸개를 맛봄.
즉 원수를 갚으려고 온갖 고초를 참고 견딤.

20　★

20　★

20　★

20　★

MY
BUCKET
LIST

☐
☐
☐
☐

나의 모든 결정은 분석이 아니라
마음, 직관, 직감으로 내려졌다. -**JB**

완물상지玩物喪志 진귀한 물건을 손에 넣고
그 물건에 마음을 뺏겨 뜻을 잃음.

★**20**

★**20**

★**20**

★**20**

MY
BUCKET
LIST

☐
☐
☐
☐

20

실패와 발명은
떼려야 뗄 수 없는 쌍둥이와 같다. -**JB**

외유내강外柔內剛 겉으로 보기에는 부드러우나
속은 꿋꿋하고 강함.

20 ★

20 ★

20 ★

AUG

20 ★

MY
BUCKET
LIST

☐
☐
☐
☐

아마존은 고객으로부터 돈을 덜 받기 위해
일하는 회사를 지향한다. **-JB**

요산요수樂山樂水 지혜 있는 자는 사리에 통달하여
물과 같이 막힘이 없음.

_★_20

_★_20

_★_20

_★_20

MY
BUCKET
LIST
- [ ]
- [ ]
- [ ]
- [ ]

지혜가 풍부하지 않은 사람과 어울리기에는
삶은 너무 짧다. -**JB**

용두사미龍頭蛇尾 머리는 용이고 꼬리는 뱀.
즉 처음은 좋으나 나중은 나빠진다.

20 ⭐

20 ⭐

20 ⭐

20 ⭐

MY
BUCKET
LIST

☐
☐
☐
☐

마케팅의 입소문은
매우 강력한 힘을 가지고 있다. **-JB**

우공이산愚公移山 어리석은 영감이 산을 옮겨 놓음.
즉 끈기가 있어야 목적을 달성함.

★**20**

★**20**

★**20**

★**20**

MY
BUCKET
LIST

☐

☐

☐

☐

당신 회사의 이익률은
우리 회사에는 참고와 기회이다. **-JB**

우이독경牛耳讀經 쇠귀에 경 읽기.
즉 아무리 타일러도 소용이 없음.

20 ___ ★ _____

_____
_____
_____
_____

20 ___ ★ _____

_____
_____
_____
_____

20 ___ ★ _____

_____
_____
_____
_____

20 ___ ★ _____

_____
_____
_____
_____

AUG

MY
BUCKET
LIST

☐ _____
☐ _____
☐ _____
☐ _____

당신이 굳건히 버티지 못하면
빠르게 실험을 포기할 것이다. **-JB**

우후죽순雨後竹筍 비 온 뒤에 무럭무럭 솟는 죽순.
즉 한때에 많이 일어남.

★**20**

★**20**

★**20**

★**20**

MY
BUCKET
LIST

☐
☐
☐
☐

당신이 유연하지 않다면
문제를 풀 다른 해결책을 찾을 수 없을 것이다. **-JB**

운집무산雲集霧散 구름같이 모이고 안개같이 헤어짐.
곧 일시에 모였다가 일시에 헤어짐.

20 ★

20 ★

20 ★

20 ★

AUG

MY
BUCKET
LIST

☐
☐
☐
☐

예전에는 서비스에 30%,
알리기에 70%를 사용했다면
지금은 그 반대다. -**JB**

위기일발危機一髮 거의 여유가 없는 위급한 순간.

★ 20

★ 20

★ 20

★ 20

MY
BUCKET
LIST

☐
☐
☐
☐

비판받는 것을 두려워한다면
아무것도 하지 마라. -JB

유구무언有口無言 입은 있으나 말이 없음.
즉 변명할 말이 없거나 변명을 못함.

20 ⭐

20 ⭐

20 ⭐

20 ⭐

MY
BUCKET
LIST

☐
☐
☐
☐

다른 회사들이 무엇을 하는지
시장조사를 해야 한다. -**JB**

유비무환有備無患 준비가 되어 있으면 근심이 없음.
즉 미리 준비하면 화를 당하지 않음.

★__20__

★__20__

★__20__

★__20__

MY
BUCKET
LIST

☐
☐
☐
☐

기업은 세상과 동떨어져 있으면
반드시 퇴출된다. **-JB**

유아독존唯我獨尊 이 세상에는 나보다 더
높은 사람이 없다고 뽐내는 사람.

20 ★

20 ★

20 ★

20 ★

MY BUCKET LIST

☐
☐
☐
☐

영감을 받고 생각해서
당신만의 유일한 색깔을 만들어라. -**JB**

윤회전생輪廻轉生 수레바퀴가 돌아가는 것이 끊임이 없음.
즉 생사를 끝없이 반복함.

★**20**

★**20**

★**20**

★**20**

MY BUCKET LIST
- ☐
- ☐
- ☐
- ☐

SEPTEMBER

1

빛나는 것은 지속하지 않기 때문에
빛나는 것에 빠지지 말아야 한다. -**JB**

은감불원殷鑑不遠 은나라의 거울은 먼 데 있지 않음.
즉 남의 실패를 본보기로 삼아야 함.

20 ★

20 ★

20 ★

SEP

20 ★

**MY
BUCKET
LIST**
- [ ]
- [ ]
- [ ]
- [ ]

장기적인 목표를 지향한다면
소비자와 주주의 이익은 일치하게 된다. -**JB**

은인자중隱忍自重 마음속에 감추어
참고 견디며 신중하게 행동함.

★20

★20

★20

★20

SEP

MY
BUCKET
LIST

☐ ....
☐ ....
☐ ....
☐ ....

경쟁자만 바라본다면
경쟁자가 무언가를 할 때까지 기다려야 한다. **-JB**

읍참마속泣斬馬謖 울면서 마속의 목을 벰.
즉 공정한 법 적용을 위해 사사로운 정을 포기함.

20___ ★ _____

_____

_____

_____

20___ ★ _____

_____

_____

_____

20___ ★ _____

_____

_____

_____

20___ ★ _____

_____

_____

_____

MY BUCKET LIST	☐ _____
	☐ _____
	☐ _____
	☐ _____

고객에 집중한 회사는
선구자가 될 것이다. -JB

4

이목지신移木之信 위정자가 나무 옮기기로
백성들을 믿게 함. 즉 약속을 반드시 지킴.

★<u>20</u>

★<u>20</u>

★<u>20</u>

★<u>20</u>

MY
BUCKET
LIST

☐
☐
☐
☐

굉장한 것을 경험하게 해주면
고객은 서로서로 이 경험을 이야기한다. -**JB**

이심전심以心傳心 마음으로 마음에 전함.
즉 깊고 깊은 이치는 마음속에서 깨달아야 함.

20 ___ ★

_____

_____

_____

_____

20 ___ ★

_____

_____

_____

_____

20 ___ ★

_____

_____

_____

_____

20 ___ ★

_____

_____

_____

_____

MY BUCKET LIST	☐
	☐
	☐
	☐

입소문은 상상할 수 없는
강력한 힘을 가지고 있다. **-JB**

이율배반二律背反 서로 모순되는 두 개의 명제가
동등한 권리를 주장함.

★<u>20</u>

★<u>20</u>

★<u>20</u>

★<u>20</u>

MY BUCKET LIST

☐ ....

☐ ....

☐ ....

☐ ....

7

20 _____ ★ _____

_____

_____

_____

20 _____ ★ _____

_____

_____

_____

20 _____ ★ _____

_____

_____

_____

20 _____ ★ _____

_____

_____

_____

SEP

MY BUCKET LIST

☐ _____

☐ _____

☐ _____

☐ _____

비좁은 상자에서 탈출할 방법은
빠져나갈 방법을 발명하는 것뿐이다. -**JB**

인과응보因果應報 좋은 일에는 좋은 결과가,
나쁜 일에는 나쁜 결과가 따른다.

★<u>20</u>

★<u>20</u>

★<u>20</u>

★<u>20</u>

MY
BUCKET
LIST

☐
☐
☐
☐

회사 문화의 일부는
너무나 경로 의존적이다. -**JB**

인명재천人命在天 사람의 목숨은 하늘에 매여 있어
뜻대로 되지 않음.

20 __ ⭐ _____

_____

_____

_____

20 __ ⭐ _____

_____

_____

_____

20 __ ⭐ _____

_____

_____

_____

20 __ ⭐ _____

_____

_____

_____

_____

MY BUCKET LIST

☐ _____

☐ _____

☐ _____

☐ _____

발견에는 항상
뜻밖의 즐거움과 재미가 있다. **-JB**

인생조로人生朝露 사람의 생명은
아침 이슬이 금방 녹듯이 극히 짧음.

★**20**

★**20**

★**20**

★**20**

MY
BUCKET
LIST

☐
☐
☐
☐

11

아마존을 성공으로 이끈 3가지 전략은
고객을 우선 생각하고, 발명과 인내다. **-JB**

인중승천人衆勝天 사람이 많으면 하늘에도 이김.
즉 사람 수가 많으면 무슨 일이라도 할 수 있음.

20　★

20　★

20　★

20　★

MY
BUCKET
LIST

☐
☐
☐
☐

모든 사업은
계속해서 젊어져야 한다. -**JB**

일거양득一擧兩得 한 가지 일을 하여
두 가지의 이득을 봄.

_★_<u>20</u>

_★_<u>20</u>

_★_<u>20</u>

_★_<u>20</u>

SEP

MY
BUCKET
LIST

☐
☐
☐
☐

휴가를 위해 집을 저당 잡히라는 은행같이
악마처럼 돈을 벌어선 안 된다. -**JB**

일구월심日久月深 날이 오래고 달이 깊어 감.
즉 세월이 지남.

20 ★

20 ★

20 ★

20 ★

MY
BUCKET
LIST

☐
☐
☐
☐

스토리텔링이 놀랍지 않다면
최고의 기술과 비즈니스 모델도 중요하지 않다. **-JB**

일기당천—騎當千 한 사람이 천 사람을 당해냄.
곧 아주 힘이 셈.

★20

★20

★20

★20

SEP

MY
BUCKET
LIST

☐

☐

☐

☐

위험한 것들은 대부분 진화하지 않는다. **-JB**

일도양단一刀兩斷 결단성 있게 민활하게 일을 처리함.
즉 남녀 관계나 친구 사이의 교제를 끊음.

20 ___ ⭐

20 ___ ⭐

20 ___ ⭐

20 ___ ⭐

MY BUCKET LIST

☐
☐
☐
☐

비평가를 용인할 수 없다면 아무것도 하지 마라. **-JB**

일사불란一絲不亂 질서나 체계가 정연하여
조금도 어지러운 데가 없음.

16

★20

★20

★20

★20

MY
BUCKET
LIST

☐
☐
☐
☐

시장 리더십은 높은 매출과 수익성,
투자자본 수익률로 변환될 수 있다. -**JB**

일사천리一瀉千里 강물이 거침없이 흘러 천 리에 내달음.
즉 거침없이 기세 좋게 진행됨.

20 _____ ★

20 _____ ★

20 _____ ★

20 _____ ★

MY BUCKET LIST

☐ _____
☐ _____
☐ _____
☐ _____

실험을 일 년에 두 배로 늘리면
창의력도 두 배가 된다. -**JB**

일언지하 一言之下 말 한 마디로 딱 잘라 말함.
즉 두말할 나위도 없음.

★20

★20

★20

★20

MY BUCKET LIST	☐	
	☐	
	☐	
	☐	

잘 진행되는 일만 하겠다고 결정하면
많은 기회를 테이블에 놓아두는 것과 같다. **-JB**

일엽지추─葉知秋 한 가지 일을 보고
장차 있을 일을 미리 앎.

20 ⭐

20 ⭐

20 ⭐

20 ⭐

MY
BUCKET
LIST

☐
☐
☐
☐

호황기에 사람들은 가장 중요한 것에
집중하기가 굉장히 어렵다. -**JB**

일엽편주—葉片舟 한 척의 조그마한 쪽배.

★<u>20</u>

★<u>20</u>

★<u>20</u>

★<u>20</u>

MY
BUCKET
LIST

☐
☐
☐
☐

아마존은 열심히 일하고 즐기면서
역사를 만들어 간다. -**JB**

일인당천—人當千 한 사람이 천 사람을 당해 낼 만하다.
즉 기운이 장한 사람.

20 ___ ★

20 ___ ★

20 ___ ★

20 ___ ★

SEP

MY
BUCKET
LIST
☐
☐
☐
☐

어떤 사업 계획도
현실과 부딪히는 순간에 살아남지 못한다. -**JB**

일자천금一字千金 한 글자에 천금.
즉 대단히 소중하고 뛰어난 글 또는 글씨.

22

★20

★20

★20

★20

MY BUCKET LIST

☐

☐

☐

☐

현실은 언제나 변화무쌍하기 때문에
계획은 계획일 뿐이다. -**JB**

일장춘몽—場春夢 한바탕의 봄꿈처럼 헛된 영화.
즉 인생의 무상함.

20 ★

20 ★

20 ★

20 ★

SEP

MY BUCKET LIST

☐
☐
☐
☐

가장 중요한 것은
고객에게 집요하게 집중해야 한다는 것이다. -**JB**

일확천금一攫千金 힘 안 들이고
한꺼번에 많은 재물을 얻음.

★**20**

★**20**

★**20**

★**20**

MY
BUCKET
LIST
- [ ]
- [ ]
- [ ]
- [ ]

우리의 목표는 세계에서 가장
고객 중심적인 회사가 되는 것이다. -**JB**

임기응변臨機應變 그때그때의 형편에 따라 변통성 있게
그 자리에서 재치 있게 처결함.

20 ★

20 ★

20 ★

20 ★

MY BUCKET LIST

☐
☐
☐
☐

우리가 고객의 구매 결정에 도움을 준다면
더 많이 팔 수 있다. -**JB**

임전무퇴臨戰無退 싸움터에 임하여
절대 물러섬이 없음.

★20

★20

★20

★20

MY
BUCKET
LIST

☐
☐
☐
☐

최고의 고객 서비스는
고객이 당신에게 전화할 필요도 없다. **-JB**

자가당착自家撞着 자기가 한 말이나 행동의
앞뒤가 모순됨.

20 ___ ★

20 ___ ★

20 ___ ★

20 ___ ★

MY
BUCKET
LIST

☐

☐

☐

☐

고객은 초대 손님이고
우리는 주최자다. **-JB**

자강불식自強不息 스스로 마음을 굳세게 다지며
쉬지 않고 노력하면 뜻을 이룸.

★ **20**

★ **20**

★ **20**

★ **20**

MY BUCKET LIST
☐
☐
☐
☐

고객 경험의 모든 면을 매일 조금씩 개선하는 것이
우리의 일이다. -**JB**

자문자답自問自答 의심나는 것을
자기의 마음으로 판단하여 풂.

20 ★

20 ★

20 ★

20 ★

MY
BUCKET
LIST

☐
☐
☐
☐

무언가를 팔아야 한다면
반드시 사람들의 이목을 끌어야 한다. -**JB**

자승자박自繩自縛 제 줄로 제 몸을 묶음.
즉 자신의 언행으로 말미암아 스스로 얽혀 들어감.

★ **20**

★ **20**

★ **20**

★ **20**

MY BUCKET LIST

☐
☐
☐
☐

노인과 바다

THE OLD MAN AND THE SEA

어니스트 헤밍웨이

ERNEST HEMINGWAY

1

출항 전

멕시코 만류에서 조각배를 타고 홀로 고기잡이를 하는 노인이 있었다. 그 노인은 한 마리의 고기도 잡지 못한 채 오늘까지 벌써 84일째였다. 처음 40일 동안은 한 소년이 노인과 함께 있었다. 그러나 40일이 지나도록 한 마리의 고기도 낚지 못하자, 소년의 부모는 소년에게, 노인은 이제 결정적으로 '살라오'의 상태에 이르렀다고 했다. 살라오란 스페인어로 최악의 불운한 상태에 빠졌음을 나타내는 말이다. 그래서 소년은 부모의 말에 따라 다른 배를 타고 고기잡이를 나갔다. 소년이 탄 배는 첫째 주에 제법 큼직한 물고기를 세 마리나 낚을 수 있었다. 노인이 날마다 빈배로 돌아오는 모습은 소년을 슬프게 했다. 그래서 소년은 항상 바닷가로 내려가 노인이 둘둘 감은 낚싯줄이며 갈고리와 작살이랑 돛대에 휘감아 놓은 돛을 나르는 것을 도와주곤 했다. 돛은 밀가루 부대로 여러 군데 기워 만든 것이었는데, 돛대에 둘둘 감겨 있는 꼴은 마치 영원한 패배의 깃발같이 보였다.

노인은 몸이 야위었고 목덜미는 깊은 주름살이 패여 수척한 사람이었다. 그의 뺨에는 강한 태양이 열대지방의 바다에 반사되어 생기는 양성 피부암의 갈색 반점들이 있었다. 그 반점들은 얼굴 양쪽 뺨 아래쪽까지 번져 있었다. 그리고 두 손은 낚싯줄에 걸린 큰 물고기들을 다루느라 생긴 깊은 상처 자국이 박혀 있었다. 그러나 이 상처들은 최근에 생긴 것은 아니었다. 상처들은 물고기라곤 찾을 수 없는 사막의 침식작용의 흔적처럼 오래된 것이었다.

노인을 둘러싸고 있는 모든 것들은 낡고 늙어 보였지만, 그의 두 눈만은 바다와 같은 빛이었고, 명랑한 듯 했으며, 패배를 거부하는 눈빛이었다.

"산티아고 할아버지"

조각배를 끌어 올려놓고 둑으로 올라가면서 소년은 노인에게 말했다.

"저는 다시 할아버지와 함께 배를 탔으면 해요. 우린 돈을 조금 모았거든요."

노인은 소년에게 고기 잡는 법을 가르쳐 주었고, 그래서 소년은 노인을 좋아했다.

"안 돼."

노인은 계속 말을 이었다.

"너는 운이 좋은 배를 타고 있으니까 그냥 그 배를 계속 타거라."

"하지만 할아버지, 우리가 87일 동안 고기 한 마리도 잡지 못하다가 그후 내리 3주 동안 매일 큰 놈을 잡은 걸 기억하시죠?"

"그럼, 기억하고 있지."

노인은 조용히 말을 했다.

"네가 다른 배를 타는 것은 내 실력을 의심해서 내 곁을 떠난 것이 아니라는 것을 알고 있단다."

"할아버지 곁을 떠나게 한 건 아빠 때문이에요. 저는 나이가 어려서 아빠 말씀에 따라야 하거든요."

"알고 있단다."

노인이 고개를 끄덕이며 말을 이었다.

"그건 당연한 일이고 말고."

"아빠는 신념이 별로 없거든요."

"그래."

노인이 소년을 바라보면서 눈을 끔벅였다.

"그러나 우리에겐 신념이 있어, 안 그러니?"

"네, 그럼요."

소년은 맞장구를 치며 말했다.

"제가 테라스관에서 맥주 한잔 대접하고 싶어요. 그리고 나서 고기잡이 도구들을 집으로 나르도록 하지요."

"좋지."

노인은 즐거운 듯 고개를 끄덕이며 말했다.

"우린 같은 고기잡이인데 못 마실 것도 없지."

노인과 소년은 테라스관에 가서 자리에 앉았다. 주변에 있던 많은 어부들이 노인을 놀렸지만, 그는 조금도 화를 내지 않았다. 그들 중 노인보다 나이 많은 어부들은 그를 바라보며 안쓰러워 했다. 그들은 겉으로 내색하지 않고 조류가 어떻고, 낚싯줄을 드리운 수심이라든지, 날씨가 얼마나 고르고 좋은지, 또 자신들이 겪었던 일에 대해서 조용히 이야기를 나누고 있었다. 그 날 고기를 많이 잡은 어부들은 벌써 돌아와서 잡아 온 청새치에 칼질을 해서 내장을 긁어내고 두 개의 판자 위에 길게 펼쳐 놓은 채, 두 남자가 각각 판자 한 쪽씩에 매달려 어류저장고로 운반해 갔다. 이곳에서 그들은 아바나 시장으로 이 고기들을 싣고 갈 냉동 트럭을 기다리는 것이었다. 상어를 잡은 어부들은 잡은 고기들을 항만 맞은 편에 있는 상어 공장으로 운반했다. 상어 공장으로 옮겨진 고기들은 도르레와 밧줄로 매달아 놓고, 간을 꺼내고 지느러미를 자르고 껍질을 벗긴 다음 소금에 절이기 위해 살을 토막내고 있었다.

바람이 동쪽에서 불면 상어 공장으로부터 항구를 가로질러 냄새가 물씬 풍겨왔다. 하지만 오늘은 바람이 북쪽으로 방향을 돌렸다가 그치고 말았기 때문에 냄새가 나는 듯 마는 듯 했다. 마침 테라스 식당에는 햇빛이 밝게 비치고 있었다.

"산티아고 할아버지."

소년이 노인을 불렀다.

"응."

노인이 대답했다. 그는 맥주잔을 손에 든 채 지난 옛날을 회상하고 있는 중이었다.

"할아버지께서 내일 쓰실 정어리 좀 구해 드릴까요?"

"그만 두거라. 가서 야구나 하고 놀아라. 아직은 나 혼자 노를 저을 수 있고, 로헬리오가 그물은 쳐줄 테니 걱정할 것 없단다."

"꼭 그렇게 하고 싶어요. 할아버지와 함께 고기잡이하러 가지 못하는 대신 도와 드리고 싶어요."

"나에게 벌써 맥주 한잔 샀잖니?"

노인은 고개를 저으며 말했다.

"너도 이제 어른이 다 되었구나."

"할아버지께서 저를 처음 배에 태워 주셨을 때가 몇 살이었죠?"

"다섯 살 때였지. 너 그때 하마터면 죽을 뻔했어. 내가 정말 싱싱하고 큰 놈을 끌어 올렸는데 어찌나 퍼덕였던지 배가 박살이 날 지경이었으니까. 너 생각나니?"

"그럼요. 그 놈이 어찌나 퍼덕이던지 배의 널빤지가 부서지고 할아버지가 곤봉으로 후려갈기던 소리가 아직도 귀에 쟁쟁한걸요. 할아버지가 그때 저를 젖은 낚싯줄 사리가 있는 뱃머리로 내던진 일이며, 큰배가 흔들리고, 할아버지께서 마치 도끼로 나무를 찍듯이 그 놈을 내리치던 소리와 달콤한 피냄새가 확 풍기던 것도 눈에 선한걸요."

"정말 그때 일을 기억하는 거니, 아니면 내가 나중에 들려 준 이야기를 기억하는 거니?"

"할아버지와 함께 바다로 나갔을 때부터의 일은 모두 기억하고 있어요."

노인은 햇볕에 그을린 얼굴을 들어 자신만만하고도 사랑어린 눈으로 소년을 바라보았다.

　　"네가 내 아들이라면 데리고 나가서 한번 모험을 해보고 싶지만……."

　　노인의 모습은 무언가 아쉬운 듯 쓸쓸해 보였다.

　　"그러나 너는 너의 아버지의 아들이고 또 네 어머니의 아들이지. 또한 지금은 운수 좋은 배를 타고 있으니 어림없겠지."

　　"정어리를 좀 구해 드릴까요? 미끼 네 개쯤은 구해 드릴 수 있어요."

　　"오늘 쓰고 남은 것들이 있어. 소금에 절여 통속에 넣어 두었단다."

　　"싱싱한 걸로 네 마리 구해 드릴게요."

　　"그럼, 하나만 구해 오렴."

　　노인은 그렇게 말했다. 지금까지 희망과 자신감이 노인의 마음속에서 한번도 떠나 본 적이 없었다. 그 희망과 자신감은 마치 미풍이 일 듯 다시 되살아나고 있었다.

　　"그럼 두 마리만 갖다 드리겠어요."

　　소년은 고집을 부리며 말했다.

　　"그래, 두 마리만 가져오너라."

　　마침내 노인은 웃으며 동의했다.

　　"너 훔친 건 아니지?"

　　"그럴 수도 있어요."

　　소년은 자랑스럽게 웃으며 말했다.

　　"그러나 그것은 제가 사오는 거예요."

　　"고맙다."

　　노인은 고개를 끄덕이며 말했다. 노인은 워낙 단순한 성품이어서 일단 양보를 한 뒤에는 따지는 일이 없었다. 그러나 노인은 자신이 양보했다는 것을 알고 있었고, 그것이 창피한 일도 진정한 자존심을 손상시키는 일도 아님을 알고 있었다.

　　"조류가 이대로 이어진다면 내일은 날씨가 좋겠는걸."

　　노인은 내일 고기잡이에 대해 생각하며 말했다.

　　"어디까지 나가실 건데요?"

소년이 물었다.

"바람이 바뀌면 돌아올 수 있는 범위 내에서 멀리 나갈 거야. 내일 동이 트기 전에 나갈 참이다."

"저도 주인 아저씨에게 멀리 나가자고 해 보겠어요."

소년은 다짐하듯 말했다.

"그래야 할아버지가 정말로 큰 놈을 잡게 되면 우리가 가서 도와 드릴 수 있잖아요."

"그 사람은 너무 멀리까지 나가는 것을 싫어할걸."

"그래요. 할아버지 말이 맞아요."

소년은 할아버지 말에 맞장구를 쳤다.

"그렇지만 저는 주인 아저씨가 보지 못하는 것을 볼 수 있거든요. 새가 고기를 찾고 있는 것 같이 말예요. 그래서 돌고래 뒤를 쫓아 나가자고 멀리 끌고 나갈 작정이에요."

"네 주인의 눈이 그렇게 나쁘니?"

"주인 아저씨는 거의 장님이나 마찬가지예요."

"거 참 이상한 일이다."

노인은 고개를 갸우뚱했다.

"그 사람은 거북잡이를 한번도 나가지 않았을 텐데. 거북잡이를 하면 눈을 망치는 법이지."

"하지만 할아버지는 몇 해 동안 머스키토 해안으로 거북이를 잡으러 나가셨잖아요. 그런데도 할아버지 눈은 좋잖아요."

"나야 원래 별난 늙은이지."

"참, 할아버지, 정말 큰 고기가 물려도 이겨낼 만한 힘은 있으세요?"

"있고 말고. 그리고 여러 가지 묘책이 있잖니."

"이제 어구를 집으로 나르지요."

소년이 말했다.

"저는 투망을 가지고 정어리를 잡으러 나가야 하거든요."

노인과 소년은 배에서 고기잡이 도구를 집어들었다. 노인은 어깨에 돛대를 메고, 소년은 단단히 꼰 낚싯줄을 감아서 넣은 나무 궤짝과 갈고리와 창이 달린 작살을 날랐다. 미끼로 쓸 고기가 든 통은 큰 고기가 걸렸을 경우 배 위로 쉽게 끌어올리기 위해 고기의 힘을 빼기 위해서 사용하는 몽둥이와 함께 고물 널빤지 밑에 넣어 두었다. 어느 누구도 노인의 물건을 훔쳐갈 리는 없었지만 돛과 굵은 밧줄은 이슬을 맞으면 좋지 않으므로 집으로 가져다주는 편이 나았다. 그 지방 사람들은 자신의 물건을 훔쳐갈 사람은 아무도 없을 것이라는 사실을 알고 있으면서도 갈고리나 작살을 배에 놓아두면 공공연히 훔칠 마음을 갖게 하는 것이라고 생각했다.

그들은 노인이 사는 오두막집으로 걸어 올라가서 열린 문으로 들어갔다. 노인은 우선 돛으로 감싼 돛대를 벽에 기대어 놓았고, 소년은 궤짝과 다른 도구들을 옆에 내려놓았다. 돛대는 오두막집의 단칸방 길이만 했다. 오두막집은 '구아노'라고 하는 종려나무의 단단한 껍질로 만든 것이었는데, 방에는 침대, 테이블, 의자가 각각 하나씩 있었으며, 진흙 바닥 위에 숯불로 음식을 만들 수 있는 아궁이가 있었다. 섬유가 질긴 '구아노'잎을 겹쳐서 편편하게 만든 갈색 벽에는 채색을 한 예수 성심상과 코브레 사당의 성모 마리아 상이 걸려 있었다. 이것들은 죽은 아내의 유물들이었다. 전에는 아내의 컬러 사진도 벽에 걸려 있었지만, 죽은 아내의 사진을 바라 볼 때마다 너무도 울적한 생각이 들어 그것을 떼어내 방구석 선반 위에 있는 깨끗한 셔츠 밑에 넣어 두었다.

"뭐 드실 게 있으세요?"

소년이 물었다.

"누런 쌀밥과 생선이 있어. 너도 좀 먹을래?"

"아니요. 집에 가서 먹겠어요. 불을 피워 드릴까요?"

"아니다. 나중에 내가 피우마. 귀찮으면 찬밥 먹어도 되니까."

"제가 투망을 좀 가져가도 될까요?"

"그럼."

노인에게는 투망이 없었다. 소년은 노인이 그것을 언제 팔았는지 모두 기억하고 있었다. 그러나 그들은 매일같이 이런 이야기를 주고받는 것이었다. 누런 쌀밥과 생선도 없었다. 소년은 이 사실도 잘 알고 있었다.

"여든 다섯이란 운수 좋은 숫자란다."

노인은 소년을 바라보며 잠시 머뭇거리다 입을 열었다.

"내가 내장을 빼고도 천 파운드가 넘는 놈을 잡아오면 좋겠지?"

"투망을 가지고 정어리를 잡으러 가겠어요."

"할아버지는 문간에 앉아 햇볕이나 쬐고 계세요."

"그래. 어제 신문이 있으니까, 야구 기사라도 읽고 있으마."

소년은 노인이 어제 신문이라고 한 것도 사실인지 아닌지 알 수 없었다. 그러나 노인은 침대 밑에서 신문을 꺼내는 것이었다.

"보데가에서 페리코가 주더구나."

노인은 소년의 의아한 표정을 살피며 설명했다.

"정어리를 잡으면 바로 돌아오겠어요. 할아버지 것하고 내 것을 같이 얼음에 채워 놓았다가 아침에 나누면 돼요. 돌아오면 야구 이야기나 해 주세요."

"양키스 팀이 질 리가 없어."

"그래도 클리블랜드의 인디언스 팀도 만만치 않을걸요."

"애야, 양키스 팀을 믿어라. 훌륭한 디마지오 선수가 있잖니."

"디트로이트의 타이거스 팀과 클리블랜드의 인디언스 팀도 만만치가 않거든요."

"그렇다면 신시내티의 레즈 팀과 시카고의 화이트 삭스 팀도 만만치 않다고 봐야겠지."

"잘 읽어 두셨다가 제가 돌아오거든 얘기해 주세요."

"그런데 말야, 끝수가 85로 되는 복권을 한 장 사는 게 어떻겠니? 내일이 85일째 되는 날이거든."

"살 수 있고 말고요."

소년이 고개를 끄덕이며 말했다.

"그렇지만 할아버지의 위대한 기록인 87은 어때요."

"그런 일은 두 번 다시 없을 것이다. 85로 끝나는 걸 찾을 수 있겠니?"

"바로 그걸로 한 장 주문하지요."

"그래, 한 장만 사자. 2달러 50센트야. 누구에게 그 돈을 빌리지?"

"그건 어려운 일 아니에요. 2달러 50센트 정도야 언제든지 빌릴 수 있어요."

"어쩌면 나도 빌릴 수 있을 것 같다. 하지만 나는 돈을 빌리는 일은 안 하려고 해. 한번 빌기 시작하면 그 다음엔 구걸하게 되거든."

"몸이나 따뜻하게 해 두세요."

소년은 걱정스러운 듯 말했다.

"9월이라는 걸 아셔야 해요."

"큰 고기가 걸리는 계절이지."

노인은 소년의 말에 맞장구를 쳤다.

"5월에는 누구나 다 어부가 될 수 있지."

"이제 정어리 구하러 가겠어요."

소년은 말했다.

소년이 돌아와 보니, 노인은 의자에 앉은 채 잠들어 있었고 해는 이미 져 있었다. 소년은 낡은 군용 담요를 침대에서 가져다 의자 등받이에 펴서 노인의 어깨에 덮어 주었다. 그 어깨는 무척 늙어 보였지만 아직도 힘이 있는 이상한 어깨였다. 목덜미도 아직 튼튼하고, 노인이 잠들어 앞으로 고개를 숙이고 있을 때는 주름살도 그다지 뚜렷하게 드러나 보이지 않았다. 셔츠는 너무 여러 번 누덕누덕 기워서 마치 돛과 같았고, 기운 조각들이 햇볕에 바래서 여러 가지 색깔로 퇴색되어 있었다. 노인의 머리는 백발이었으며, 눈을 감은 얼굴에는 생기라곤 찾을 길이 없었다. 신문이 무릎 위에 펼쳐져 있고, 그 위에 얹어 놓은 무게에 눌리어 저녁의 산들바람에도 날려가지 않고 있었다. 발은 맨발이었다.

소년은 노인을 그대로 두고 갔다가 다시 돌아왔을 때도 노인은 여전히 잠들어 있었다.

"할아버지, 이제 그만 일어나세요."

소년이 자기의 손을 노인의 무릎에 얹으면서 말했다.

노인은 눈을 떴으나, 먼 꿈나라에서 현실로 되돌아오느라고 잠시 시간이 걸렸다. 이윽고 노인이 웃음을 지었다.

"그게 뭐야?"

"저녁식사예요."

소년이 말했다.

"함께 식사해요."

"난 별로 배고프지 않은걸."

"자, 어서 드세요. 드시지 않으면 고기도 못 잡아요."

"전에도 잡았는걸."

노인은 일어나서 신문을 집어 접었다. 그리고 나서 담요를 개기 시작했다.

"담요는 그냥 두르고 계세요."

소년이 말렸다.

"제가 곁에 있는 동안에는 식사를 하지 않고는 고기잡이도 못하시게 할 거예요."

"그럼, 오래 살고 몸조심해야지."

노인은 웃으며 말했다.

"먹을 게 뭐지?"

"검정콩과 쌀밥, 바나나 후라이 그리고 스튜가 조금 있어요."

소년은 테라스관에서 음식들을 이중으로 된 양은그릇에 담아 가지고 온 것이다. 호주머니 속에는 종이 냅킨으로 한 벌씩 싼 나이프와 포크, 스푼 등이 들어 있었다.

"누가 준 거니?"

"주인 마틴이 주었어요."

"고맙다고 해야겠구나."

"제가 벌써 인사한걸요."

소년이 말했다.

"할아버지께서 인사하실 필요는 없어요."

"큰 고기를 잡으면 그 사람에게 뱃살을 줘야겠구나."

노인이 말했다.

"우리에게 이런 대접을 한 것이 한두 번이 아니지?"

"네, 그래요."

349　"그렇다면 뱃살 이상의 것을 주어야겠구나. 그 사람은 우리를 퍽 생각

해 주는 사람이야."

"맥주도 두 병이나 주셨어요."

"나는 캔맥주가 제일이란 말야."

"알아요. 그런데 이건 병맥주인걸요. 해티 맥주예요. 병은 제가 돌려주겠어요."

"고맙다."

노인은 목이 감기면서 말했다.

"자, 그럼 먹어 볼까?"

"제가 벌써 드시자고 했잖아요."

소년은 다정한 말투로 말했다.

"저는 할아버지께서 식사하실 준비가 될 때까지 밥그릇을 열고 싶지 않아요."

"이제 준비 다 되었다."

할아버지는 다정다감하게 말했다.

"손씻을 시간이 필요해서 그랬단다."

'손을 씻기는 어디서 씻어?'하고 소년은 생각했다. 마을에서 길어 먹는 우물은 두 거리를 지나는 곳에 있었다. 소년은 할아버지께서 손을 씻을 수 있도록 물을 길어다 드려야 했는데 하고 후회했다. 그리고 비누와 깨끗한 수건으로 준비해 드려야 했는데, 내가 왜 이렇게 생각이 모자랄까? 겨울에 입을 셔츠와 재킷도 구해 드려야 하고, 신발과 담요도 몇 장 더 구해 드려야겠다.

"스튜가 정말 맛있구나."

노인은 스튜를 한 술 뜨면서 말했다.

"야구 얘기 해 주세요."

소년은 할아버지에게 재촉했다.

"아메리칸 리그에서는 내가 말한 대로 양키스 팀이 최고야."

노인은 유쾌하게 말했다.

"오늘은 졌잖아요."

소년이 노인에게 말했다.

"그건 별 일 아니야. 훌륭한 디마지오가 제 실력을 발휘할 거야."

"양키스 팀엔 다른 훌륭한 선수들도 있잖아요."

"물론이지, 하지만 디마지오는 다른 사람과는 달라. 다른 리그에서 브루클린 팀과 필라델피아 팀이 겨룬다면 브루클린 팀을 택할 거야. 그러고 보니 딕 시슬러 선수 생각이 나는군. 그리고 옛날 야구장에서 굉장한 볼을 날렸던 생각이 나는군."

"그런 장타는 지금까지 없었어요. 제가 본 것 중에서 제일 큰 장타를 쳤거든요."

"그가 테라스관에 오곤 했는데 기억나니? 나는 그를 고기잡이하러 데리고 가고 싶었는데 너무 소심해서 말도 꺼내지 못했지. 그래서 너에게 말을 해 보라고 했더니 너도 말을 못 걸었어."

"알고 있어요. 큰 실수였어요. 우리와 함께 고기잡이하러 갔을지도 몰랐는데. 그랬더라면 평생동안 자랑거리가 되었을 텐데요."

"나는 그 훌륭한 디마지오를 꼭 한번 고기잡이에 데리고 가고 싶단다."

노인은 후회스러운 듯 말했다.

"그의 아버지도 어부였다고 하던데. 아마 디마지오도 우리처럼 가난했을 거야. 우릴 이해해 줄거야."

"그 훌륭한 시슬러의 아버지는 가난하지도 않았고, 제 나이 또래 때 메이저 리그의 선수였다는데요."

"나도 네 나이 때는 횡범선을 타고 아프리카로 항해하는 배의 선원이었지. 그리고 저녁때면 해안에서 어슬렁거리는 사자들을 보았지."

"알아요, 할아버지께서 벌써 말씀하셨어요."

"그럼 아프리카 얘기를 할까, 야구 얘기를 할까?"

"야구 얘기가 좋아요."

소년이 재촉하듯 말했다.

"위대한 존 J 맥그로우에 대해 얘기를 해 주세요.

소년은 제이J를 호타라고 발음했다.

"그도 예전엔 이따금 이 테라스관에 오곤 했었지. 그런데 술에 취하면 난폭해지고 말투가 거칠어서 다루기가 힘들었어. 그는 야구뿐만 아니라

경마에 정신이 빠졌었어. 항상 호주머니 속에 말馬 일람표가 들어 있었고, 전화를 걸면서 말 이름을 들먹이곤 했지."

"그는 훌륭한 감독이었어요."

소년은 단호히 말했다.

"우리 아버지는 그가 최고의 감독이라고 하던데요."

"그가 자주 이곳에 나타났었으니까 그렇지."

노인이 미소지으며 말했다.

"만일 듀로처 감독이 매년 계속해서 이곳에 왔다면 네 아버지는 듀로처가 제일 훌륭한 감독이라고 생각했을 거야."

"그럼 누가 진짜 가장 훌륭한 감독이에요? 류크 감독인가요, 아니면 마이크 곤잘레스 감독인가요?"

"아마 둘 다 비슷하겠지."

"가장 훌륭한 어부는 바로 할아버지예요."

"아니다, 나보다 더 훌륭한 어부들도 있단다."

"아니에요."

소년이 소리지르듯 말했다.

"고기를 잘 잡는 어부도 많고, 또 훌륭한 어부들도 더러는 있겠죠. 하지만 할아버지가 최고인걸요."

"고맙다. 그 말을 들으니 무척 기쁘구나. 너무 큰 고기가 나타나서 네가 한 말을 뒤집어 놓지나 않았으면 좋으련만."

"할아버지가 말씀하신 대로 아직 힘이 장사라면 그런 고기라도 문제없을 거예요."

"하지만 내가 내 힘을 너무 믿는지도 모르지."

노인이 말했다.

"그래도 난 남다른 기술을 가지고 있고, 각오도 단단히 서 있단다."

"이제 그만 주무세요. 그래야 내일 아침에 힘이 솟아날 테니까요. 저는 이 그릇을 테라스관에 갖다 주겠어요."

"그러면 잘 자거라. 아침에 내가 깨우마."

"할아버지는 제 자명종 시계나 같아요."

소년은 자랑스러운 듯 말했다.

"나이를 먹으면 다 그렇게 되는 거야."

노인이 웃음을 띠우며 말했다.

"나이가 들면 왜 그렇게 일찍 잠이 깨는 걸까? 영원히 잠들 시간이 가까웠으니까 하루하루를 좀더 보람되게 보내라는 걸까?"

"그건 잘 모르겠어요."

소년이 대답했다.

"반대로 제가 아는 건 아이들이 늦게까지 곤히 잔다는 것뿐이에요."

"나도 그건 기억하지."

노인이 다짐하듯 말했다.

"제 시간에 꼭 깨워주마."

"난 주인 아저씨가 날 깨우는 게 싫어요. 왜냐하면 내가 그 사람보다 못난 것 같은 생각이 들거든요.

"그래 알았다."

"그럼 안녕히 주무세요, 할아버지."

소년은 나갔다. 그들은 식탁에 불도 켜지 않고 저녁을 먹었던 것이다. 노인은 어둠 속에서 바지를 벗고 잠자리에 들었다. 노인은 바지를 둘둘 말아서 베개를 만들고 그 속에 신문을 끼워 넣어 베개를 삼았다. 그리고 담요로 몸을 감고 침대 스프링을 덮어놓은 다른 헌 신문지 위에서 잠을 잤다.

노인은 곧 잠이 들어, 어렸을 때 보았던 아프리카의 꿈을 꾸었다. 기다란 황금빛 해변과 눈부실 정도로 곱고 하얗게 빛나는 해안선 그리고 높은 곳과 갈색 산들이 꿈에 보였다. 노인은 요즈음 밤마다 꿈속에서 그 해안을 따라 헤매었고, 요란스럽게 부딪치는 파도 소리를 들었다. 그리고 그 거친 파도를 헤치고 토인들의 배가 돌아오는 모습을 보기도 하였다. 노인은 자면서도 갑판의 타르 냄새와 뱃밥 냄새를 맡았고, 아침이면 육지에서 불어오는 미풍에 실려오는 아프리카의 냄새를 맡곤 했다.

노인은 육지에서 불어오는 미풍 냄새를 맡으면 습관적으로 잠에서 깨어나 옷을 입고 소년을 깨우러 가는 것이다. 그러나 오늘밤은 너무 일찍 육지 바람이 불어 왔다. 노인은 꿈을 꾸면서도 일어날 시간이 너무 이르다는 것을 알았다. 노인은 다시 꿈속으로 돌아가 섬의 흰 봉우리들이 바다에 솟아 있는 것을 보았고, 다음에는 아프리카 군도의 여러 항구나 선착장에 대한 꿈을 꾸었다.

노인의 꿈에는 이제 더 이상 폭풍우, 여자, 큰 사건, 큰 고기, 싸움, 힘겨루기와 아내의 모습도 나타나지 않았다. 여기저기 여러 고장과 해변의 사자 꿈을 꿀뿐이었다. 사자들은 황혼이 찾아든 해안에서 마치 새끼 고양이처럼 뛰어 놀았고, 노인은 소년을 사랑하는 만큼 사자들을 사랑했다. 그러나 노인은 소년의 꿈을 꾼 적은 없었다. 노인은 곧 잠에서 깨어 열린 창으로 내다보고는 베개로 삼았던 주름진 바지를 펴서 입었다. 노인은 오두막집 밖으로 나가 소변을 보고, 소년을 깨우러 길을 따라 올라갔다. 새벽의 싸늘한 공기에 몸이 떨려 왔다. 노인은 이처럼 몸을 떨다가 몸이 따뜻해져서 또 힘차게 노를 젓게 되리라고 생각했다.

소년이 살고 있는 집은 늘 잠겨 있지 않았다. 노인은 문을 열고 맨발로 소리 없이 걸어 들어갔다. 소년은 첫 번째 방 침대에서 자고 있었다. 저물어 가는 달빛을 받아 소년의 모습이 똑똑히 보였다. 노인은 소년의 한 쪽 발을 잡고 소년이 눈을 뜨고 머리를 돌려 쳐다 볼 때까지 그대로 있었다. 이윽고 소년이 눈을 뜨고 쳐다보자 노인이 고개를 끄덕이자, 소년은 옆에 있는 의자에서 바지를 가져다가 침대에 걸터앉아서 바지를 입었다.

노인이 문 밖으로 나가자 소년은 따라 나섰다. 소년은 아직도 졸렸다. 노인은 자신의 팔을 소년의 어깨 위에 얹으면서 입을 열었다.

"일찍 깨워 미안하구나."

"천만에요."

소년이 말했다.

"남자라면 해야 할 일인데요."

그들은 노인이 살고 있는 오두막집으로 걸어 내려갔다. 아직 어둠이 가시지 않은 길을 따라 맨발을 한 어부들이 자기네 배의 돛대를 운반하느라 어수선하게 움직이고 있었다.

노인이 사는 오두막집에 이르자, 소년도 갑자기 바빠졌다. 소년은 광주 351

리에 담긴 낚싯줄 사리와 갈고리와 작살을 들었고, 노인은 돛을 감은 돛대를 어깨에 메고 배로 날랐다.

"커피 드시겠어요?"

소년이 물었다.

"이 도구들을 배에 올려놓고 나서 마시자."

노인과 소년은 어부들을 위해 아침 일찍 문을 여는 가게에서 연유통으로 커피를 마셨다.

"할아버지, 잘 주무셨어요?"

소년이 인사말을 건넸다. 소년은 아직도 졸리는 듯 했지만 이제야 정신이 드는 모양이었다.

"그래, 잘 잤다. 마놀린."

노인은 소년이 대견스러운 듯 말했다.

"어쩐지 오늘은 자신만만하단다."

"저도 그래요."

소년은 즐겁게 대답했다.

"이젠 정어리를 가져 와야겠어요. 할아버지 것하고 제 것하고요. 그리고 할아버지가 쓰실 싱싱한 미끼도 가져 올게요. 주인 아저씨는 어구를 직접 가지고 나와요. 남이 자기 도구를 가져다주는 걸 싫어해요."

"하지만 우리는 다르지."

노인은 인자하게 말했다.

"나는 네가 다섯 살 때부터 도구를 나르게 했었지."

"알고 있어요."

소년이 말했다.

"곧 다녀오겠어요. 커피나 한잔 더 드세요. 여기서는 외상으로 되거든요."

소년은 맨발로 산호 암초를 밟으며 미끼가 저장되어 있는 얼음 창고 쪽으로 걸어갔다.

노인은 천천히 커피를 마셨다. 그것이 하루 동안 자기가 먹을 식량의 전부이기 때문에 끝까지 먹어 두어야 한다고 생각했기 때문이다. 노인은 오래 전부터 먹는 일이 귀찮아져서 점심을 가지고 나가지 않았다. 배에 물 한 통만 가지고 나가는데 하루종일 먹을 음식의 전부였다.

소년이 정어리와 신문지에 미끼 두 개를 가지고 돌아왔다. 그들은 자갈 섞인 모래의 감촉을 느끼면서 배가 있는 데까지 오솔길을 따라 내려갔다. 노인과 소년은 배를 들어 바다로 밀어 넣었다.

"할아버지, 행운을 빌어요."

"너도 행운을 빈다."

노인도 답례를 했다.

2 ——————

바다로

노인은 노를 묶어 두 밧줄을 노받이 말뚝에 메고, 노를 바닷물에 담그면서 몸을 앞으로 구부렸다. 아직 어둠 속에서 항구 밖으로 노를 저어 나가기 시작했다. 그때쯤 다른 해변에서도 다른 배들이 바다로 나가고 있었다. 달이 벌써 산너머로 넘어가 이젠 아무것도 볼 수 없었다. 그러나 노인은 그들이 노를 젓는 철썩거리는 소리를 분명히 들을 수 있었다.

때때로 다른 배에서 말을 하는 소리도 들려 왔다. 대개의 고깃배에서는 노를 젓는 소리만 들릴 뿐 조용했다. 그 배들은 항구 밖으로 벗어나자 뿔뿔이 흩어져서 각기 고기떼가 많이 있으리라 생각되는 곳을 향해 뱃머리를 돌렸다. 노인은 오늘 멀리 나갈 생각이었으므로 육지의 흙냄새를 뒤로 하고 이른 아침 바다의 시원한 냄새가 풍겨오는 바다를 향해 노를 저어 나갔다. 갑자기 수심이 깊어져 깊이가 700길이나 되기 때문에 어부들이 큰 우물이라고 부르는 곳을 지날 때, 노인은 물 속에서 해초의 인광을 보았다. 이곳은 바다 밑 가파른 경사면에 조류가 서로 부딪쳐 생기는 소용돌이 때문에 많은 종류의 물고기들이 모여드는 곳이기도 하다.

이곳엔 새우떼와 미끼로 쓰이는 고기들이 많았고, 때로는 깊숙한 구멍 속에 오징어떼들도 있었다. 이 고기들은 밤이 되면 수면위로 올라 왔다가 그곳을 배회하는 큰 고기들에게 잡아먹히기도 했다.

노인은 어둠 속에서도 아침이 다가오는 것을 느낄 수 있었다. 노인은 노를 저으면서 날치가 물 밖으로 뛰어 오를 때 생기는 물의 진동을 느낄 수 있었고, 그들이 어둠 속에서 공중을 날아가면서 빳빳하게 세운 날개의 마찰음을 들을 수 있었다. 바다에서는 노인의 제일 친한 친구라 여겨서, 노인은 날치를 대단히 좋아했다. 특히 조그맣고 가냘픈 까만 제비갈매기는 언제나 물 위를 날며 먹이를 찾지만 거의 구하지 못하기 때문에 더욱 불쌍하게 여겼다. 도둑새들과 크고 힘센 새들 외에 이런 새들은 우리 인간보다 더 살기가 어렵다고 노인은 생각했다. 이 잔혹한 바다에 어찌 바다제비 같이 약하고 예쁜 새를 만들어 놓았을까? 바다는 대부분 다정하고 대단히 아름답다. 그러나 바다는 갑자기 잔인하게 변할 수 있는 것이다. 가냘프고 구슬픈 소리로 노래를 부르며 먹이를 찾아 떠도는 새들은 바다에서 살기에는 너무도 연약한 존재였다.

노인은 언제나 바다를 '라 마르'라고 생각했다. 이 말은 사람들이 바다를 사랑할 때 쓰는 스페인 말이다. 때때로 바다를 사랑하는 사람들도 나쁜 말을 할 때가 있지만, 그런 때도 언제나 바다를 여성으로 취급했다. 그러나 젊은 어부들 중에 낚싯줄을 뜨게 하려고 찌를 사용하거나 상어의 간으로 돈을 많이 벌어서 모터 보트를 많이 사들인 사람들은 바다를 남성으로 생각해서 '엘 마르'라고 부르기도 하였다. 그들은 바다를 마치 경쟁상대, 경쟁장소 심지어는 적으로까지 생각했다. 그러나 노인은 언제나 바다를 여성으로 생각했고, 큰 은혜를 베풀거나 간직하고 있다고 여겼다. 가끔 바다가 사납거나 나쁜 짓을 하는 것은 어쩔 수 없는 일이라고 여겼다. 달이 여인에게 영향을 미치듯 바다에게도 영향을 미친다고 생각했다.

노인은 꾸준히 노를 저었다. 무리한 속력을 내는 것도 아니고 이따금 조류의 소용돌이가 일어나는 곳 이외에는 해면이 평온했기 때문에 노 젓는 것이 전혀 힘들지 않았다. 노 젓는 일의 3분의 1을 조류에 맡기고 있었다. 이윽고 동이 트기 시작했을 때 예상했던 거리보다 훨씬 멀리 나가 있다는 것을 알았다.

노인은 일주일 동안이나 깊은 곳에서 낚시질을 했지만, 매일 허탕이었다고 생각했다. 오늘은 칼고등어와 다랑어떼가 모이는 곳에서 낚시를 해야 할 것이다. 어쩌면 거기에는 큼직한 놈이 있을지도 모르니까 말이야.

날이 완전히 새기도 전에 노인은 미끼를 드리우고 조수의 흐름에 배를 맡겨 놓았다. 미끼 하나를 40길 물 속 아래로 던져 놓았다. 두 번째 것은 75길 물 속에, 세 번째와 네 번째 것은 각각 100길과 125길 아래의 깊은 물 속에 던져 놓았다. 낚시 바늘의 곧은 부분은 미끼 고기 안으로 밀어 넣어 단단히 꿰매고, 구부러지고 뾰족한 부분은 싱싱한 정어리로 쌌기 때문에, 미끼는 모두 머리를 아래로 하고 물 속에 매달려 있었다. 정어리는 모두 두 눈을 바늘에 꿰어 달아 놓았으므로, 그 모양은 마치 돌출된 낚시 바늘에 반달 모양의 화환을 씌워 놓은 것같이 보였다. 큰 고기가 달콤한 냄새나 구수한 맛을 느낄 수 없는 부분이라고는 낚시바늘 어느 곳에도 없었다.

소년이 노인에게 준 싱싱한 다랑어 새끼 두 마리는 가장 긴 낚싯줄 두 개에 추처럼 매달았고, 다른 두 줄에는 전에도 한번 썼던 크고 푸른 정어리와 노란 줄무늬의 전갱이를 매달았다. 그러나 이것들은 아직도 멀쩡했고, 훌륭한 정어리가 냄새와 매력을 풍길 테니 염려 없었다. 연필만큼 굵은 낚싯줄에는 하나같이 초록색 막대기가 묶여 있어서 고기가 미끼를 조금 당기거나 건드리면 물 속에 잠기도록 되어 있었다. 또 낚싯줄에는 40길 정도의 밧줄이 두 줄 달려 있어서 재빨리 남은 낚싯줄에 이을 수 있도록 되어 있었다. 따라서 필요하다면 고기 한 마리가 3백길 이상까지 줄을 끌고 나가도 끄떡없게 만반의 준비를 갖추어 놓았다.

이제 노인은 뱃전 너머로 낚싯대 세 개가 물 속에 잠기는 것을 지켜보면서 낚싯줄이 똑바로 적당한 수심에서 아래위로 팽팽하게 당겨지도록 가만히 노를 저었다. 날이 이미 밝았고 이제 곧 해가 솟아오를 것 같았다.

해가 바다위로 희미하게 떠오르자, 노인은 멀리 해안 쪽으로 쑥 들어간 바다의 수면에 얕게 떠 있는 다른 배들이 흩어져 있는 것을 볼 수 있었다. 날이 더욱 밝아옴에 따라 눈부신 햇빛이 수면 위로 퍼져 나갔다. 드디어 해가 선명하게 모습을 드러냈다. 잔잔한 바다에 비친 햇빛이 반사되어 눈이 아팠기 때문에 노인은 수면을 보지 않고 천천히 노를 저었다. 노인은 물 속을 내려다보았다. 어두운 바닷속 깊이 곧게 내리뻗은 낚싯줄을 바라보았다. 노인은 누구보다도 낚싯줄을 똑바로 드리우고, 어두운 물 속 어떤 깊이에서도 자신이 원하는 곳에 미끼가 놓여 있어, 그곳을 오가는 고기가 바로 그 미끼를 먹을 수 있도록 해 놓고 기다리고 있었다. 다른 어부들은 조류에 낚싯줄을 담가 놓기 때문에 일백길 되는 곳에 낚시를 드리웠다고 생각하겠지만 실제로는 60길밖에 안되는 경우도 있었다.

그러나 노인은 항상 정확하다고 생각했다. 단지 난 운이 없을 뿐이다. 그러나 누가 알아? 오늘만큼은 운이 좋을지 모르지. 하루하루가 새로운 날이니까 재수가 있으면 더욱 좋겠지. 그러나 나는 항상 정확하게 해야 해. 그래야 행운이 다가올 때를 대비해서 만반의 준비를 해두어야지.

해가 떠오른지 두 시간이 지나자, 이젠 동쪽을 보아도 그다지 눈이 아프지 않았다. 이제 시야에 들어오는 배는 세 척밖에 없었고, 그 배들은 나즈막하게 멀리 해안 가까이에 있었다.

노인은 다시 생각하기 시작했다. 평생동안 이른 아침햇살이 내 눈을 상하게 했지. 노인은 생각에 잠겼다. 그러나 눈은 아직 괜찮아. 저녁때는 해를 똑바로 쳐다보아도 깜깜해지지는 않는다. 사실 저녁햇살도 강한데 말야. 그러나 아침햇살은 눈이 너무 아프단 말이야.

바로 그때 노인은 길고 검은 날개를 가진 군함새 한 마리가 노인의 머리 위 하늘을 빙빙 돌고 있는 것을 보았다. 새는 날개를 뒤로 젖히고 비스듬한 자세로 급히 하강했다가 다시 하늘로 날아올라 하늘을 빙빙 돌았다.

"저 놈이 뭘 봤구나."

노인은 큰 소리로 외치며 말했다.

"그냥 먹이만 찾고 있는 것이 아니야."

노인은 새가 빙빙 돌고 있는 곳을 향해 천천히 계속해서 노를 저었다. 그는 절대 서두르지 않고 낚싯줄이 위아래로 팽팽하게 드리워져 있게 하면서 물결을 헤치며 좀 빨리 저었다. 노인은 낚싯줄을 정확하게 유지하면서, 새를 이용하지 않고 고기잡이할 때보다 조금 더 빠른 속도를 취했다.

군함새는 더 높이 날아올라 가더니 날개를 움직이지도 않은 채 다시 그 자리에서 빙빙 돌았다. 그러다가 수면으로 갑자기 내려왔다. 그때 날치떼가 물 밖으로 튀어나오며 필사적으로 수면 위를 나는 것이 보였다.

"돌고래다!"

노인은 소리쳤다.

"큰 돌고래야."

노인은 노를 노받이에 걸고 이물 밑창에서 작은 낚싯줄을 하나 꺼냈다. 그 줄에는 철사로 된 낚시걸이와 보통 크기의 낚시바늘이 달려 있었다. 노인은 정어리 한 마리를 미끼로 거기에 달았다. 그것을 뱃전 너머로 드리우고 나서 고물 쪽에 있는 고리쇠에 단단히 붙들어 매었다. 그리고 계속해서 다른 낚싯줄에도 미끼를 달아서 뱃머리의 그늘진 곳에 감아 놓았다. 노인은 다시 노를 저으며 아까 검은 새가 물 위를 얕게 날면서 먹이를 찾아다니는 모습을 지켜보았다.

노인이 지켜보는 동안 그 새는 다이빙하듯 날개를 비스듬히 한 채 해면에 내려앉더니 날개를 세차게 움직이며 날치를 쫓았으나 별 효과 없이 날아다닐 뿐이었다. 노인은 큰 돌고래가 고기를 쫓을 때, 물이 약간 일렁이며 올라오는 것을 볼 수 있었다. 돌고래는 날치가 도망가고 있는 바로 아래쪽에서 전속력으로 물살을 헤치며 달려가고 있었다. 날치가 해면으로 떨어지는 순간 그 자리에서 잽싸게 잡아먹어 버리는 것이었다. 노인은 굉장한 돌고래떼로구나 하고 생각했다. 돌고래떼는 아주 넓게 퍼져 있어서 그 날치가 살아날 길은 거의 없다고 생각했다. 그리고 그 검은 새가 날치를 잡아먹을 가능성도 전혀 없었다. 날치는 새가 잡아먹기에는 너무 크고 꽤 빨랐다.

노인은 날치가 자꾸만 튀어오르는 모습과 새의 헛된 동작을 지켜보고 있었다. 이윽고 노인은 돌고래 떼가 멀리 가 버렸다고 생각했다. 놈들은 너무나 민첩하게 멀리 달아나 버렸다. 그래도 아마 혼자 뒤떨어진 놈을 한두 마리 잡아 올릴 수 있을지도 몰라. 내가 노리는 큰 고기가 그놈들 주변에 있을 지도 모르지. 내가 잡으려는 큰 고기는 어딘가에 반드시 있을 거야.

이제 구름은 육지 위로 산처럼 뭉게뭉게 피어나고, 해안은 연푸른 산을 배경으로 한 연하고 긴 초록색으로 보였다. 물빛은 짙은 청색이었는데 너무 짙어서 거의 보랏빛이나 다름없었다. 어두운 물 속을 들여다보니까 물 속에 빨갛게 떠 있는 플랑크톤이 보였고, 햇빛의 반사로 생긴 이상한 빛이 보였다. 노인은 낚싯줄이 물 속의 깊은 곳까지 제대로 드리워져 있는가를 살펴보았다. 수많은 플랑크톤이 떠 있는 것을 보고 노인은 기뻐했다. 그것은 바로 고기가 있다는 것을 말해주기 때문이다. 해가 중천에 떠 있는데도 물 속에 이상한 빛이 보이는 현상은 날씨가 좋을 거라는 조짐이었고, 육지 위의 구름 형태로도 보아 오늘의 좋은 날씨를 짐작할 수 있었다. 이제 새는 시야 밖으로 사라져서 거의 보이지 않았고 수면 위로 보이는 것이라고는 햇볕에 바랜 해초와 보라빛으로 번쩍이는 고깔 해파리의 아교질 기포가 뱃전 가까이에 떠 있을 뿐이었다. 그것은 물살에 의해 앞뒤로 뒤집혔다 다시 본래 위치로 떠올랐다. 치명적인 독이 있는 1야드 가량의 짙은 보랏빛 섬유상 세포가 물거품처럼 둥실둥실 떠 있었다.

"이건 '아구아말라'로군"

노인은 혼자 중얼거렸다.

"갈보 같으니라고."

노인은 가볍게 노를 저으면서 물 속을 들여다보았다. 길게 늘어진 섬유상 세포 같은 색깔의 조그마한 고기들이 그 사이를 헤엄쳐 다니며, 떠 있는 해초로 인해 드리워진 조그만 그늘 아래에 무리 짓고 있었다. 그 고기들은 이미 해파리의 독에 면역이 되어 있었다. 그러나 사람은 그렇지가 못했다. 고기잡이할 때 보랏빛 끈끈한 섬유질이 낚싯줄에 감겨 붙게 되면 독있는 담쟁이 덩굴이나 옻나무에서 오르는 것과 같은 자국이나 종기가 생겼다. 이 '아구아말라'에서 생기는 독은 온몸으로 퍼져서 마치 채찍으로 맞은 것처럼 부풀어올랐다.

그 무지갯빛 거품은 아름다웠다. 그것들은 바다에서 가장 못된 생물이었다. 노인은 커다란 바다거북이 이것을 먹는 것을 보면 기분이 좋았다. 거북들은 이것을 보면 주저하지 않고 정면으로 다가가서 눈을 감고는 섬유질 세포를 비롯해서 기포까지 모두 먹어버리는 것이었다. 노인은 거북의 먹는 모습을 보기 좋아했고, 태풍이 지난 뒤의 해변가 모래 위에 밀려 올라와 곳곳에 널려 있는 해파리들을 단단한 구두창으로 디딜 때 '펑펑'

하고 터지곤 했는데, 그 소리를 듣는 것을 좋아했다.

노인은 특히 우아하고 속력이 빠르고 값이 많이 나가는 녹색 거북이나 대모 거북이를 좋아했다. 그러나 노인은 크고 우둔해 보이는 붉은 거북을 볼 때마다 측은하게 느꼈는데 이놈은 등껍질이 누렇고 교미하는 모습이 매우 특이했고 그놈들은 눈을 감고 고깔 해파리를 즐겨 먹는 것이었다.

노인은 여러 해 동안 거북잡이 배에 승선했지만 거북에 대해서 아무런 신비한 감도 느끼지 못했다. 노인은 모든 거북에 대해서 동정심만을 갖고 있었다. 심지어는 길이가 조각배만하고 무게가 1톤이나 나가는 큰 거북을 보아도 동정심을 느꼈다. 거북은 칼질을 해서 잡아 놓은 후에도 몇 시간 동안이나 심장이 뛰기 때문에 대부분의 사람들은 거북에 대해서 무자비한 태도를 취한다. 그러나 노인은 자신도 이런 심장을 갖고 있으며, 내 손발도 거북의 것과 비슷하다고 생각하곤 했다. 노인은 힘을 얻기 위해 거북의 흰 알을 먹었다. 9월과 10월이 되면 정말 큰 고기를 잡을 힘을 기르려고 5월 내내 그 알을 줄곧 먹어 왔다.

노인은 어부들이 어구를 보관해 두는 창고 속의 큰 드럼통에서 상어 간유를 매일 한 잔씩 마셨다. 상어 간유는 원하는 어부들이 누구나 마시도록 그곳에 놓아 둔 것이었다. 대부분의 어부들은 그 독특한 맛을 싫어했다. 그러나 그 맛은 어부들이 아침 일찍 단잠을 깨는 고통에 비하면 아무것도 아니었다. 상어 간유는 감기나 유행성 독감에 효과가 있었고, 눈에도 좋은 약이었다.

노인은 머리 위에서 다시금 새가 빙빙 도는 것을 보았다.

"저 놈이 고기를 찾았구나."

노인은 크게 외쳤다. 그러나 아까처럼 수면으로 뛰어오르는 날치도 없었고 미끼 고기들도 흩어져 있지 않았다.

작은 다랑어 한 마리가 공중으로 뛰어올랐다가 물 속으로 곤두박질치며 떨어지는 것이 보였다. 다랑어는 햇빛 때문에 은색으로 빛났다. 한 마리가 물 속으로 떨어지고 나자 연달아 다른 다랑어들이 뛰어 오르더니 사방으로 곤두박질하고, 물을 마구 휘저으며 미끼를 따라 길게 뛰어올랐다 떨어지곤 했다. 머리 위의 새는 바로 그 미끼를 따라 길게 뛰어올랐다 떨어지곤 했다.

저놈들이 저렇게 빨리 돌아다니지 않는다면 가운데로 배를 몰고 들어
갈 수 있다고 노인은 생각했다. 노인은 물거품을 하얗게 일으키고 있는
다랑어떼와 겁에 질려 물 위로 쫓겨 올라온 미끼 고기를 잡으려고, 군함
새가 쏜살같이 내려와서 물 속에 주둥이를 처박는 새의 모습을 지켜보았
다.

"저놈의 새가 큰 도움이 된단 말이야."

노인은 중얼거렸다.

바로 그때였다. 낚싯줄로 고리를 만들어 밟고 있던 고물쪽 낚싯줄이 팽
팽해졌다. 노인은 재빨리 손에서 노를 내려놓고 줄을 단단히 붙잡고 끌어
들이자 그때 조그마한 다랑어가 몸을 부르르 떨며 낚싯줄을 잡아당기는
무게를 느꼈다. 노인이 줄을 잡아당길수록 진동은 더해 갔고 물 속에서
퍼덕이는 고기의 푸른 등을 볼 수 있었고, 노인이 고기를 뱃전으로 휙 끌
어들이기 직전에 배가 금빛으로 번쩍이는 것이 보였다. 몸뚱이가 단단하
고 총알처럼 생긴 다랑어가 크고 멍청한 두 눈을 크게 올려 뜨고는 햇빛
을 받으며 누워 있었다. 그놈은 죽 뻗은 날쌘 꼬리로 뱃바닥 널빤지를 두
드리며 생명을 재촉하고 있었다. 노인은 다랑어의 머리를 몽둥이로 때려
즉사시키고 아직도 떨고 있는 다랑어를 고물 구석진 곳으로 던졌다.

"다랑어야."

노인은 기분 좋게 소리내어 말했다.

"좋은 미끼 감이야. 10파운드는 나가겠어."

노인은 자신이 혼자서 외치는 버릇이 언제부터 있었는지 생각나지 않
았다. 옛날에는 혼자 있을 때 곧잘 노래를 불렀다. 스매크 어선이나 거북
잡이 배에서 밤에 당직을 서면서 혼자 노를 저을 때는 이따금 노래를 불
렀다. 아마도 소년이 떠난 후 혼자 있게 되면서부터 큰 소리로 말하기 시
작한 것 같다. 그러나 노인은 그것을 정확하게 기억할 수 없었다. 노인과
소년이 함께 고기잡이를 할 때도 꼭 필요한 때에만 말을 했다. 그들은 날
씨가 나빠서 폭풍우로 집에 갇혀 있을 때와 밤에만 이야기를 했다. 바다
에서는 필요 없는 말을 하지 않는 것을 미덕으로 생각했고, 노인도 늘 그

렇게 생각했기 때문에 늘 존중했다. 그러나 이제는 노인의 얘기를 귀찮게 여긴 사람이 아무도 없었기 때문에, 노인은 자기 생각을 커다랗게 말하곤 했다.

"다른 사람들이 내가 혼자서 이렇게 소리내어 말하는 것을 들으면 나 더러 미쳤다고 하겠지."

노인은 큰 소리로 말했다.

"그러나 내가 미치지 않았으니까 상관없어. 그런데 돈 많은 사람들은 배에서도 라디오를 틀어 놓기도 하고 배에 라디오를 가지고 다니면서 듣기도 하고 야구경기도 들을 테지."

지금은 야구 생각을 할 때가 아니라고 노인은 생각했다. 지금은 꼭 한 가지 일만 생각해야 되는 것이다. 그것을 위해서 내가 태어난 것이니까 말이다. 저 다랑어 주위에는 반드시 큰 놈이 있을 거야. 나는 지금 먹이를 쫓고 있는 다랑어들 주위에서 낙오한 놈 한 마리를 낚았을 뿐이다. 그런 데 다른 놈들은 이미 재빨리 달아나 버리고 말았다. 오늘은 물 위로 떠오른 놈들은 모두 빠른 속도로 동북쪽으로 달리고 있다. 시간이 그럴 때인가? 아니면 내가 모르는 무슨 날씨의 변화일까?

노인은 이제 더 이상 녹색의 해안선을 볼 수가 없었다. 보이는 것이라고는 마치 눈으로 덮인 듯 희게 보이는 산봉우리와 그 위로 또 하나의 높은 산맥처럼 솟아 있는 구름이 바라다 보일 뿐이었다. 바다 색은 아주 진한 빛이었고 광선은 물 속에서 무지개 색깔을 내고 있었다. 수많은 플랑크톤이 이루는 반점도 내리쬐는 햇빛 때문에 보이지 않고, 1마일 가량의 깊이에 드리워져 있는 낚싯줄이 똑바른가를 보면서 거대한 프리즘 현상이 보일 뿐이었다.

다랑어떼는 다시 물러갔다. 어부들은 이들 고기의 종류를 보통 다랑어라고 불렀고, 고기를 팔러 나올 때나 미끼 고기와 바꾸려고 할 때만 제 이름을 부르며 구별했다. 이제 햇살이 뜨거워지고 노인은 목덜미에 햇살의 따가움을 느꼈다. 노를 저을 때마다 땀이 등을 타고 줄줄 흘러내리는 것을 느낄 수 있었다.

이대로 가만히 배를 띄워 놓고, 고기가 물면 깨어나게끔 발가락에다 낚싯줄을 감아놓고 잠을 자도 되겠다고 생각했다. 그리고 오늘은 85일째 되는 날이니 무슨 일이 있어도 많이 잡아야지.

3 ————
청새치와의 만남

바로 그때였다. 낚싯줄을 지켜보던 노인은 물 위에 나와 있던 초록색 막대기 중 하나가 물 속으로 쑥 들어가는 것을 보았다.

"옳지, 됐어."

노인은 배에 부딪치지 않게끔 조심해서 노를 노받이에 걸었다. 그리고 팔을 뻗어 낚싯줄을 잡고 오른손 엄지와 집게손가락 사이에 끼우고 가만히 들었다. 그러나 낚싯줄이 당겨지거나 무게가 느껴지지 않아 그냥 가볍게 잡고만 있었다. 그때 진동이 전해졌다. 이번에도 한결같이 무게를 느끼도록 당기는 것이 아니고, 시험삼아 입질하는 것이었다. 노인은 그것이 무엇을 뜻하는가를 정확하게 알 수 있었다. 1백길쯤 되는 깊이의 물 속에서 지금 청새치가 낚시 바늘과 그 뾰족한 끝을 감싸고 있는 정어리 미끼를 먹고 있는 것이었다. 그곳에는 손으로 벌려서 만든 낚시바늘이 조그마한 다랑어 머리에서 불쑥 나와 있었다.

노인은 낚싯줄을 살며시 잡고 왼손으로 낚싯대에서 줄을 풀었다. 고기가 아무런 눈치도 채지 못하도록 손가락 사이로 슬슬 줄을 풀어 줄 수 있었다.

이처럼 멀리 나왔으니 또 9월이니까 아마 틀림없이 큰 놈일 것이다. 고기야, 먹어라, 먹어. 얼마나 싱싱한 정어리냐. 600피트 아래의 어둡고 차가운 물 속에서 한바퀴 더 돌고 와서 미끼를 덥석 물어다오.

노인은 고기가 미끼를 가볍고 조심스럽게 잡아당기는 것을 느꼈고, 낚시에 끼워 놓은 정어리 머리를 낚시에서 떼기가 힘든 듯 더욱 힘차게 잡아당기는 힘을 느꼈다. 그러다가 곧 잠잠해졌다.

"계속해!"

노인은 크게 소리내어 말했다.

"한 바퀴 더 돌고 와서, 어서 냄새를 좀더 맡아라. 구수하잖아? 자, 미끼를 덥석 물어라. 다랑어도 있단 말이야, 단단하고 차가워 구수하단다. 고기야, 망설이지 말고 어서 먹어라."

노인은 엄지와 검지 손가락 사이에 낚싯줄을 잡은 채 기다렸다. 고기가 아래위로 헤엄칠 수도 있으므로 다른 줄을 동시에 지켜보고 있었다. 그러자 고기가 조금 전처럼 살며시 미끼를 건드려 보는 것이었다.

"미끼를 물겠지."

"하느님, 제발 먹게 해 주십시오."

그러나 고기는 더 이상 먹지 않았다. 멀리 가 버렸는지 아무 반응이 없었다.

"가 버릴 리가 없는데."

노인은 중얼거렸다.

"절대로 가 버릴 리가 없어. 주위를 한 바퀴 돌고 있는 거야. 전에도 낚시에 한번 걸린 적이 있어서 그것을 생각해 냈는지 모르지."

그때 노인은 낚싯줄에 가벼운 반응이 느껴져 흐뭇했다.

"한 바퀴 돌고 왔을 뿐이야."

노인은 회심의 미소를 지으며 말했다.

"이젠 틀림없이 덥석 물거야."

노인은 낚싯줄을 가볍게 끌어당기는 반응을 느끼고 뛸 듯이 기뻤다. 바로 그때 무엇인가 세찬, 믿을 수 없을 만큼 무거운 감을 느꼈다. 그것은 고기의 무게였다. 이미 두 개의 예비 낚싯줄 중 한 뭉치를 다 풀려 나가도록 노인은 아래로 아래로 자꾸만 줄을 풀어 주었다. 엄지와 검지 손가락 사이로 줄이 풀려 나갈 때는 손가락에 느껴지는 미세한 압력으로도 대단한 무게를 느낄 수 있었다.

"무지무지한 놈이구나."

노인은 약간 흥분된 듯 말했다.

"미끼를 입에 물고 달아나려 하는구나."

하지만 한 바퀴 돌다 와서 미끼를 삼켜 버리겠지. 그러나 노인은 좋은 일은 입밖에 내면 될 일도 안 되는 수가 있다는 것을 알고 있었기 때문에 말하지 않았다. 노인은 이놈이 얼마나 큰 고기인지를 알고 있었다. 고기가 어둠 속에서 다랑어를 물고 도망가는 모양을 상상해 보았다. 그때 고기의 움직임이 정지하는 것을 느꼈으나 무게는 아직도 묵직했다. 그러다가 더 무거워지는 것을 느끼자 노인은 낚싯줄을 더 풀어 주었다. 노인은 엄지와 집게손가락에 힘을 주어 잠시 꽉 쥐어 보았다. 그랬더니 고기의 무게는 점점 더해지면서 줄이 수직으로 내려가고 있었다.

"드디어 먹었어."

노인은 기쁜 듯 중얼거렸다.

"이제는 실컷 먹도록 해야지."

노인은 손가락 사이로 줄을 계속 풀어 주면서 왼손을 아래로 뻗어서 두 개의 예비 낚싯줄에 매여 있지 않은 끝을 다른 낚싯줄의 고리에 단단히 묶었다. 이제 모든 준비가 끝났다. 노인은 지금 쓰고 있는 낚싯줄 이외에도 40길짜리의 낚싯줄을 세 개나 더 갖고 있었다.

"조금만 더 먹어라."

노인은 계속해서 중얼거렸다.

"아주 꿀꺽 삼켜라."

마침내 낚시 끝이 심장에 박혀 네가 죽도록 꿀꺽 삼켜 버리라고 노인은 주문했다. 마지막엔 순순히 떠올라서 작살로 너를 찌를 수 있게 해다오. 좋아, 준비됐어? 먹을 만큼 먹었어?

"이때다!"

노인은 고함을 지르며 두 손에 힘을 주어 낚아챘다. 1야드쯤 낚싯줄을 끌어들인 다음에 전력을 다하여 양팔을 열심히 움직이며 당기고 또 당겼다.

그러나 놈은 꿈쩍도 하지 않았다. 고기는 오히려 천천히 달아날 뿐이고 노인은 그 고기를 한치도 끌어올릴 수가 없었다. 낚싯줄은 매우 튼튼하고 큰 고기를 잡기 위해 만든 것이다. 그것을 등에 메고 있자니 줄이 팽팽해지며 물방울이 튀었다. 그러더니 낚싯줄은 물 속에서 쉿하는 소리를 내기 시작했다. 노인은 자리에 버티고 앉아서 끌리는 힘에 맞서 몸을 뒤로 젖히며 계속 줄을 잡고 있었다. 배가 서북쪽을 향해서 서서히 움직이기 시작했다.

고기는 끊임없이 헤엄쳐 갔다. 노인과 고기는 겉으로 보면 잔잔한 바다 위를 천천히 달리는 것 같았다. 다른 미끼는 아직 물 속에 있었지만 어찌할 도리가 없었다.

"그 애가 있었으면 좋았을 텐데."

노인은 큰소리로 외쳤다.

"나는 이제 고기에게 끌려가는 신세구나. 밧줄을 매는 말뚝처럼 말야. 낚싯줄을 더 세게 당길 수도 있지만 그러다가 고기란 놈이 줄을 끊어 버릴지도 몰라. 나는 힘이 닿는 데까지 낚싯줄을 붙잡고 있다가 이놈이 잡아당기면 줄을 풀어 주어야 한다. 그래도 이놈이 옆으로만 달리고 아래로 내려가지 않는 것만도 얼마나 고마운 일인가?"

노인은 끌려가면서도 끊임없이 생각했다. 만약 이놈이 물 속으로 내려가려 한다면 그땐 어떻게 하지? 그러다가 물 깊숙이 가라앉아 죽기라도 한다면 어떻게 할까? 모르겠어. 그러나 무슨 방도가 있겠지. 내가 취할 수 있는 방법이 여러 가지가 있을 테니까.

노인은 낚싯줄을 등에 멘 채 물 속으로 뻗은 줄의 경사와 북서쪽으로 계속 움직이는 배를 지켜보고 있었다.

이러다가 죽겠지 하고 노인은 생각했다. 이 짓을 영원히 버틸 수는 없을 테지. 그러나 네 시간이 지나도록 고기는 여전히 배를 끌면서 바다 멀리로 헤엄쳐 나가고 있었고, 노인도 여전히 줄을 등에 멘 채로 버티고 있었다.

"이 놈을 낚은 것이 정오 무렵이었는데."

노인은 중얼거렸다.

"그런데 아직 구경도 하질 못했어."

노인은 이 고기를 낚기 전에 밀짚모자를 깊숙이 눌러쓰고 있었으므로 이마가 아팠다. 그리고 목이 말랐으므로 노인은 무릎을 꿇고 앉아서 갑자기 줄을 당기지 않도록 조심하면서 될 수 있는 대로 이물 쪽으로 가까이 다가가서 한 손으로 물병을 집어들었다. 마개를 열고 물을 조금 마셨다. **368**

그리고는 이물에 몸을 기대어 잠시 쉬었다. 내려놓은 돛대에 앉아 쉬면서 아무 생각 없이 참고 견디려고 애썼다.

문득 뒤를 돌아보았지만 육지는 보이지 않았다. 하지만 그런 것은 상관 없다고 노인은 생각했다. 언제든지 '아바나' 항구에서 비치는 불빛을 따라 돌아갈 수 있었다. 해가 지려면 아직 두 시간이 더 남았어. 저 고기가 그 전에 나타나겠지. 만일 그렇지 않으면 달이 뜰 때까지는 나타나겠지. 그것도 아니라면 다음날 해가 뜰 때는 올라오겠지. 아직 쥐도 나지 않고 힘도 충분하단 말이야. 입에 낚시를 물고 있는 것은 바로 저 큰 고기이다. 저렇게도 힘차게 버티다니 대단한 놈이야. 고기는 낚시 바늘을 문 채 입을 꽉 다물고 있음에 틀림없다. 그 모습을 좀 보았으면 좋겠다. 내 상대가 어떤 놈인지 알기 위해서라도 꼭 한번 보고 싶다.

노인은 하늘에 나타난 별들을 올려 보고, 고기가 밤새도록 진로를 바꾸지 않았음을 알았다. 해가 지고 나니 추워졌다. 등과 팔과 다리에서 흘러내렸던 땀이 차갑게 식었다. 낮에 노인은 미끼통을 덮었던 부대를 벗겨서 햇볕에 말렸다. 노인은 해가 지자 그 부대를 목에다 둘러메고 등으로 늘어뜨리고는 어깨에 걸치고 있는 낚싯줄 밑으로 조심스레 밀어 넣었다. 부대가 쿠션처럼 낚싯줄을 받쳐 주어 이물에다 대고 적당하게 앞으로 기대어 보니 조금 편안했다. 사실은 그 자세가 그저 약간 견딜만한 정도였지만 노인은 거의 편안해진 것처럼 느껴졌다.

나도 저 고기를 어떻게 할 도리가 없지만, 저 고기도 나를 어쩌지 못하고 있는 거라고 노인은 생각했다. 다만 녀석이 이렇게 버티고 있는 한 서로 어쩔 수 없는 거야.

노인은 중간에 한 번 일어서서 뱃전 너머로 오줌을 누고 별을 쳐다보며 진로를 확인했다. 낚싯줄은 노인의 어깨에서 물 속으로 곧게 뻗어 일직선으로 잠겨 있었는데, 그 모양이 마치 인광의 줄무늬처럼 뚜렷하게 보였다. 이제 그들은 천천히 움직여 갔고, '아바나'항구의 불빛이 그다지 강하지 않은 것으로 보아 조류에 밀려 동쪽으로 가고 있음을 노인은 직감하고 있었다. 만일 '아바나'항구의 불빛이 보이지 않으면 더욱 확실하게 동쪽으로 가고 있음이 틀림없는 거라고 노인은 생각했다. 만일 고기가 정확히 그대로만 나아가고 있다면 아직 몇 시간은 더 불빛을 볼 수 있을 것이다. 오늘 야구 메이저 리그전은 어떻게 되었을까. 배 위에서 라디오로 야구를 듣는다는 건 얼마나 즐거운 일일까. 이젠 고기 생각만 해야 한다고 노인은 생각했다. 지금 하고 있는 일에만 전념하자. 어리석은 행동은 그만 두어야지.

노인은 소년이 보고 싶은 듯 큰 소리로 말했다.

"그 애가 있었으면 정말 좋았을 텐데. 나를 도와주고 이런 구경도 할 수 있었을 텐데."

늙을수록 혼자 있을 게 아니라고 노인은 생각했다. 그러나 난 어쩔 수 없는 일이야. 다랑어가 더 상하기 전에 먹어야 한다. 그래야 힘을 유지할 수 있다. 잊지 말고, 아무리 식욕이 없더라도 아침에는 저 다랑어를 반드시 먹어야 해."

노인은 다짐하려는 듯 중얼거렸다.

밤새 돌고래 두 마리가 배 주위를 왔다갔다 하면서 물 속에서 뒹굴고 물을 뿜는 소리를 노인은 들었다. 노인은 수놈이 물 뿜는 소리와 암놈이 한숨 쉬듯 물 뿜는 소리를 정확하게 구별할 수 있었다.

"좋은 놈들이야."

노인은 큰소리로 말했다.

"그들은 함께 놀고, 장난치고 서로 사랑한단 말이야. 날치와 마찬가지로 우리에겐 이놈들도 형제 같은 놈들이야."

노인은 이렇게 말하고 나자 자신이 낚은 큰 고기가 갑자기 불쌍해졌다. 이놈은 근사하고 이상한 놈이야. 얼마나 나이를 먹었을까 하고 노인은 생각했다. 이렇게 힘센 고기를 잡아 본 적도 없었지만, 이처럼 이상한 놈도 처음이다. 아마 너무 약아 빠져서 물 밖으로 뛰어오르지 않은가 보다. 만약 이놈이 뛰어 오르거나 사납게 돌진해 오면 나를 괴롭힐 수도 있어. 그러나 아마도 여러 번 낚시에 걸려 본 경험이 있어서 이놈은 이렇게 싸워야 한다는 것을 알고 있는지도 모르지. 이놈하고 겨루고 있는 상대가 겨우 한 사람뿐이고, 그것도 노인이라는 것을 그놈은 알 수가 없다. 그런데 이 고기는 어마어마하게 큰 놈이다. 고기 맛이 좋다면 값이 꽤 나갈 거야.

이 고기는 수놈답게 맹렬히 미끼에 달려들어, 끌고 가면서 인간과 싸우는 데도 전혀 당황하는 기색이 없다. 도대체 무슨 계획이라도 있는 것인지, 또 나처럼 필사적으로 버티는 건지 도무지 알 수 없어 답답하단 말이야.

노인은 언젠가 청새치 한쌍 중에서 한 마리를 낚은 적이 있었다. 미끼를 찾으면 언제나 수놈이 암놈을 먼저 먹게 하는데 그날도 예외는 아니었다. 낚시에 걸린 암놈은 공포에 질려서 필사적인 투쟁을 하더니 마침내 기진맥진해 버렸다. 그 동안 수놈은 시종 암놈 곁을 떠나지 않고 낚싯줄을 넘어 다니면서 암놈과 더불어 해면을 빙빙 돌고 있었다. 노인은 수놈이 너무나 가까이에 다가왔을 때, 그의 꼬리가 낫처럼 날카롭고, 크기나 모양도 큰 낫과 비슷하여 그 꼬리로 낚싯줄을 끊어 버리지 않을까 걱정되었다. 노인이 암놈을 갈고리로 끌어당기고 몽둥이로 후려갈기고 끝이 까칠까칠한 뾰족한 주둥이를 잡고 거의 거울의 뒷면 같은 색깔이 될 때까지 후려쳐서 소년의 도움을 받아 배 안으로 끌어 들였다. 그때까지도 수놈은 뱃전을 떠나지 않았다. 노인은 낚싯줄을 정리하고 작살을 준비하는 동안에도 수놈은 암놈이 어디 있는지 확인하려는 듯 공중을 높이 뛰어 올랐다. 그러더니 엷은 보랏빛 날개 같은 지느러미를 활짝 펴서 화려한 무늬를 보이면서 물 속 깊이 헤엄쳐 들어가 버렸다. 참으로 아름다운 놈이었지. 그리고 참 오랫동안 암놈 곁에 붙어 있었다고 노인은 추억을 떠올렸다.

평생 고기잡이에서 만난 제일 슬픈 광경이었다고 노인은 생각했다. 소년도 슬퍼했고, 노인과 소년은 그 고기에게 용서를 비는 마음을 가지며 즉시 칼질을 해 버렸다.

"그 애가 있었으면 좋을 텐데."

노인은 습관적으로 중얼거렸다. 이물의 둥그스름한 널빤지에다 몸을 기대자, 어깨를 가로질러 메고 있는 낚싯줄을 통해서 스스로 선택한 방향으로 꾸준히 달리고 있는 고기의 중량이 느껴졌다.

하지만 너도 일단 내게 걸려든 이상 어떤 짓이든 선택해야 된다고 노인은 생각했다. 고기의 선택이란 모든 올가미나 덫이나 계책이 미치지 못하는 깊고 어두운 바다 속에 남아 있자는 것이다. 하지만 나의 선택이란

이 세상 모든 사람이 미치지 못하는 곳까지 찾아가는 것이다. 우리는 정오부터 오로지 둘만이 같이 있었을 뿐, 고기나 나를 도와 줄 대상이 아무도 없다.

어쩌면 자신이 어부가 되지 않는 것이 좋았을지도 모른다고 노인은 생각했다. 하지만 나는 어부가 되려고 태어나지 않았던가? 그것은 틀림없는 사실이다. 따라서 날이 밝거든 잊지 말고 꼭 다랑어를 먹어야 한다.

날이 밝기 조금 전에 노인의 뒤에 있는 낚시 중 하나에 무엇인가가 걸린 느낌이 들었다. 막대가 부러지는 소리가 들리더니 줄이 뱃전 너머로 마구 풀려 나가고 있었다. 어둠 속에서도 노인은 선원용 나이프를 빼어 들고는 큰 고기가 팽팽히 잡아끄는 힘을 왼쪽 어깨로 버티면서, 뱃전에서 끌려가고 있는 낚싯줄을 끊어 버렸다. 그리고 나서 노인은 어둠 속에서 가까이 있는 다른 낚싯줄을 끊어 예비용 사리의 풀어진 끄트머리를 단단히 매어놓았다. 노인은 한 손으로도 익숙하게 낚싯줄을 다루었으며 매듭을 맬 때는 발로 줄을 눌렀다. 이제 노인은 여섯 개의 예비 낚싯줄 사리가 준비되었다. 지금 막 끊어버린 데서 두 개가 생겼고, 두 개는 고기가 미끼를 따먹어 버린 데서 거두어들여 그것들을 모두 연결해 놓았다.

날이 밝으면 40길짜리 줄이 있는 곳으로 가서 그것도 끊어 예비 사리에 이어야겠어. 잘못하면 질 좋은 200길짜리 카달로니아산 코르텔 낚싯줄과 목줄을 잃게 되는구나. 하지만 그것들은 언제든지 구할 수도 있다. 내가 다른 고기를 잡느라고 이 녀석을 놓쳐 버린다면 무엇으로 보상을 받겠는가? 이제 막 미끼를 문 고기가 무엇이었을까. 청새치나 황새치나 상어였겠지. 줄을 잘라내기에 바빠서 손으로 느껴 보지도 못했다.

노인은 또 소년이 그리운 듯 말했다.

"그 애가 있었으면 정말 좋겠는데."

그러나 소년을 데리고 오지 않았으니 할 수 없다고 노인은 생각했다. 혼자뿐이다. 이제 어둡든 어둡지 않든 마지막 낚싯줄이 있는 데로 가서 그 줄마저 끊어 버리고 두 개의 예비 사리를 만들어 두는 것이 최선책일 것 같았다.

노인은 주저하지 않고 그렇게 했다. 어둠 속에서 이런 일을 하는 것은 무척 힘들었다. 한번은 고기가 푸드득거리는 바람에 얼굴을 처박고 넘어졌는데 그만 눈 아래쪽이 찢어지고 말았다. 피가 조금 뺨을 타고 흘러 내렸으나 피는 턱까지 내려오기도 전에 말랐다. 노인은 다시 이물 쪽으로 기어가서 뱃전에 기대어 쉬었다. 노인은 부대를 잘 조정하면서 낚싯줄을 조심스레 옮겼다. 부대를 걸치고 있던 한쪽 위의 낚싯줄을 다른 쪽 어깨로 옮겨 메고는 다시 줄을 고정시켰다. 고기가 끄는 힘을 조심스레 가늠해 보며 손을 물에 담가서 배의 속력을 알아보기도 했다.

무엇 때문에 고기가 갑자기 요동을 쳤을까. 하고 노인은 생각해 보았다. 틀림없이 낚싯줄이 그 커다란 등위를 스쳤을 것이다. 하지만 그놈의 등은 내 등만큼 아프지는 않을 것이다. 제 아무리 큰 놈이라도 이 배를 영원히 끌고 갈 수는 없을 것이다. 문제가 되는 것은 이제 모두 해결되었고, 줄은 얼마든지 있다. 나는 더 이상 바랄 것이 없다.

"고기야."

노인은 큰소리로 다정하게 불렀다.

"나는 죽을 때까지 너와 같이 있을 테다."

물론 너도 나하고 같이 있겠지. 하고 생각하면서 노인은 날이 밝기만을 기다렸다. 날이 밝기 직전이라 몹시 추웠으므로 노인은 몸을 녹이기 위해 뱃전에 몸을 기대고 여기저기 문질렀다. 저놈이 버틸 수 있는 데까지는 나도 버틸 수 있다고 노인은 생각했다. 날이 밝아 오자 낚싯줄이 팽팽히 당겨지더니 물 속으로 내려갔다. 배는 여전히 끌려가고 있었고, 해가 수평선위로 떠오르자 어느새 빛이 노인의 어깨 위에 와 닿았다.

"이놈이 북쪽으로 가고 있구나."

노인은 중얼거렸다.

조류가 배를 훨씬 동쪽으로 몰고 갈 것이라고 노인은 생각했다. 고기가 조류를 따라 그대로만 가 준다면 좋겠다. 이것은 바로 고기가 지쳤다는 증거다.

해가 한층 높이 떠올랐다. 노인은 지금까지도 고기가 지치지 않았다는 것을 알 수 있었다. 한가지 아주 좋은 징조가 보였다. 낚싯줄의 경사로 보아서 고기가 덜 깊은 곳에서 헤엄쳐 가고 있는 것이었다. 반드시 고기가 뛰어오른다고 할 수 없지만 그럴 가능성은 있었다.

"하느님, 제발 저놈이 뛰어오르게 하여 주소서."

노인은 기도하는 심정으로 말했다.

"아직 저놈을 다룰 만한 줄이 충분히 있습니다."

혹시 내가 조금 더 줄을 팽팽하게 잡아당기면 이놈은 아파서 금방 뛰어 오를 것이다. 이제 날이 밝았으니 녀석을 뛰어오르도록 해서 등뼈에 붙어 있는 부레에 공기가 차서 깊은 물 속에서 죽지 않도록 해야겠다.

노인은 낚싯줄을 좀더 팽팽히 당겨 보려고 했으나, 줄은 처음 고기가 걸렸을 때나 마찬가지로 팽팽한 그대로였다. 노인이 잡아당기려고 몸을 뒤로 젖히자, 곧바로 고기의 반응이 강해서 더 이상 잡아당겨서는 안되겠다고 생각이 들었다. 갑자기 잡아당겨서는 안 되지. 갑자기 잡아당길 때마다 낚시에 찢긴 상처가 넓어져서, 고기가 뛰어 오를 때 바늘이 빠져나갈 지도 몰라. 어찌됐든 해가 뜨니까 기분이 한결 좋았다. 이번에는 해를 똑바로 쳐다보지 않아도 된다.

낚싯줄에는 누런 해초가 걸려 있었으나 오히려 고기가 그것까지 끌려면 더 힘들 것이라고 생각하자 오히려 기분이 좋아졌다. 밤에 그렇게 많은 인광을 발하던 누런 해초였다.

"고기야."

노인은 말했다.

"난 너를 사랑한다. 너를 아주 존경한다. 그렇지만 오늘 중으로 반드시 너를 죽이고야 말겠다."

제발 그렇게 되기를 바라며 노인은 다짐했다.

작은 새 한 마리가 북쪽에서 배를 향해 날아왔다. 휘파람새였다. 새는 수면 위를 낮게 날고 있었다. 노인은 그 새가 무척 지쳐 있음을 알 수 있었다. 새는 배의 고물로 날아와 앉았다. 그러다 노인의 머리 주변을 빙빙 돌더니 조금 안심이 되었는지 좀더 편한 낚싯줄 위에 앉았다.

"넌 몇 살이지?"

노인이 새에게 물었다.

"이번이 첫 여행이니?"

노인이 그렇게 말을 하자 새가 노인을 바라보았다. 그러나 새는 너무 지쳐서 낚싯줄을 살피지도 않고 앉아 있었다. 가냘픈 발로 줄을 꽉 잡은 채 기우뚱거렸다.

"튼튼한 줄이란다."

노인이 즐거운 듯 새에게 말했다.

"아주 튼튼하다. 어젯밤에 바람도 없었는데 그렇게 지치다니. 새들은 무엇 때문에 이렇게 날아다니는 것일까?"

조금 있으면 매가 저 새들을 잡으러 바다로 나오겠지 하고 노인은 생각했다. 그러나 그 말을 새에게는 하지 않았다. 알아듣지도 못한 새에게 말해봐야 소용없고, 좀 있으면 그 새도 매가 있음을 알게 될 것이다.

"푹 쉬어라, 작은 새야."

노인은 부드러운 목소리로 말했다.

"그런 다음 열심히 날아가서 사람이나 새나 고기처럼 되든 안되든 모험을 해 보거라."

밤새 낚싯줄 때문에 등이 뻣뻣해지고 너무 아팠다. 자꾸 말을 하니 힘이 났다.

"너만 좋다면 여기서 묵어가렴, 새야."

노인은 상냥하게 말했다.

"미풍이 일기 시작하니 돛을 달고 너를 데려다 주었으면 좋겠지만 미안하구나. 그러나 나는 동행이 있단다."

바로 그때 고기가 갑자기 요동을 치는 바람에 노인은 그만 이물 쪽으로 넘어졌다. 노인이 발로 버티면서 줄을 놓아주지 않았더라면 물 속으로 끌려 들어갈 뻔했다.

낚싯줄을 갑자기 당기는 바람에 새는 날아가 버렸다. 그러나 노인은 새가 날아가는 것을 보지 못했다. 노인은 오른손으로 조심스럽게 줄을 만져 보다가 손에서 피가 흐르는 것을 보았다.

"무엇인가 저 고기를 아프게 한 모양이야."

노인은 큰 소리로 말을 하다가 고기의 방향을 돌릴 수 있는지 알아보려고 살짝 줄을 당겨 보았다. 줄이 끊어질 지경으로 팽팽했지만 노인은 줄을 꼭 쥔 채 뒤로 몸을 버티어 보았다.

"너도 이제 내가 당기는 것을 느끼는구나."

노인은 말했다.

"그렇지만 사실은 나도 마찬가지야."

노인은 새가 같이 있어 주었으면 하는 생각이 들어 주위를 둘러보았다. 말동무가 아쉬웠기 때문이다. 새는 이미 날아가 버리고 없었다.

오래 쉬지도 못하고 가 버렸다고 노인은 생각했다. 그러나 해변에 닿을 때까지는 더욱 험난한 길이 따를 것이다. 그런데 고기가 이 정도로 한번 급히 당긴다고 해서 다치다니, 어찌된 셈이지? 나는 점점 더 멍청해진 모양이야. 아니면 아까 그 작은 새를 쳐다보다 정신을 팔고 있었는지 모른다. 이젠 나는 내 일에만 열중하고 더 힘이 빠지지 않게 다랑어나 먹어야겠다.

"그 애가 여기 같이 있었다면 좋았을 텐데. 그리고 소금도 조금 있고 말야."

노인은 중얼거렸다.

낚싯줄의 무게를 왼쪽 어깨로 옮기고, 조심스럽게 무릎을 꿇고 바닷물에 손을 씻었다. 그런 다음 손을 바닷물에 담근 채 피가 길게 흘러 내려 사라지는 것을 지켜보았다. 그리고 배가 움직일 때 손에 부딪치는 물결을 물끄러미 바라보았다.

"속도가 훨씬 느려졌어."

노인은 말했다.

노인은 좀더 바닷물에 손을 담그고 싶었지만 고기가 갑자기 요동을 칠까 두려워 발로 버틴 채 일어나서 손을 햇빛에 말렸다. 상처가 난 것은 낚싯줄 때문이었지만, 그 부분은 손에서 제일 중요하게 쓰이는 부분이었다. 노인은 이 일이 끝나기까지 손이 필요하다는 것을 잘 알고 있었기 때문에 일이 시작되기도 전에 손을 다치고 싶지가 않았다.

"자, 그럼."

손이 다 마르자 노인은 말했다.

"다랑어 새끼를 먹어야겠다. 갈고리로 끌어다가 여기 앉아 편하게 먹어야지."

노인은 무릎을 꿇고 갈고리로 고물 밑에서 다랑어를 찍어 올렸다. 그리고는 사려놓은 낚싯줄에 닿지 않도록 조심스레 앞으로 끌어 당겼다. 낚싯줄을 다시 왼쪽 어깨로 옮겨 메고 왼손과 왼팔로 감아쥐고는 다랑어를 갈고리에서 빼낸 다음 갈고리는 제자리에 던졌다. 노인은 한쪽 무릎으로 다랑어를 누르고 뒤통수에서 꼬리까지 칼집을 낸 뒤 검붉은 살점을 발라 냈다. 살코기는 쐐기 모양이 되었으며 노인은 그것들을 등골 바로 옆에서부터 배 끝까지 잘랐다. 노인은 여섯 토막을 낸 다음 그것들을 이물 판자 위에 늘어놓고 칼에 묻은 피를 바지에다 닦으며 뼈대와 꼬리는 뱃전 너머로 던져 버렸다.

"한쪽을 다 먹을 것 같지 않은데."

노인은 중얼거리면서 칼로 한쪽을 잘랐다. 노인은 큰 고기가 아직도 줄을 세게 끌어당기고 있음을 느낄 수 있었다. 왼손에서는 쥐가 났다. 무거운 줄을 잡은 손이 빳빳이 오그라들어 노인은 괴로운 표정을 지으면서 손을 쳐다보았다.

"어떻게 된 놈의 손이야?"

노인은 말했다.

"쥐가 날 테면 나라지. 매 발톱처럼 오그라들라면 들라지. 그래봐야 아무 소용이 없어."

자, 해 볼 테면 해 보라고 노인은 중얼거리면서 컴컴한 물 속으로 비스듬히 내려간 낚싯줄을 쳐다보았다. 지금 이것을 먹어야 이 손이 펴질 것이다. 손이 잘못한 것은 아니다. 벌써 오랫동안 고기와 싸우고 있기 때문이다. 그러나 나는 끝까지 버텨야 한다. 이제 다랑어를 먹어 두자.

노인은 다랑어 살 한 점을 집어 입에 넣고는 천천히 씹었다. 맛은 괜찮았다. 천천히 잘 씹어서 모든 양분을 섭취하자고 노인은 생각했다. 이럴 때 '라임'이나 '레몬'을 곁들이거나 소금을 쳐서 먹으면 더욱 먹기가 좋을 것이다.

"손아, 넌 좀 어떠냐?"

노인은 쥐가 나서 빳빳해진 손을 내려다보며 걱정스레 물었다.

"너를 위해 먹기 싫어도 좀더 먹어 두어야겠어."

노인은 두 쪽으로 잘라둔 것 중 남은 한쪽을 먹었다. 씹어 먹다가 껍질만 뱉었다.

"손아, 이제 좀 어때? 좀더 있어야 하겠니?"

노인은 한 토막을 더 집어서 통째로 먹었다.

"다랑어는 심심하고 영양이 많은 고기란 말야."

노인은 생각했다.

"그래도 돌고래 대신 이놈을 잡게 된 것이 다행이야. 돌고래는 너무 달단 말야. 이놈은 단맛은 없지만 살이 성성해."

실질적인 것 이외는 모든 게 다 소용이 없다고 노인은 생각했다. 소금이 좀 있으면 좋겠다. 그런데 남아있는 고기는 햇볕에 상해버리거나 말라버릴지도 모른다. 별로 시장하지는 않지만 먹어두는 것이 좋겠다고 노인은 생각했다. 물 속에 있는 저놈은 아직도 조용하고 침착하다. 나도 이걸 먹어 치우고 만반의 준비를 갖추어야 한다.

"손아, 좀 참아다오."

노인은 말했다.

"너를 위해 이걸 먹고 있잖아."

노인은 물 속에 있는 저 고기에게도 이것을 좀 먹였으면 하고 생각했다. 너는 나와 형제이니까. 그렇지만 나는 너를 죽여야 하고, 그러기 위해서는 이걸 먹고 기운을 내야 한다. 노인은 쐐기 모양의 고기 한 토막을 다먹었다.

노인은 허리를 쭉 펴고 손을 바지에 닦았다.

"자."

노인은 왼손과 다정하게 말했다.

"손아, 이젠 낚싯줄을 안 잡아도 된다. 네가 바보짓을 그만둘 때까지 오른손으로 고기를 다룰 테니까."

노인은 왼손으로 잡고 있던 낚싯줄을 왼발로 밟고, 몸을 젖히면서 죄어오는 힘을 버티려고 안간힘을 썼다.

"하느님, 손에 난 쥐가 낫도록 해 주소서."

노인이 간절히 기도하듯 말했다.

"도대체 이놈이 무슨 짓을 하려는지 알 수가 없어요."

그러나 고기는 조용히 자신의 계획대로 해나가고 있다고 노인은 생각했다.

그러면 그 고기의 계획이란 무엇이며, 또 나의 계획이란 무엇인가? 너무도 큰 놈이니까 내 계획은 그놈의 태도에 따라 임기응변으로 세울 수밖에 없다. 이 고기는 물 위로 뛰어 오르면 죽일 수 있다. 이놈은 언제까지 물 속에 버티고 있어서 나도 이놈과 함께 버티고 있을 수밖에 없다.

노인은 쥐가 난 왼손을 바지에 문질러 손가락에 난 경련을 누그러뜨리려고 애썼다. 그러나 손가락은 펴지지 않았다. 햇빛을 받으면 펴지겠지 하고 노인은 생각했다. 방금 먹은 팔팔한 다랑어가 소화되면 펴지겠지. 만일 이 손이 있어야만 한다면 어떻게 해서라도 펴놓겠다. 그러나 지금은 억지로 펼 생각은 없다. 저절로 펴져서 원상태로 돌아가게 하자. 지난밤에 여러 낚싯줄을 풀고 매고 하느라고 손을 너무 많이 쓴 탓이다.

노인은 물끄러미 바다 저편을 바라보며 새삼스럽게 자신의 외로움을 뼈저리게 느꼈다. 그러나 노인은 깊고 어두운 물 속에서 일곱 색깔의 광채를 볼 수 있었고, 팽팽하게 앞으로 뻗어나간 낚싯줄과 잔잔한 바다의 이상한 물의 파동을 볼 수 있었다. 무역풍이 불면서 뭉게 구름이 피어오르고 있었다. 앞을 내다보니 구름이 피어난 그 아래로 한 떼의 물오리가 자태를 나타냈다 흩어지고 다시 또 뚜렷이 나타나곤 했다. 노인은 그런 모습을 보며 바다에서는 결코 외롭지 않다는 것을 알았다.

노인은 어부들 중에 조그만 배를 타고 육지가 보이지 않는 먼바다까지 나가는 것을 무서워하는 사람이 있는데 어떤 일일까 하고 노인은 생각했다. 갑자기 날씨가 나빠지는 계절에는 그럴 수도 있다는 것을 알았다. 그러나 지금은 태풍이 부는 계절이고, 태풍만 불지 않는다면 일년 중에서 고기잡이에 가장 좋은 계절이다.

바다에 나가 보면 태풍이 불어 올 것이라는 징조를 며칠 전부터 하늘에서 찾아 볼 수 있다. 육지에서는 앞을 내다 볼 수 없기 때문에 이런 징조를 못 보는 것이라고 노인은 생각했다. 육지에서도 구름의 모양이 달라지는 것은 틀림없다. 그러나 지금은 태풍이 불어 올 조짐은 전혀 없었다.

하늘을 쳐다보니 달콤한 아이스크림 같은 하얀 뭉게구름이 보이고, 더 높은 창공에는 깃털 같은 새털구름이 드높은 9월 하늘을 배경으로 움직이고 있는 것이 보였다.

"산들바람이다!"

"노인은 소리치듯 말했다.

"고기야, 너보다는 나에게 유리한 날씨야."

왼손은 아직 쥐가 나 있었지만, 노인은 천천히 손가락 하나를 풀어 주고 있었다. 쥐가 나는 것은 정말 질색이라고 노인은 생각했다. 그것은 자기 몸에 대해 배반하는 일이다. 남들 앞에서 식중독으로 설사를 한다거나 구토를 하는 것은 창피한 일이다. 그런데 쥐라는 것은 스페인어로 '칼람브레(경련)'라고 하였으며 특히 혼자 있을 때는 스스로가 창피한 일이다.

만일 소년이 지금 이 자리에 있다면 팔을 주물러서 쥐가 난 것을 풀어 주었을 것이다. 하지만 틀림없이 풀어질 것이라고 노인은 생각했다.

그때 노인은 오른손으로 낚싯줄의 당기는 힘이 달라진 것을 느꼈고, 물속에 잠긴 줄에 변화가 생긴 것을 보았다. 노인은 낚싯줄에 몸을 기대고 쥐를 풀려고 왼손을 허벅지에 내리치고 있는데, 서서히 낚싯줄이 위로 올라오는 것을 보았다.

"드디어 이놈이 올라오는구나."

노인은 흥분하며 말했다.

"어서 떠올라라, 제발 어서."

줄은 천천히 계속 올라오더니 배의 앞쪽 해면이 부풀어오르더니 고기의 모습이 드러나기 시작했다. 고기가 점점 올라옴에 따라 양쪽으로 물이 갈라지며 쏟아져 내렸다. 햇빛을 받아 번쩍거리는 머리와 등은 짙은 자주색이었고, 양옆의 줄무늬는 연보랏빛으로 빛났다. 주둥이는 야구 방망이처럼 길고 끝이 칼날처럼 뾰족했다. 고기는 물 밖으로 온 몸을 드러내 보이더니 잠수부처럼 미끄럽게 다시 물 속으로 들어가 버렸다. 고기의 큰 낫의 날과 같은 꼬리가 물 속으로 들어가면서 동시에 줄이 재빨리 풀려나기 시작했다.

"내 배보다 두 피트나 더 길겠는데."

노인은 말했다. 낚싯줄은 빠르지만 꾸준히 풀려나가는 것으로 보아 고기는 조금도 당황하지 않은 것 같았다. 노인은 두 손으로 줄이 끊어지지 않을 정도로 잡아 당겼다. 적당히 당기면서 고기를 견제하지 않으면 고기가 줄을 있는 대로 끌고 가서 마침내 끊어버릴 것이라는 사실을 노인은 알고 있었다.

굉장히 큰 놈이니까 자신도 저놈에게 만만치 않다는 것을 보여주어야 한다고 노인은 생각했다. 제 힘이 세다는 것을 알게 해서는 안 된다. 또 자기가 달아나기로만 마음먹으면 상대방이 골탕을 먹는다는 걸 알려서는 안 된다. 내가 저 고기라면 무언가 끝장날 때까지 해보겠다. 그러나 고맙게도 고기들은 그들을 죽이는 인간보다 영리하지 못하다. 우리 인간보다 훨씬 기품이 있고 능력이 있더라도 말이다.

노인은 큰 고기를 많이 보아 왔다. 무게가 1000파운드를 넘는 큰 고기도 여러 마리 보았고, 지금까지 그만한 큰 고기도 두 마리나 잡은 적이 있었다. 물론 혼자 잡은 것은 아니었다. 그런데 지금은 혼자서 육지가 보이지 않는 곳까지 나와서, 이제껏 본 것 중에서 가장 크고 이야기조차 들어본 적이 없는 거대한 고기와 맞붙었다. 그런데 왼손은 아직도 독수리 발톱처럼 딱딱하게 굳어 있었다.

그래도 쥐가 곧 풀릴 것이라고 노인은 생각했다. 틀림없이 쥐가 풀려서 오른손을 도와 줄 거야. 나에겐 형제간이라고 할 수 있는 것이 세 가지가 있는데 바로 저 고기와 내 양손이다. 그러나 쥐난 손은 꼭 풀릴 것이다. 쥐가 난다는 것은 손으로서의 가치가 없는 것이다. 고기는 다시 속력을 늦추어 평소와 같은 속도로 끌고 있었다.

이놈의 고기가 왜 뛰어올랐는지 모르겠다고 노인은 생각했다. 고기는 마치 자기가 얼마나 큰가 보여주려는 듯이 뛰어오른 모양이었다. 어쨌든 이젠 충분히 알았다고 노인은 생각했다. 그리고 나도 내가 어떤 사람인지 너에게 알려주어야겠다. 그렇게 되면 너는 나의 쥐난 손을 보게 되겠지. 어떻게든 내가 실제보다 더 강한 인간이라는 사실을 보여 주어야지. 반드시 그렇게 될 것이다. 자기의 모든 걸 가지고 오직 내 의지와 지혜에 맞서고 있는 저 고기가 되고 싶다고 노인은 생각했다.

4 ──────
회상

노인은 편한 자세로 뱃전에 몸을 기대고 앉아서 고통을 참고 있었다. 고기는 여전히 헤엄치고, 배는 시퍼런 물을 헤치며 천천히 움직이고 있었다. 바람이 동쪽에서 불기 시작하면서 파도가 조금씩 일기 시작했다. 한낮이 되면서 쥐가 났던 왼손은 풀렸다.

"청새치야, 너에겐 좋지 않은 소식이야."

노인은 중얼거리면서 어깨에 걸치고 있던 부대 위에 다시 줄을 옮겨놓았다.

노인의 자세는 편안해졌지만 몸은 고통스러웠다. 하지만 노인은 고통이라는 걸 인정하지 않았다.

"난 종교가 없어."

노인이 말했다.

"지금부터 이 고기를 잡게 해 달라고 주기도문과 성모경을 열 번이라도 외울 것이다. 만일 이놈을 잡기만 하면 '코브레'성당에 순례갈 것을 맹세하겠다. 정말이다."

노인은 주기도문을 줄줄 외우기 시작했다. 때때로 노인은 너무 피곤해서 주기도문이 머리에 떠오르지 않을 때도 있었지만, 이럴 때는 재빨리 외워보면 자동적으로 외워지곤 했다. 노인은 성모경이 주기도문보다 더 쉽다고 생각했다.

"은총이 가득하신 마리아여, 기뻐하소서. 주께서 함께 계시니 여인 중에 복되시며, 태중의 아들 예수 또한 복되시도다. 천주의 성모 마리아여, 이제와 우리 죽을 때에 우리 죄인을 위하여 빌으소서, 아멘."

그리고 나서 노인은 한 마디 덧붙였다.

"거룩하신 성모 마리아여, 이 고기에게 죽음을 내려 주소서. 훌륭한 놈이긴 합니다만."

기도를 마치고 나자 한결 기분이 좋아졌다.

그러나 고통은 전과 마찬가지였다. 오히려 조금 더해진 편이었다. 그래서 노인은 이물의 뱃전에 몸을 기댄 채 기계적으로 왼손 손가락을 놀려보기 시작했다.

미풍이 부드럽게 일고 있었으나 햇볕도 제법 따가웠다.

"짧은 줄에 미끼를 새로 끼워서 고물 뒤쪽으로 드리워 놓는 게 좋겠어."

노인은 중얼거렸다.

"만일 이놈이 하룻밤을 더 버틸 작정이라면 나도 뭐 좀 먹어야겠어. 마실 물이 얼마 남지 않았군. 그런데 이곳에서는 돌고래밖에 안 걸리겠는데. 싱싱한 걸 먹으면 그것도 그리 나쁘지 않을 거야. 오늘밤엔 날치가 한 마리 배로 날아와 주었으면 좋으련만, 날치를 끌어들일 불이 없단 말이야. 날치는 날 것으로 먹기에 아주 좋고 칼질을 안해도 되거든. 이젠 힘을 비축해 두어야겠어. 놈이 저렇게 클 줄은 정말 몰랐어."

그래도 죽이고야 말겠다고 노인은 더욱 힘을 주어 말했다.

"아무리 훌륭하고 멋진 놈이라도 말이야."

고기를 죽인다는 것이 옳은 일은 아니라고 노인은 생각했다. 나는 이 고기에게 인간이 무슨 일이든 할 수 있다는 것과 얼마나 잘 견뎌낼 수 있는가를 보여줘야겠다.

"나는 좀 이상한 늙은이라고 그 아이에게 말하곤 했지. 이제야 그것을 증명할 때가 된 거야."

노인은 말했다.

노인은 이미 수천 번 증명을 해 보였지만 이제 아무 소용이 없었다. 이제 또다시 노인은 증명하려는 것이었다. 매번 처음 하는 일 같았고, 증명을 할 때마다 지난 날은 생각하지 않았다.

저놈의 고기가 잠들어야 할텐데. 그럼 나도 잠이 들어 사자 꿈을 꿀 수 있다고 노인은 생각했다. 왜 사자들이 자주 머리에 떠오르는 걸까? 늙은이, 아무런 생각도 하지 말게나 하고 노인은 계속 중얼거렸다. 이제 뱃전에 기대고 쉬거나 하고 아무것도 생각하지 말자. 그러니 당신은 힘을 비축하라구.

오후에 접어들었는데도 배는 아직도 천천히, 꾸준히 움직이고 있었다. 그러나 동풍은 이제 잠잠해졌다. 노인은 잔잔한 바다 위를 미끄러지듯 나아갔고, 파고드는 낚싯줄의 아픔도 한결 가볍고, 부드러워졌다.

오후에 다시 한번 줄이 오르기 시작했다. 그러나 고기는 수면 가까이 떠 올라와 계속해서 헤엄쳐 나아갈 뿐이었다. 햇볕이 노인의 왼팔과 어깨, 그리고 등에 비치고 있었다. 그래서 노인은 고기가 북동쪽으로 방향을 돌린 것을 알았다.

노인은 이 청새치를 한번 본 일이 있기 때문에, 고기가 물 속에서 그 멋진 보랏빛 가슴지느러미를 날개처럼 활짝 펴고 커다란 꼬리를 곧추 세우고 캄캄한 물 속을 헤치며 달리는 모습을 그려 볼 수 있었다. 저렇게 깊은 곳에서 어느 정도 보이는 것인지 노인은 궁금했다. 이 청새치의 눈깔은 굉장히 컸다. 말은 훨씬 작은 눈으로도 어둠 속에서 잘 본단 말이야. 한때는 나도 어둠 속에서 잘 볼 수 있었다. 아주 캄캄한 데서는 안 보였지만, 고양이만큼은 잘 볼 수 있었다. 태양이 내리쬐고 손가락을 꾸준히 움직인 덕분으로 이제는 왼손의 쥐가 완전히 풀렸다. 그래서 이제부터 노인은 낚싯줄의 팽팽한 힘을 왼손에다 옮겨놓기 시작했다. 등의 근육을 움직여서 줄이 닿아 아픈 고통을 덜어 보려고 했다.

"청새치야, 너는 아직도 지치지 않았어."

노인은 소리쳐 말했다.

"너도 나처럼 정말 이상한 놈이야."

노인은 이제 지칠 대로 지쳐 있어서, 밤이 오면 무엇인가 활기찬 생각을 해야겠다고 노인은 생각했다. 노인은 야구 메이저 리그를 생각했다. 노인은 그것을 스페인어로 '그란 리거스'라고 부르는 것이 더 좋았다. 노인은 뉴욕의 양키스 팀과 디트로이트의 타이거스 팀이 오늘 시합중인 것을 알고 있었다.

시합의 결과를 모르고 지낸 지도 오늘로 이틀째가 되었다고 노인은 생각했다. 그러나 나는 신념을 가져야 한다. 발뒤꿈치뼈가 아프면서도 참고 자기가 할 일을 완벽하게 해내는 위대한 디마지오에게 부끄럽지 않도록 해야 한다. 발뒤꿈치 타박상이란 어떤 것일까? 하고 노인은 혼자서 중얼거렸다. 우리는 그런 아픔은 모른다. 그것은 싸움닭의 발톱을 뒤꿈치에 박은 것만큼 아플까? 나는 그것을 참기 어려울 것이다. 그리고 싸움닭처럼 한쪽 또는 양눈이 빠지고도 계속해서 싸울 수는 없을 것이다. 인간은 훌륭한 새나 동물에 비하면 약하기 짝이 없다. 차라리 저 시커먼 바다 속에 있는 고기가 되고 싶다.

"상어만 나타나지 않는다면."

노인은 큰소리로 외쳤다.

"상어가 나타난다면 너나 나나 볼장 다 본 거야."

훌륭한 디마지오가 만약 지금의 내 처지에 처했다면, 이 고기와 오랫동안 버틸 수 있을까? 하고 노인은 생각했다. 물론 그럴 수도 있겠지. 디마지오는 젊고 힘이 있으니까 더 잘 버틸 수도 있을 것이다. 그리고 그의 아버지도 어부였으니까. 그런데 발뒤꿈치뼈를 다친 것이 그에게 얼마나 많은 고통을 주는 걸까?

"내가 어떻게 알 수 있나."

노인은 소리내어 말했다.

"나는 아직까지 발뒤꿈치뼈가 아파 본 적이 없어."

해가 지자 노인은 자신에게 좀더 자신을 갖기 위해서, 시엔푸에고스에서 온 항구 제일의 흑인장사와 카사블랑카의 술집에서 팔씨름하던 생각을 했다. 그들은 테이블 위에 분필로 선을 긋고 팔꿈치를 올려놓고 팔을 똑바로 세워 서로 손을 움켜잡은 채 하루 낮과 밤을 대항했었다. 서로 상대방의 손을 테이블 위에 넘어뜨리려고 기를 썼다. 많은 사람들이 거기에 돈을 걸었고, 석유 불빛 아래서 사람들이 들락날락했다. 노인은 검둥이의 팔과 손과 얼굴을 번갈아 쳐다보았다. 처음 여덟 시간이 지난 후, 심판이 잠을 잘 수 있도록 네 시간마다 심판을 바꿨다. 두 사람의 손톱 밑에서 피가 나왔다. 두 사람은 서로 상대방의 눈과 손과 팔을 노려본 채 꼼짝을 하지 않았고, 돈을 건 사람들은 번갈아 들락날락하며 높은 의자를 벽에 기대어 놓은 높은 의자에 앉아 지켜보고 있었다. 연한 하늘색 페인트칠을 한 판자에 램프불빛이 그들의 그림자를 비춰주고 있었다. 검둥이의 거대한 그림자는 미풍이 불어와 램프불이 흔들릴 때마다 함께 어른거리며 흔들렸다.

밤새도록 승부가 나지 않았다. 사람들은 검둥이에게 럼주를 먹이고 담뱃불을 붙여 주기도 했다. 럼주를 마시고 난 다음 검둥이는 사력을 다 하더니 노인의 팔을 3인치 정도 기울어지게 했다. 노인은 그때만 해도 노인이 아니라, 장사 산티아고 선수였다. 그래서 노인은 다시 손을 곧바로 일으켜 세웠다. 그때 노인은 잘 생긴 훌륭한 씨름꾼인 이 검둥이를 이길 수 있다는 자신감이 생겼다. 새벽이 되자 돈을 건 사람들이 무승부를 주장하고, 심판까지도 고개를 살래살래 흔들었다. 바로 그때 노인은 있는 힘을 다해서 검둥이의 손을 점점 눌혀 마침내 테이블에 닿게 만들었다. 시합은 일요일 아침에 시작해서 월요일 아침에 끝났다. 돈을 건 사람들 중에는 대부분 설탕 부대를 나르러 부두에 나가거나, 아바나 석탄회사에 일하러 나가야 하기 때문에 무승부로 하자고 했던 것이다. 그렇지 않았더라면 누구나 시합이 끝나는 것을 보고 싶었을 것이다. 그러나 노인은 사람들이 일하러 가야할 시간에 늦지 않도록 시합을 끝냈던 것이다.

이런 일이 있은 후 오랫동안 사람들은 노인을 장사라고 불렀다. 봄에는 설욕전이 벌어졌다. 내기에 걸린 돈은 별로 많지 않았으나 첫 시합에서 시엔푸에고스 출신 검둥이의 콧대를 꺾어 놓았기 때문에 아주 쉽게 이길 수 있었다. 그 후 노인은 몇 차례 더 시합을 했을 뿐이었다. 왜냐하면 마음만 먹으면 누구든지 이겨낼 수 있고, 고기잡이에는 오른손이 소중하다고 생각했기 때문이다. 왼손으로 시험삼아 몇 번 시합을 해 보았지만 왼손은 언제나 배반자였고, 노인이 시키는 대로 움직이지 않아 노인은 왼손을 믿지 않았다.

햇빛이 쥐난 손을 깨끗이 풀어 줄 거라고 노인은 생각했다. 밤에 너무 추워지지 않는다면 두 번 다시 쥐가 나지 않을 것이다. 오늘밤엔 또 어떤 일이 있을지 모르겠다.

비행기 한 대가 마이애미를 향해 노인의 머리 위로 날아가고 있었다. 비행기 그림자에 놀라 날치떼가 뛰어오르는 것을 바라보았다.

"날치가 저렇게 많으니 틀림없이 돌고래가 있을 거야."

노인은 즐거운 듯이 말했다.

그리고는 고기를 끌어당길 수 있을지 알아보려고 줄을 잡아 당겨 보았다. 그러나 조금도 끌어당길 수도 없었고, 끊어질 듯 팽팽해진 줄은 물방울을 튕기며 부르르 떨었다. 배는 앞으로 서서히 움직였다. 노인은 비행기가 안 보일 때까지 올려다보았다.

비행기를 타고 있으면 기분이 이상할거라고 노인은 생각했다. 저렇게 높은 곳에서는 바다를 보면 어떻게 보일까? 너무 높이 날지 않는다면 고기를 잘 내려다볼 수 있을 것이다. 나도 비행기를 타고 200길 높이로 천천히 날면서 고기들을 내려다보고 싶다. 거북잡이 배에서는 돛대 꼭대기에 올라가 본 적이 있었는데, 그 높이에서도 물고기들이 잘 보였었다. 돌고래는 더 진한 녹색으로 보였고, 줄무늬와 보랏빛 반점도 보이고 고기떼가 헤엄쳐 나가는 것도 모두 볼 수 있었다. 어째서 깊은 물 속에서 동작이 빠른 고기들은 등이 보랏빛이고 보랏빛 줄무늬나 반점을 가지고 있을까? 돌고래는 원래 황금빛이기 때문에 초록색으로 보인다. 그러나 정말 배가 고파서 먹이를 잡아먹을 때는 마치 청새치처럼 배에 보랏빛 줄무늬가 나타난다. 고기가 화가 난 때문인가, 아니면 더 속력을 내기 때문일까?

날이 어두워지기 바로 직전 커다란 섬처럼 떠있는 모자반류의 해초가 바다 위로 떠다니는 옆을 지났다. 그건 마치 누런 담요 아래에서 바다가 사랑을 주고받는 것처럼 떠다니고 있었다. 바로 그때 작은 낚싯줄에 돌고래가 한 마리 물렸다. 처음 돌고래를 본 것은 공중으로 뛰어 오를 때였는데 그놈은 황금빛으로 빛나며 세차게 펄떡거렸다. 겁에 질린 돌고래는 곡예사처럼 이리저리 날뛰었다. 노인은 고물 쪽으로 조심조심 다가가서 몸을 웅크리고는 오른손으로 낚싯줄을 잡고, 왼손으로는 돌고래를 끌어당겼다. 당길 적마다 끌어당긴 낚싯줄을 왼발로 밟았다. 고기가 고물 가까이까지 끌려오자 거의 절망적으로 뛰어오르면서 날뛰었다. 노인은 고물 너머로 몸을 내밀고 보랏빛 얼룩이 있는 금빛 나는 어린 돌고래를 들어서 배로 올렸다. 낚시에 물린 주둥이는 낚시를 물어뜯으려고 경련을 일으키며 쩍쩍 벌렸고, 길고 넓적한 몸뚱이와 꼬리와 머리통으로는 뱃바닥을 쾅쾅 두드렸다. 노인은 번쩍이는 그 금빛 머리를 향해 몽둥이를 내리쳤다. 그러자 돌고래는 전신을 부르르 떨더니 곧 잠잠해졌다.

노인은 돌고래로부터 낚시를 빼낸 뒤 다시 정어리 미끼를 달아서 뱃전 너머로 던졌다. 노인은 천천히 이물로 돌아왔다. 노인은 왼손을 씻어 바지에 닦았다. 이번에는 묵직한 낚싯줄을 왼손으로 옮기고 오른손을 바닷물에 씻었다. 그러면서 노인은 해가 바다 속으로 사라져 가는 모습을 한참동안 바라보았다. 그리고 굵은 낚싯줄이 드리워져 있는 곳으로 눈을 돌렸다.

"이놈의 고기는 조금도 지치지 않았어."

노인은 중얼거렸다. 그러나 손에 부딪치는 물결을 살펴보니, 속력이 현저히 느려진 것을 알 수 있었다.

"고물 쪽에 노 두 개를 묶어 두면 밤새 고기의 속력이 느려지겠지."

노인은 확신을 가지고 말했다.

"저놈은 오늘밤도 끄떡없을 테고, 나도 그렇고 말이야."

살에 피가 잘 돌아서 싱싱하게 먹자면 조금 있다가 돌고래의 배때기를 따는 것이 좋겠다고 노인은 생각했다. 그런 다음 노를 고물에 매어 속력을 늦추게 하자. 지금은 조용히 내버려두고, 해질 무렵에는 너무 귀찮게 하지 않는 것이 좋다. 어떤 고기든 해질 무렵에는 다루기가 더 어렵단 말이야.

노인은 바람에 손을 말린 후 낚싯줄을 잡고 몸을 편한 자세로 하여 뱃전에 몸을 기댄 채 고기가 끄는 대로 두어 줄을 잡는 것보다는 조금 더 고기가 끌기에 힘들도록 했다.

이렇게 해서 차츰 요령을 배워가고 있다고 노인은 생각했다. 어쨌든 이런 식으로 하면 되겠지. 이 고기는 낚시에 걸린 이후에 아무것도 먹지 못했고 덩치가 크니까 많이 먹지 않고는 못 견딘다는 사실을 알아야 한다. 나는 다랑어 한 마리를 다 먹었다. 내일은 돌고래를 먹을 것이다. 노인은 돌고래를 스페인어로 '도라도'라 불렀다. 내장을 빼낼 때 조금 먹어야겠다. 다랑어보다 먹기가 힘들 거야. 그렇지만 그렇게 따지면 어디 쉬운 일이 있겠는가?

"이놈아, 좀 어떠냐?"

노인은 큰소리로 물었다.

"나는 기분이 상쾌하고, 왼손도 많이 나았고, 그리고 나에겐 하룻밤낮 먹을 것도 충분하지. 고기야, 배를 어서 끌어라."

그러나 정말로 기분이 괜찮은 것은 아니었다. 등에 메고 있는 낚싯줄 때문에 오는 고통은 거의 한계를 넘어서 자신도 느끼지 못할 정도로 무감각해져 있었다. 그러나 이보다 더한 일도 있었다고 노인은 생각에 잠겼다. 내 손은 조금 다쳤을 뿐이며 손에 쥐가 났던 것도 괜찮아졌다. 그리고 두 다리도 멀쩡하고 식량문제에 있어서도 내가 너보다 우세하다.

9월이면 해가 떨어지자마자 날이 어두워지곤 했다. 노인은 낡은 뱃전에 기대어 될 수 있는 대로 편하게 쉬었다. 첫 번째 별이 나타났다. 리겔이라는 별의 이름은 몰랐으나, 그 별이 뜬 것을 보고 머지않아 별들이 모두 나타나서 먼 하늘에 친구들이 많이 생기게 될 것이라고 노인은 생각했다.

"물론 저 고기도 내 친구다."

노인은 큰소리로 외쳤다.

"이런 지독한 놈은 생전 처음이야. 그렇지만 나는 너를 죽여야만 한다. 우리가 별들을 죽일 필요가 없다는 건 다행스러운 일이야."

사람들이 날마다 달을 죽여야 한다고 상상해 보라. 아마 달은 달아나 버릴 것이다. 또 날마다 해를 죽여야 한다고 상상해 보라. 우리는 그렇게 하지 않아도 되니 천만다행이라고 노인은 생각했다.

노인은 며칠동안 아무것도 먹지 못한 고기가 불쌍해졌다. 하지만 불쌍하다는 생각이 들면서도 고기를 죽이겠다는 결심은 조금도 변하지 않았다. 이 고기 한 마리라면 몇 사람이 먹을 수 있을까 하고 노인은 생각해 보았다. 그런데 사람들이 이 고기를 먹을 자격이 있을까? 아니다. 자격이 없다. 고기의 행동이나 당당한 위엄으로 보아서는 먹을 자격이 있는 사람은 아무도 없다.

그러나 나는 이런 것은 잘 모르겠다. 우리는 해나 달이나 별을 죽일 필요가 없다는 것은 정말 다행한 일이다. 그저 바다에 살면서 우리의 참된 친구들을 죽이는 것만으로 충분해.

자, 이제는 항력에 대해서 생각해 보자. 여기에는 일장일단이 있다. 낚싯줄이 너무 많이 풀려나갔기 때문에 고기가 달아나려고 애를 쓰면 비끄러맨 노가 제동을 거는 역할을 해서 배가 무거워지기 때문에, 결국 낚싯줄은 끊어져서 고기를 놓치게 될 것이다. 반대로 배가 가벼우면 서로의 고통을 더 오래 끌게 되겠지만 고기가 대단한 속력으로 달리고 있으니까 오히려 나로서는 안전하다. 어떤 일이 있든지 간에 나는 힘을 축적해 두지 않으면 안 된다. 돌고래가 상하지 않도록 내장을 빼고 조금이라도 먹어 힘을 내야겠다.

이제 한 시간 정도를 쉬고 나서, 고물 쪽으로 가서 고기가 계속 끄떡없이 나를 알아보고 나서 결정을 내려야겠다. 그러는 동안 고기의 상태가 어떤지, 또 무슨 변화라도 일어나는지를 알 수 있을 것이다. 노를 묶어 둔 것은 잘한 일이지만, 이제는 안전을 우선적으로 다루어야 하겠다. 고기는 아직도 기운이 남아돌고 있다. 낚시 바늘이 입 한쪽에 낚시를 문 채, 고기는 입을 꽉 다물고 있는 것을 보았다. 저런 큰 고기에게는 낚시에 걸린 고통은 아무것도 아니다. 고기는 굶주림에서 오는 고통과 알지도 못하는 대상과 겨루고 있다는 사실이 무엇보다 중요하다. 여보게 늙은이, 이제 자네는 좀 쉬지. 다음 일을 시작할 때까지 고기를 내버려두는 게 좋겠다.

노인은 두 시간쯤 휴식을 취했다. 오늘은 달이 늦도록 뜨지 않았기 때문에 시간을 알아낼 방법이 없었다. 노인은 쉬기는 했지만 제대로 쉰 것은 아니었다. 노인은 여전히 고기가 끄는 힘을 어깨로 버티고 있었다. 그러나 노인은 이제 왼손을 뱃전에 올려놓고 고기에 대한 저항을 배 자체에 의지하도록 내맡겼다. 만약 낚싯줄을 배에 붙들어 매어 둘 수 있다면, 일은 얼마나 간단할까 하고 노인은 생각했다. 그러나 고기가 조금이라도 요동을 쳐도 낚싯줄은 끊기고 말 것이다. 고기가 당기는 힘을 내 몸으로 조절해서 언제든지 양손으로 낚싯줄을 풀어 줄 수 있도록 준비해야 한다.

"하지만 늙은이, 자네는 아직 잠을 자지 못했어."

노인은 소리내어 말했다.

"한나절과 하룻밤에다 또 하루가 지났는데도 잠을 자지 못했어. 고기가 저렇게 조용히 있는 동안 조금이라도 잠잘 궁리를 해야해. 잠을 못 자면 머리가 맑지 않거든."

자신의 머리는 아주 맑다고 노인은 생각했다. 너무나 맑아서, 나의 형제인 별처럼 맑다. 그래도 잠을 자야 한다. 별도, 달도, 해도 자고, 파도가 일지 않고 바람이 없는 날은 바다도 잠을 잔다.

잠자는 것을 잊어서는 안 된다고 노인은 생각했다. 억지로라도 눈을 붙여야 한다. 그리고 낚싯줄을 다루는데 있어서 쉬우면서도 확실한 방법을 강구해야 한다. 이젠 고물로 가서 돌고래나 요리해서 먹자. 잠을 잘 때 배의 속도를 늦추기 위해서 노를 비끄러매어 두는 것은 아주 위험한 일이다.

잠을 자지 않고도 견딜 수 있다고 노인은 혼잣말을 했다. 그러나 그것은 너무나 위험한 일이다.

노인은 고기를 놀라게 하지 않도록 조심하면서 손과 무릎으로 기어서 고물 쪽으로 갔다. 노인은 지금 자기가 반쯤은 자고 있는지 모른다고 생각했다. 그러나 고기를 쉬게 하고 싶지는 않았다. 너는 죽을 때까지 낚싯줄을 당겨야 한다.

고물로 돌아온 노인은 몸을 돌려서 왼손으로 어깨에 멘 낚싯줄을 잡고, 오른손으로는 칼집에서 칼을 꺼냈다. 이제 별빛이 밝아지자 돌고래가 똑똑히 보였으므로 돌고래 머리에 칼날을 박아 고물 밑창에서 꺼냈다. 한쪽 발로 몸통을 밟고 항문에서 아래턱 끝까지 재빠른 솜씨로 배를 갈랐다. 그리고 나서 칼을 내려놓고, 오른손으로 내장을 끄집어내고 아가미를 잡아 깨끗이 뜯어냈다. 고기 밥통이 묵직하고 미끈미끈해져서 갈라보니 날치 두 마리가 들어 있었다. 날치는 아주 싱싱하고 단단했다. 노인은 날치 두 마리를 나란히 내려놓고, 내장과 아가미를 뱃전 너머로 던져 버렸다. 그것들은 물 위에서 인광을 발하며 꼬리를 물고 사라졌다. 돌고래는 별빛을 받아 싸늘하고 문둥병에 걸린 듯 희뿌연 색깔을 띠고 있었다. 노인은 오른발로 고기의 머리통을 밟고 한쪽 껍질을 벗겼다. 그리고 다시 뒤집어 다른 쪽의 껍질도 마저 벗긴 뒤 머리에서 꼬리까지 두 쪽으로 갈랐다.

노인은 돌고래 뼈를 바닷물에 던지며 물에 소용돌이가 생기는가를 지켜보았다. 그러나 그것은 희미한 빛을 남기며 천천히 가라앉을 뿐이었다.

노인은 몸을 돌려 날치 두 마리를 돌고래의 살점사이에 끼워 넣은 다음 칼을 칼집에 넣고 천천히 이물 쪽으로 되돌아왔다. 노인의 등은 낚싯줄의 무게 때문에 구부러져 있었으며 오른손에는 고기를 들고 갔다. 이물로 돌아온 노인은 두 조각의 돌고래 살점과 날치를 나란히 판자위에 내려놓았다. 그런 다음에 어깨에 메고 있던 줄을 옮기고 뱃전을 잡고 있던 왼손으로 낚싯줄을 다시 잡았다. 노인은 뱃전에 몸을 기댄 채 날치를 씻으면서 느껴지는 물의 속도에 주의를 기울였다. 돌고래 껍질을 벗기면서 묻은 인광이 빛나고 있었다. 물살은 더 약해져 있었다. 손을 널빤지에 문지르자 인광 조각들이 떨어져 배 뒤로 천천히 떠내려갔다.

"이놈도 지쳤거나 쉬고 있는 거야."

노인은 말했다.

"자, 이젠 나도 이 돌고래를 먹은 다음 좀 쉬고 잠을 자야겠어."

점점 더 추워져가는 밤, 별빛 아래서 노인은 돌고래 살점 한쪽의 절반을 먹고, 내장과 머리를 떼어내 버린 날치 한 마리를 다 먹었다.

"돌고래는 요리를 해서 먹으면 맛있는 고기인데."

노인은 중얼거렸다.

"날로 먹으면 형편없단 말이야. 앞으로 다시 고기잡이하러 나올 때에는 꼭 소금이나 라임을 가지고 나와야겠어."

조금만 더 머리를 썼더라면 이물에다 바닷물을 뿌려놓고 말려서 소금을 만들 수도 있었다. 그러나 돌고래를 낚았을 때는 거의 해질 무렵이었다. 그래도 역시 준비 부족이었다. 그러나 잘 씹어 먹었더니 구역질은 나지 않는군.

동쪽 하늘에 구름이 덮이기 시작하면서 별들이 하나 둘씩 사라졌다. 마치 거대한 구름의 계곡으로 빨려 들어가는 것 같았다. 바람도 잠잠했다.

"사나흘 후면 날씨가 나빠지겠는데."

노인은 계속해서 말했다.

"그러나 오늘밤이나 내일 밤까지는 괜찮겠어. 여보게 늙은이, 고기가 잠잠하게 가만히 있는 동안 잠이나 좀 자 두도록 해야지."

노인은 오른손으로 줄을 단단히 잡고, 그 위에 허벅지를 얹고 온몸의 무게를 이물의 판자에 기대었다. 노인은 어깨에 멘 낚싯줄을 약간 낮추고 왼손을 그 위에 얹어서 줄을 팽팽하게 했다.

이 오른손은 줄이 팽팽하게 죄어져 있는 동안 견딜 수 있을 거라고 노인은 생각했다. 만일 내가 잠자는 동안 줄이 느슨해지면 줄이 풀려나가는 순간, 왼손이 나를 깨워 주도록 되어 있다. 오른손은 좀더 힘이 들겠지만 고통을 이겨내는데 익숙해 있다. 한 20분이나 30분 정도만 자도 좋을 것 같았다. 노인은 몸 전체를 앞으로 웅크린 채 낚싯줄에 기대며 모든 힘을 오른손에 의지한 채 잠이 들었다.

그 다음에 노인은 마을로 돌아와 잠자리에 누워있는 꿈을 꾸었다. 날씨는 북풍이 불어 무척 추웠고, 베개 대신 팔을 베고 자서 오른팔이 저렸다.

그런 다음에는 길게 뻗은 황금 해안에 대한 꿈을 꾸기 시작했다. 초저녁에 처음 몇 마리의 사자가 내려오고 그 뒤에 다른 사자들이 내려왔다. 노인은 미풍을 받으며 정박하고 있는 이물쪽 판자에 턱을 괴고 앉아서 사자들이 더 많이 나타나기를 기다리며 흐뭇해했다.

달이 뜬 지도 벌써 오래 되었으나, 노인은 계속 잠을 자고 있었다. 고기는 쉬지 않고 낚싯줄을 끌어가고 있었고, 배는 구름의 터널 속으로 끌려 들어가고 있었다.

5 ————

청새치의 최후

갑자기 오른손 주먹이 당겨져 얼굴을 치고, 오른손 바닥이 따갑도록 줄이 풀려 나가는 바람에 노인은 잠이 깨었다. 왼손에는 아무런 감각이 없어서 오른손으로 견제했지만 낚싯줄은 계속 풀려나갔다. 마침내 왼손에 낚싯줄이 잡혀 잡아당기자 노인의 등과 왼손이 타는 듯 했다. 팽팽하게 풀려나가는 줄의 마찰로 인하여 심한 상처를 입었다. 노인은 낚싯줄 사리를 돌아다보니 술술 풀려 나가고 있었다. 바로 그때 청새치는 바닷물을 가르며 뛰어올랐다가 육중하게 바닷물 속으로 다시 떨어졌다. 그러더니 고기는 연거푸 솟아올랐다. 낚싯줄은 여전히 풀려 나가고 있었지만 배는 빠른 속도로 끌려가고 있었다. 노인은 몇 번이고 되풀이해서 줄이 팽팽해지도록 바싹 당겼다가 놓아주곤 했다. 그는 엉겁결에 이물에 바싹 끌려 넘어지면서 돌고래 살점에 얼굴을 처박은 채 움직일 수 없었다.

기다리던 일이 드디어 일어났다고 노인은 생각했다. 이제 한번 싸워 보자. 이 고기에게 낚싯줄 값을 치르게 해야지. 암, 낚싯줄의 대가를 꼭 받아야 한단 말이야.

노인은 고기가 뛰어오르는 것을 볼 수가 없었지만 바닷물이 갈라지고 고기가 떨어질 때마다 풍덩하는 소리를 들었을 뿐이었다. 낚싯줄이 하도 빨리 풀리는 바람에 손바닥이 벗겨졌지만, 이런 일은 언제나 예상했던 일이었으므로 되도록 상처는 손바닥의 못 박힌 부분에 생기도록 하여 낚싯줄이 손바닥을 스치거나 손가락을 다치지 않도록 애를 쓰고 있었다.

소년이 있었다면 낚싯줄을 물에 적셔 주었을 거라고 노인은 생각했다. 그래, 그 애가 있다면, 그 애가 내 곁에 있다면…….

낚싯줄은 계속 풀려 나갔지만 이제는 그 속도가 점점 떨어졌다. 노인은 고기가 줄을 끄는데 힘이 들게 하여 풀어 주었다. 이제 노인은 돌고래 고깃살에 처박혔던 얼굴을 들 수 있었다. 노인은 무릎을 세우고 천천히 일어섰다. 노인은 낚싯줄을 풀어 주면서 속도를 계속해서 점점 더 줄여 갔다. 낚싯줄 사리가 있는 곳으로 가서 보이지 않는 낚싯줄을 발로 더듬거리면서 찾았다. 아직도 줄은 충분히 있었다. 이제 저 고기는 새로 물 속으로 풀려 나간 낚싯줄이 물에서 받는 마찰까지 이겨내야 한다.

그렇지 하고 노인은 생각했다. 이제 저놈은 열두 번도 뛰어올랐으니, 등줄기에 붙어 있는 부레에 공기가 잔뜩 들어갔기 때문에 내가 끌어올릴 수 없을 정도로 깊이 내려가서 죽지는 못할 것이다. 곧 이 고기가 주위를 돌기 시작하면 그때 함께 싸워야 해. 그런데 왜 갑자기 뛰어올랐을까? 배가 고파서 갑자기 죽을 지경에 빠진 것일까? 아니면 밤중에 무언가에 놀라서 그런 걸까? 아마 갑자기 무서워졌는지도 모른다. 그러나 그렇게도 침착하고 당당한 고기여서 전혀 겁도 없고 그렇게도 자신만만해 보였다. 이상한 일이다.

"이봐 늙은이, 자네나 무서워 말고 자신을 가져야 해."

노인은 중얼거렸다.

"다시 이놈의 고기를 붙잡고 있지만 낚싯줄을 당길 수가 없어. 그러나 곧 빙빙 돌게 될 거야."

노인은 다시 왼손과 양어깨로 줄을 붙잡고 엎드려서 오른손으로 물을 떠서 얼굴에 짓이겨진 돌고래 살점을 씻어 내었다. 노인은 구역질을 할 것 같았고 그래서 힘이 빠진 것 같아 두려웠다. 노인은 얼굴을 씻고 나서 오른손을 씻고는 물 속에 손을 그대로 담그고 있었다. 해가 뜨기 전, 노인은 먼동이 트는 것을 바라보았다. 노인은 고기가 동쪽으로 머리를 두고 있다고 생각했다. 동쪽으로 머리를 돌리고 있는 것은 지쳐서 조류를 따라 흘러가고 있다는 것을 뜻한다. 곧 빙글빙글 돌겠지. 이렇게 되면 진짜 싸움이 시작되는 것이다.

노인은 그만하면 충분하다고 생각되어 담그고 있던 오른손을 꺼내어 들여다보았다.

"대단찮구나."

노인은 말했다.

"사나이가 이 정도 아픈 것은 아무렇지도 않아."

노인은 새로 생긴 상처에 낚싯줄이 닿지 않게 조심하면서 오른손으로 낚싯줄을 바꿔 쥐고 왼손을 반대편 뱃전으로 내밀어 물에 담갔다.

"대수롭진 않았지만 너도 잘 싸웠어."

노인은 자신의 왼손을 물끄러미 바라보면서 말했다.

"내가 너를 이용할 수 없을 때가 있었어."

왜 나는 튼튼한 두 손을 가지고 태어나지 못했을까? 하고 노인은 생각했다. 물론 왼손을 제대로 훈련시키지 못한 내 잘못도 있겠지. 왼손도 쓰는 법을 배우려면 얼마든지 기회가 있었다. 하지만 단 한번 왼손에 쥐가 난 적이 있었다. 간밤에는 아주 괜찮았어. 만약 다시 한번 쥐가 난다면 왼손 너를 낚싯줄에 끊겨 버리도록 내버려두겠다.

그런 생각을 하면서도 노인은 자신의 머리가 맑지 않다고 느끼고서 돌고래를 좀더 먹어야겠다고 생각했다. 그러나 더 이상 먹을 수가 없다고 노인은 혼잣말을 했다. 구역질로 힘을 잃는 것보다는 머리가 흐리멍텅한 편이 나을 거라고 노인은 생각했다. 게다가 얼굴을 거기에 처박고 있었으니, 설령 먹는다해도 소화될 것 같지도 않았다. 상하기 전까지는 비상용으로 그냥 놔두자. 이제 영양분을 섭취해서 힘을 얻기에는 너무 늦었어. 너란 놈은 참 어리석구나. 노인은 혼자 중얼거리며 한 마리 남은 저 날치를 먹으면 되잖아.

날치는 언제든지 먹을 수 있게끔 준비되어 있었다. 노인은 왼손으로 날치를 집어 뼈를 꼭꼭 씹으며 꼬리까지 몽땅 먹어 버렸다.

날치는 어떤 고기보다도 영양분이 많은 고기라고 노인은 생각했다. 적어도 내가 필요한 힘을 내도록 할 수는 있다. 노인은 이제 자신이 할 수 있는 일은 다 했다고 생각했다. 이 고기를 빙빙 돌게 해서 싸움이나 해보자.

노인이 바다로 나온 후 세 번째 해가 솟아올랐다. 바로 그때 그 고기가 빙빙 돌기 시작했다.

낚싯줄이 기울어져 있다고 해서 고기가 돌고 있다고 단언할 수는 없었다. 그렇게 판단하기에는 너무 일렀다. 노인은 고기가 줄을 끄는 힘이 약해진 것을 느끼고 오른손으로 살살 당기기 시작했다. 낚싯줄은 여느 때처럼 팽팽해졌다. 그러나 금방 팽팽하게 당기자 조금씩 끌려오기 시작했다. 노인은 어깨와 목에 걸었던 낚싯줄을 밑으로 뺀 뒤 슬슬 계속 당기기 시작했다. 노인은 몸을 앞뒤로 흔들며 두 손을 사용했고, 몸과 다리를 이용해서 될 수 있는 대로 힘껏 끌어당기려고 했다. 노인의 쇠약한 다리와 어깨가 끌어당기는 동작의 중심이 되었다.

"굉장히 크게 도는데."

노인은 혀를 내두르며 말했다.

"저놈이 틀림없이 돌고 있어."

낚싯줄은 더 이상 끌려오지 않았다. 노인은 물방울이 아침 햇살을 받아 낚싯줄에서 튀는 것을 보면서 줄을 꽉 쥐고 있었다. 그러나 다시 줄이 풀려 나가기 시작하자 노인은 무릎을 꿇고 낚싯줄이 어두운 바다 속으로 끌려가는 것을 아까운 듯이 풀어주고 있었다.

"이놈은 지금 원의 제일 먼 쪽을 돌고 있는 거야."

노인은 중얼거렸다.

있는 힘을 다해 낚싯줄을 당겨야 한다고 생각했다. 그러면 원을 그릴 때마다 거리가 단축될 것이다. 한 시간 후에는 다시 엄청난 고기를 볼 수 있겠구나. 이제 그렇게 되면 본때를 보여주고 꼭 죽여야 한다고 노인은 생각했다.

그러나 고기는 계속해서 천천히 돌았다. 노인은 온 몸이 땀으로 흠뻑 젖었고, 두어 시간이 지나자 몹시 지쳐버렸다. 회전거리는 전보다 훨씬 줄어들었고, 낚싯줄이 기울어져 있는 모양으로 보아 고기가 헤엄치면서 점점 수면 가까이 올라오고 있다는 것을 알 수 있었다.

한 시간 전부터 노인은 눈앞이 어른거렸고, 땀으로 눈과 이마, 특히 눈 위의 상처가 따가웠다. 눈앞에서 어른거리는 검은 반점 따위는 두렵지 않았다. 그런 현상은 줄을 팽팽히 당길 때면 나타나는 것이었다. 그러나 벌써 두 번이나 현기증을 느꼈다는 사실은 상당히 염려스러웠다.

"내가 이렇게 큰 물고기를 못 잡고 죽을 수는 없어."

노인은 다짐하듯 말했다.

"이젠 이 고기가 멋지게 올라오고 있다. 하느님, 제발 저에게 지탱할 힘을 주옵소서. 다시 한번 주기도문과 성모경을 백 번 외우겠습니다. 하지만 지금은 못 외우겠습니다."

지금은 외운 것으로 해 두자고 노인은 생각했다. 틀림없이 나중에 외울 테야.

바로 그때 두 손으로 잡고 있던 낚싯줄이 갑자기 세차게 끌리는 느낌이 전해졌다. 그 힘은 날카롭고 딱딱하고 육중하게 느껴졌다.

이 고기가 지금 그 창날 같은 주둥이로 철사 줄에 덤벼들고 있다고 노인은 생각했다. 언젠가 올 것이 오고야 말았다. 이 고기는 그럴 수밖에 없겠지. 그러나 그 때문에 고기가 갑자기 뛰어오를지도 모른다. 차라리 계속 물 속을 돌았으면 좋겠다. 공기를 채우기 위해서 뛰어오를 필요도 있었겠지만, 뛰어오를 때마다 낚시에 박힌 상처가 커져서 낚시를 빼 던져 버릴 수도 있는 것이다.

"뛰지 마라, 이놈아."

노인은 걱정스러운 듯 말했다.

"뛰면 안 돼."

고기는 대여섯 번이나 더 철사목줄을 후려쳤다. 그리고 고기가 머리통을 흔들 적마다 노인은 낚싯줄을 조금씩 풀어주었다.

고기의 고통을 이 정도로 유지시켜야 한다고 노인은 생각했다. 내 고통은 문제도 안 된다. 그쯤은 참을 수 있어. 그러나 고기의 고통은 고기를 발광하도록 할지도 모른다.

잠시 후 고기는 철사에 부딪치는 동작을 중지하고 다시 천천히 돌기 시작했다. 노인은 줄곧 줄을 조금씩 당기고 있었다. 그러나 노인은 또다시 현기증을 느꼈다. 노인은 왼손으로 바닷물을 퍼서 머리에 끼얹었다. 몇 번을 더 퍼서 머리에 끼얹었고는 손으로 목덜미를 문질렀다.

"이젠 쥐는 안 난다."

노인은 정신을 가다듬으며 말했다.

"곧 고기가 떠오를 거야. 그렇다면 나는 견딜 수 있다. 견뎌야 해. 그건 말할 필요도 없어."

노인은 뱃머리에 몸을 의지하고 무릎을 꿇고 앉았다가 잠시동안 낚싯줄을 등에서 내려놓고, 고기가 먼 쪽을 도는 동안 좀 쉬고 있다가 가까이 다가올 때 일을 시작하자고 결심했다.

노인은 뱃머리에 앉아 쉬면서, 조금도 줄을 당기지 않고 고기를 멋대로 한바퀴 돌도록 내버려두고 싶은 생각이 간절했다. 노인은 줄의 상태로 보아 고기가 배 가까이 다가오고 있음을 알자 벌떡 일어서서 끌어당길 수 있는 만큼 계속해서 끌어당겼다.

이렇게 피곤하기는 처음이라고 노인은 생각했다. 이제 무역풍이 부는구나. 고기를 끌어올리기는 유리한 바람이다. 내가 절실히 필요로 한 바람이다.

"고기가 다음 번 멀리 돌 때 쉬어 보자. 기분이 한결 좋아졌다. 이놈의 고기가 두세 번만 더 돌면 충분히 끌어들일 수 있겠지."

노인은 밀짚모자를 뒤로 젖혀 쓰고 이물에 주저앉아, 고기가 방향을 바꾸는 것을 느낄 때마다 낚싯줄을 끌어당겼다.

고기야. 나도 이젠 힘을 써야지. 한바퀴 돌고 오면 네 놈을 잡을 것이다.

제법 파도가 일렁이고 있었다. 그러나 그것은 좋은 날씨를 예고해주는 바람이었다. 무사히 집으로 돌아가려면 이 바람이 필요했다.

"뱃머리를 남서쪽으로 돌리면 된다."

노인은 중얼거렸다.

"바다에서 길을 잃은 일은 없어. 쿠바는 아주 긴 섬이거든."

노인이 고기를 본 것은 세 번째로 빙빙 돌고 있을 때였다. 처음에는 시커먼 그림자처럼 보였다. 그 그림자는 배 밑을 지날 때 너무 오랜 시간이 걸려서 그것이 고기의 크기라고는 믿어지지 않았다.

"아니야."

노인은 믿을 수 없다는 듯 소리쳤다.

"저렇게 클 리가 없어."

그러나 고기는 그림자만큼 컸고, 원을 다 그린 후 고기는 배에서 30야드 떨어진 수면 위로 떠올랐다. 그때 노인은 물 밖으로 나온 고기의 꼬리를 보았다. 그것은 큰 낫의 날보다 더 길었고 시퍼런 물 위에 나온 것을 보니 아주 창백한 보랏빛을 띠고 있었다. 꼬리는 뒤로 비스듬히 기울어져 있었다. 고기가 수면 바로 아래로 헤엄치고 있었기 때문에 비로소 노인은 그 거대한 몸집과 그것을 둘러싸고 있는 보랏빛 줄무늬를 볼 수 있었다. 등지느러미는 몸에 딱 붙어 있었고 커다란 가슴지느러미는 좌우로 활짝 펼쳐 있었다.

이번 회전에서 노인은 고기의 눈을 볼 수 있었다. 그리고 그 고기의 주위에서 헤엄쳐 다니는 두 마리의 회색 빨판상어 두 마리를 보았다. 때때로 두 마리의 상어는 큰 고기 몸에 달라붙었다가 떨어져 나오기도 했다. 큰 고기의 그늘 밑에서 유유히 헤엄을 치기도 했다. 그 빨판상어들은 길이가 3피트 이상 되어 보였는데 빠르게 헤엄칠 때는 온 몸을 뱀장어처럼 맹렬히 움직였다.

노인은 땀을 흘리고 있었다. 그것은 햇빛 때문만은 아니었다. 고기가 조용히 돌 때마다 노인은 줄을 당겼다. 이제 두 번만 더 돌면 작살을 꽂을 수 있으리라고 노인은 확신했다.

그러나 고기를 아주 바싹 끌어와야 한다. 그리고 머리에 작살을 꽂아서는 안 된다. 단번에 심장을 찔러야 한다.

"자, 늙은이, 침착하고 힘을 내라."

노인은 자신을 타이르려는 듯 말했다.

다음 회전에서 청새치는 등을 수면으로 내밀었으나 거리는 좀 멀었다. 그 다음 회전 때도 역시 너무 멀었으나 물 밖으로 몸을 훨씬 더 많이 드러냈다. 노인은 조금만 더 줄을 끌어당기면 고기를 배 옆으로 바싹 갖다 댈 수 있을 거라는 확신이 생겼다.

노인은 벌써부터 작살을 준비해 놓고 있었다. 작살에 달린 가벼운 밧줄 사리는 둥근 바구니 속에 있었으며, 끝은 이물의 말뚝에 단단히 매어 놓았다.

청새치는 둥근 원을 그리면서 천천히 아름다운 모습을 드러내며 다가오고 있었는데 간혹 커다란 꼬리만이 움직일 뿐이었다. 노인은 고기를 배 가까이 끌어들이려고 온갖 힘을 다 기울였다. 고기는 잠시 배를 드러내 보이며 뒤뚱거리더니 곧 몸을 곧추 세우고 다시 선회하기 시작했다.

"내가 저놈을 움직이게 했어."

노인은 흐뭇했다.

"내가 결국 움직이게 했던 거야."

노인은 다시 현기증을 느꼈으나 있는 힘을 다해서 거대한 고기를 끌어당기고 있었다. 자신이 고기를 움직이게 했다고 노인은 생각했다. 아마 이번에는 끝장을 낼 수 있을 거야. 손아, 끌어당겨라. 다리야, 버텨라. 머리야, 날 위해 견뎌라. 제발 정신을 차려라. 이번에는 내가 꼭 잡고야 말겠다.

그러나 노인은 고기가 바싹 다가오기 전부터 온힘을 기울여서 고기를 끌어당겼으나, 고기는 뒤뚱거릴 뿐 다시 몸을 세우고 헤엄쳐 나갔다.

"고기야."

노인은 말했다.

"이놈아, 너는 결국 죽어야 할 운명이야. 너는 나마저 죽일 작정이냐."

그렇게는 되지 않을 거라고 노인은 생각했다. 노인은 입이 너무 말라서 소리내어 말을 할 수도 없었으며, 이젠 물병 쪽으로 손을 뻗칠 힘조차 없었다. 이번엔 이 고기를 뱃전으로 나란히 끌어와야 한다고 노인은 생각했다. 고기가 계속 선회한다면 내 몸이 온전치 못할 것이다. 아니야, 그래도 견딜 수 있을 거야. 영원토록 견딜 수 있을 거라고 노인은 중얼거렸다.

다음 번 회전할 때 노인은 고기를 거의 잡을 뻔했다. 그러나 고기는 또다시 곧추 세우고 유유히 헤엄쳐 달아나 버렸다.

고기야, 네가 나를 죽이는구나. 그러나 너에게는 그럴 권리가 있다. 나는 이제까지 너처럼 크고 아름답고 침착하고 위엄이 있는 고기를 본 적이 없다. 형제여, 자, 나를 죽여라. 네가 죽든 내가 죽든 나는 아무래도 좋다.

이젠 머리 속이 혼미해지고 있다고 노인은 생각했다. 머리를 맑게 해라. 머리를 맑게 해서 남자답게 고통을 견디어 낼 줄 알아야 한다. 아니면 이 고기처럼 정신을 똑바로 차리도록 하여라.

"정신차려라, 머리야."

노인은 거의 들리지 않을 정도로 말했다.

"정신차려!"

고기는 두 번 더 빙빙 돌았으나 아무런 변화가 없었다. 이젠 더 이상 뭐가 뭔지 모르겠다고 노인은 생각했다. 그럴 때마다 노인은 의식을 잃고 기절할 것 같았다. 정말 모르겠다. 그러나 다시 한번만 해보자.

노인은 한번 더 힘을 써 보았다. 마침내 고기를 뒤엎어 놓았을 때는 자신도 기절할 것만 같았다. 고기는 다시 몸을 바로잡고 거대한 꼬리를 물 위로 휘저으며 또다시 유유히 헤엄쳐 가 버렸다.

한번 더 해 보겠다고 노인은 결심했다. 그러나 이제 두 손은 부르틀 대로 부르텄고 눈도 순간적으로만 잘 보일 뿐이었다.

다시 한번 해 보았으나 마찬가지였다. 역시 똑같다고 노인은 생각했다. 그리고 다시 힘을 내려고 하기도 전에 의식이 혼미해지는 것을 느꼈다. 다시 한번 해보자.

노인은 온갖 고통과 자신의 남아있는 힘과 과거의 긍지를 한데 모아 고기의 마지막 고통과 맞서고 있었다. 고기는 노인 곁으로 다가와서 조용히 헤엄치고 있었다. 고기의 주둥이는 거의 뱃전에 닿을 것 같았다. 몸체는 길고 두텁고, 넓고 은빛에 보랏빛 줄이 있었으며, 바닷물 위로 유유히 움직이는 그 모습은 거대하게 보였다.

노인은 낚싯줄을 내려놓고 발로 밟고서 작살을 높이 쳐들어 있는 힘을 다해서, 아니 젖먹던 힘까지 짜내어 노인의 앞가슴 높이만큼 물 위로 드러난 거대한 가슴지느러미 바로 뒤 옆구리를 내리 꽂았다. 노인은 쇠작살이 고깃살을 뚫고 들어가는 감촉을 느끼며 있는 힘을 다해 내리밀었다.

그러자 치명상을 입은 청새치는 죽게 되었음을 느꼈는지 갑자기 날뛰면서 물 위로 높이 솟구치면서 거대한 몸길이와 넓이, 온갖 힘과 아름다움을 남김없이 드러내 보여 주었다. 고기는 배에 타고 있는 노인보다 더 높이 공중에 걸려 있는 듯 하더니 꽝하고 물 속으로 잠기자 노인과 배 전체가 온통 물벼락을 맞았다.

노인은 의식이 몽롱해지고 속이 메스꺼워서 잘 보이지도 않았다. 그러나 노인은 작살의 얽힌 밧줄을 간추린 다음 벗겨진 두 손으로 줄을 풀어 주었다. 눈이 뚜렷이 보이기 시작하자 노인은 고기가 은빛 배를 드러내고 떠 있는 것을 보았다. 고기의 어깨 쪽에 쇠작살이 똑바로 꽂혀 있었고 주변의 바다는 심장에서 흘러나온 피에 붉게 물들고 있었다. 그 피는 처음에는 1마일도 더 깊은 푸른 물 속에 있는 물고기떼처럼 시커멓게 보이더니, 곧 구름처럼 퍼져 나갔다. 고기는 은빛 배를 보이고 조용히 파도에 둥실 떠 있었다.

노인은 희미한 눈을 집중시켜 유심히 바라보았다. 그런 다음 이물 쪽에 있는 말뚝에 작살 밧줄을 두 번 감고는 두 손으로 머리를 감쌌다.

"정신차려야 해."

노인은 이물의 널빤지에 기대면서 중얼거렸다.

"나는 늙은이고, 지쳐버렸어. 하지만 나는 방금 내 형제인 고기를 잡았어. 이젠 잡일만 하면 된다."

이제 고기를 배에다 나란히 묶을 수 있도록 올가미와 밧줄을 준비해야 한다고 노인은 생각했다. 비록 당장 이 배에 탈것은 우리 둘 뿐이지만 이 고기를 싣느라고 물이 고이면 아무리 퍼낸다 하더라도 도저히 고기를 실을 수 없었다. 모든 것을 준비한 후 고기를 배 가까이로 끌어와서 밧줄로 잘 묶은 다음 돛대를 세우고 돛을 펴서 집으로 가야 한다.

노인은 큰고기의 아가미에서 입으로 낚싯줄을 꿰어 머리통을 이물에 꽉 비끄러맬 수 있도록 고기를 뱃전까지 끌어당기기 시작했다. 순간 노인은 저 몸뚱이를 만지거나 더듬어 보고 싶다고 생각했다. 고기는 내 재산이라고 해서 만져보고 싶은 것은 아니다. 조금 전에 심장을 만져본 것 같은 생각이 들었기 때문이다. 두 번째 쇠작살을 박아 넣을 때 말이다. 이제 고기를 끌어들여 붙들어매고 올가미를 꼬리에 걸고, 다른 올가미를 중간에 걸어 하나씩 걸어야 한다.

"늙은이, 어서 일을 시작해야지."

노인은 이렇게 말하고 나서 물을 조금 마셨다.

"싸움이 끝났으니까 이젠 잡일만 남았어."

노인은 하늘을 쳐다본 후 다시 고기를 바라보았다. 해를 유심히 살펴보니 정오가 지난 지 얼마 안 된 모양이었다. 무역풍이 불고 있다. 이제 낚싯줄은 아무래도 괜찮다. 집에 가서 그 애와 둘이서 풀어 가지고 새로 이으면 된다.

"이리 오너라, 고기야."

노인은 그렇게 말했지만 고기는 오지 않았다. 바닷물 위에 가만히 누워 조금씩 흔들리고 있을 뿐이었다. 노인은 배를 저어 고기 쪽으로 다가갔다.

노인은 고기 옆으로 가서 머리를 뱃머리에다 잡아매면서도 고기의 크기를 도저히 믿을 수가 없었다. 우선 말뚝에서 작살 밧줄을 풀어서 고기의 아가미를 통해 턱으로 빼낸 뒤 칼처럼 뾰족한 부리를 한번 휘감았다. 그리고 다른 쪽 아가미를 꿰어 가지고 주둥이를 다시 한번 감아서 양끝을 매듭지은 뒤 이물에 있는 말뚝에다 잡아매었다. 그리고 나서 밧줄을 잘라서 꼬리에다 아가미를 걸려고 고물 쪽으로 갔다. 원래 보랏빛과 은빛이 섞여있는 고기는 은빛으로 변했고, 줄무늬는 꼬리와 마찬가지로 엷은 보랏빛이었다. 줄무늬는 꼬리와 같은 색깔인 연보라색이었다. 줄무늬들은 손가락을 쫙 펼친 사람 손보다 더 넓었고 고기의 눈은 잠망경의 반사경처럼 보였고, 눈빛은 행렬에 끼인 성자처럼 초연한 표정이었다.

"이놈을 죽이자니 이럴 수밖에 없었어."

노인은 말했다.

물을 조금 마시자 기분이 좀 나아졌다. 의식은 잃지 않을 것 같았고, 머리도 개운해졌다. 저 정도라면 1500파운드는 넘겠다고 노인은 생각했다. 훨씬 더 넘을지도 모른다. 내장을 빼고도 약 3분의 2가 남는데, 파운드당 30센트씩 받는다면 모두 얼마나 될까?

"연필이 있어야겠는데."

노인은 즐거운 표정을 지으며 말했다.

"지금 내 머리는 별로 맑지가 못해. 그러나 오늘은 저 훌륭한 디마지오 선수도 오늘의 나를 자랑스럽게 여기겠지. 발뒤꿈치뼈는 아프지 않았지만 사실 손과 등이 심하게 아팠어."

정말 발뒤꿈치뼈 타박상이란 어떤 것인지 노인은 생각해 보았다. 어쩌면 우리는 그런 병에 걸려 있는지도 모른다.

노인은 큰고기를 이물과 고물, 그리고 배 허리에 단단히 붙들어맸다. 고기는 너무나 커서 노인의 배보다 훨씬 큰 배를 또 하나 옆에 묶어 놓은 것만 같았다. 노인은 밧줄을 한 가닥 잘라서 고기의 입이 벌어지지 않도록 아래턱을 주둥이에 매어 배가 매끄럽게 저어갈 수 있도록 해 놓았다. 다음에는 돛대를 꽂아 세우고 갈고리대로 쓰기 위해서 가져온 막대기로 활대를 장치하여 조각조각 기운 돛을 펴자 마침내 배가 움직이기 시작했다. 노인은 고물에 반쯤 누운 채 남서쪽으로 항해했다. 노인은 나침반이 없어도 남서쪽이 어느 방향인가를 알 수 있었다. 무역풍과 배를 이끌 돛이 필요할 뿐이었다. 작은 낚싯줄에 꾐미끼를 달아서 먹을 고기를 좀 잡고, 목을 축이기 위해서 물을 마셔두는 것이 좋겠다고 노인은 생각했다. 그러나 꾐미끼는 보이지도 않았고 미끼로 쓸 정어리마저 상해 있었다. 할 수 없이 노인은 갈고리로 옆을 지나가던 누런 모자반류 해초를 건져서 털자 그 속에 있던 잔 새우가 뱃바닥으로 떨어졌다. 10여 마리가 넘는 새우들이 모래벼룩처럼 팔딱팔딱 뛰었다. 노인은 새우를 집어 엄지와 집게손가락으로 머리를 떼어내고 껍질과 함께 씹어 먹었다. 아주 조그마한 새우였지만 노인은 그것들이 영양이 풍부하고 맛도 좋다는 것을 잘 알고 있었다.

아직도 물병에는 두어 모금 남아 있었다. 노인은 새우를 먹고 나서 물을 반모금 정도 마셨다. 배는 무거운 짐을 실었는데도 잘 달렸고, 노인은 키의 손잡이를 겨드랑이에 끼고 방향을 잡았다. 노인은 고기의 모습을 볼 수 있었는데도, 두 손을 펴보고 고물에 닿아있는 등의 아픔을 느끼고서야 꿈이 아니라는 것을 실감할 수 있었다. 한번은 고기와의 싸움이 끝나 갈 무렵에 몹시 고통스러워서 아마 이것이 꿈일 거라고 생각하기도 했었다. 그래서 고기가 물 밖으로 나와서 바다로 떨어지기 전에 공중에서 움직이지 않고 솟아 있을 때는 참으로 이상스런 것이 있다고 여겼고, 노인은 도저히 그 광경을 믿을 수가 없었다. 지금은 눈이 평소처럼 잘 보이지만 그때는 눈도 잘 보이지 않았던 것이다.

이제 노인은 고기가 눈앞에 있다는 것을 알았고 손과 등이 아픈 것도 꿈이 아니라는 것을 알았다. 이 정도의 상처는 빨리 나을 거라고 노인은 생각했다. 피도 나올 만큼 나왔으니 바닷물이 치료해 줄 것이다. 정말 깊은 바닷속의 검푸른 바닷물은 둘도 없는 치료약이다. 이제 내가 해야 할 일은 머리를 맑게 하는 것뿐이다. 손은 제 할 일을 훌륭히 해 냈고, 또 우리는 순조롭게 달리고 있다. 고기는 입을 꼭 다물고, 꼬리를 바로 세웠다 내렸다 하면서 형제처럼 다정하게 달리고 있구나. 그러다가 머리가 조금 희미해지기 시작하자 노인은 이놈의 고기가 나를 데리고 가는 것인가, 아니면 내가 고기를 데리고 가는 것인가 하고 노인은 생각했다. 내가 고기를 뒤에 매달아 끌고 간다면 문제될 것이 없다. 또 만일 고기가 배 안에 실려 있다 하더라도 역시 문제는 없다. 그러나 배와 고기는 묶여서 나란히 함께 달리고 있다고 노인은 생각했다. 고기가 나를 끌고 가겠다면 그래도 좋다. 내가 저 고기보다 좀 낫다는 것은 꾀가 좀 있는 것 뿐이고, 고기는 나에게 아무런 해도 끼치지 않았다.

6

상어떼와의 조우

그들은 순조롭게 항해하고 있었다. 노인은 바닷물에 손을 담근 채 정신을 차리려고 애썼다. 하늘에는 뭉게구름과 새털구름이 떠 있는 것으로 보아서 밤새도록 미풍이 계속 되리라는 것을 알았다. 노인은 고기를 계속 바라보면서 꿈이 아니라는 것을 자꾸 확인하려 했다. 첫 번째 상어가 습격해 온 것은 그로부터 한 시간이 지난 후였다.

상어의 공격은 결코 우연한 일이 아니었다. 검은 구름 같은 피가 가라앉으며 1마일이나 깊은 바다 속까지 퍼지자, 그 냄새를 따라 깊은 바다 속에서 떠올라온 것이다. 아주 빠르고 전혀 예고도 없이 솟아 올라와서 푸른 수면을 제치며 햇빛 속에 나타났다. 그리고 다시 물 속으로 들어가 피냄새를 맡고, 배와 고기가 가는 진로를 따라왔던 것이다.

상어는 때로 그 냄새를 잃어버리기도 했다. 그러나 다시 냄새를 찾아내거나 지나간 흔적을 찾아 나서 재빨리 따라왔다. 그것은 바다에서 가장 빨리 헤엄칠 수 있다는 덩치가 큰 마코상어였다. 그 상어는 흉악한 주둥이만 빼고는 몸전체가 아름다웠다. 잔등은 황새치처럼 푸른빛이었고, 배는 은빛이었으며 피부는 부드럽고 아름다웠다. 빨리 헤엄칠 때는 꽉 다물고 있는 커다란 주둥이를 제외하고는 꼭 황새같이 보였다. 상어는 바로 수면 아래에서 높은 등지느러미를 조금도 흔들지 않고 물 속을 가르며 헤엄쳐 갔다. 꽉 다물고 있는 주둥이 속에는 여덟 줄의 이빨이 모두 안으로 굽어져 있어서 피라미드형의 보통 상어의 이빨과는 달랐다. 그것은 마치 사람의 손가락을 매 발톱처럼 오그렸을 때와 비슷했다. 이빨의 길이는 거의 노인의 손가락만 했으며 양쪽 끝이 면도날처럼 날카로웠다. 바다에 사는 어떤 고기라도 잡아먹을 수 있도록 생겼으며, 상어는 매우 빠르고 강하고 무장이 잘 되어 있어서 어느 것도 대적하지 못했다. 바로 그 공포의 상어가 싱싱한 피냄새를 맡자 푸른 등지느러미로 물을 헤치면서 전속력으로 쫓아왔다.

노인은 상어가 다가오는 것을 보자, 저 상어는 조금도 겁이 없고, 자기가 하고 싶은 대로 다 해치는 그런 놈이라는 것을 알았다. 노인은 상어가 다가오는 것을 지켜보면서 작살을 준비하고 거기에다 밧줄을 단단히 묶었다. 그런데 잡은 고기를 붙들어 매느라 밧줄을 잘라 썼기 때문에 짧았다.

이제 노인의 머리는 맑고 깨끗해졌으며 각오를 단단히 하고 있었지만 희망은 거의 없었다. 좋은 일은 결코 오래 가지 않는 법이라고 노인은 생각했다. 상어가 다가오는 것을 지켜보면서 배에 매단 큰 고기를 한번 쳐다보았다. 꿈이었더라면 차라리 나았을 것이라고 노인은 생각했다. 상어가 공격하는 것을 막을 수는 없겠지만, 어쩌면 잡을 수 있을지도 모른다. '덴투소'란 놈이라고 노인은 생각했다.

상어는 빠른 동작으로 고물 가까이 바싹 다가와서, 상어가 고기를 덮칠 때 노인은 상어의 쩍 벌린 입과 이상한 두 눈과 이빨로 찰칵거리는 소리를 내면서 꼬리 바로 윗부분을 향해 달려드는 모습을 보았다. 상어의 머리와 등이 물 밖으로 나와 있었다. 노인은 고기의 가죽과 살점이 뜯기는 소리를 들었을 때, 상어 머리의 코로부터 곧장 올라오는 선이 두 눈 사이의 선과 만나는 부분을 향해 작살을 꽂았다. 그러나 사실 그런 선은 없었다. 노인의 눈앞에는 날카로운 푸른 머리와 커다란 눈과 거친 이빨을 찰칵거리며 무엇이든 삼켜버리려는 툭 튀어나온 주둥이가 있을 뿐이었다. 그러나 바로 그곳이 상어의 골이 있는 부분이었으며, 노인은 바로 그곳을 내리쳤다. 노인은 전력을 다해 피투성이가 된 손으로 작살을 던졌다. 희망은 전혀 없었지만 각오와 격렬한 적개심으로 작살을 꽂았던 것이다.

그 순간 상어는 빙그르 돌면서, 상어의 눈에는 생기가 없어 보였다. 상어는 뒹굴면서 밧줄에 두 번이나 감기더니 다시 한번 빙그르 돌았다. 노인은 상어가 죽은 줄 알았으나 상어가 그 사실을 받아들이려 하지 않는 것 같았다. 상어는 거꾸로 뒤집혀졌는데도 꼬리로 물을 후려치고 주둥이를 찰칵거리면서 쾌속정처럼 물을 헤치고 달리는 것이었다. 상어의 꼬리가 요동치는 바람에 수면에 하얗게 물보라가 튀었고 몸통의 4분의 3이 물 위로 뚜렷하게 드러나자 밧줄이 팽팽해지고 부르르 떨리더니 뚝 끊어져 버렸다. 그때 상어의 몸뚱이가 거의 대부분 물 위로 드러났다. 상어는 잠시 수면에 조용히 떠 있었다. 노인도 상어를 지켜보았다. 그러다가 상어는 천천히 가라앉았다.

"40파운드 정도 뜯어먹었어."

노인은 화난 목소리로 말했다. 작살과 밧줄도 모두 가져가 버렸다. 그런데 내 고기가 또 피를 흘리고 있으니 다른 놈들이 또 나타날 것이다.

노인은 흉하게 뜯어 먹힌 고기를 더 이상 보고싶지 않았다. 고기가 상어에게 뜯길 때 노인은 자신이 물어뜯기는 것 같았다.

그러나 내 고기를 물어뜯은 상어를 죽였다고 노인은 생각했다. 차라리 이것이 꿈이었다면 내가 저 고기를 잡은 일도 없고, 침대에 신문지를 깔고 혼자 누워 있기라도 했으면 차라리 좋겠다.

"그러나 사람은 지지 않아."

노인은 우울한 듯 말했다.

"사람은 죽으면 죽었지 패배하지 않아."

내가 고기를 죽인 것은 안 된 일이라고 노인은 생각했다. 이제부터 더 큰 시련이 닥쳐오는데, 나에게는 작살조차 없다. '덴투소'란 놈은 대부분 잔인하지만 유능하며 힘세고 영리하다. 다만 내가 더 영리했다. 아마 그 반대였는지도 모르겠다. 다만 내가 무장이 잘 되어 있다는 것뿐인지도 모른다.

"쓸데없는 생각하지 말게, 늙은이."

노인은 큰 소리로 외쳤다.

"이대로 계속 가다가 상어가 오면 그때 생각하지."

그러나 생각하지 않을 수 없다고 노인은 생각했다. 내가 할 수 있는 일이라고는 이것밖에 없다. 노인은 오직 생각하는 것과 야구뿐이다. 내가 상어의 골통을 사정없이 후려갈기는 것을 보았으면 위대한 디마지오가 어떻게 생각했을까? 뭐 그렇게 대단한 솜씨는 아니었다고 노인은 생각했다. 그런 일은 누구라도 할 수 있다. 그러나 내 손이 발뒤꿈치가 아픈 만큼 불리한 조건이었을까? 그야 알 수가 없다. 헤엄을 치다가 가오리에 찔려서 다리가 마비되고 참을 수 없을 정도로 아팠던 때 외에는 발뒤꿈치에 이상이 생긴 적이 없었다.

"유쾌한 일 좀 하라구, 늙은이."

노인은 중얼거렸다.

"이제 계속해서 집이 가까워지고 있어. 상어에게 40파운드를 빼앗겨서 더 가볍게 달릴 수 있다."

그러나 배가 해류의 가운데로 들어가면 어떻게 되리라는 것을 노인은 잘 알고 있었다. 그러나 지금은 어쩔 도리가 없었다.

"아니야, 방법이 있어!"

노인은 굳은 의지로 외쳤다.

"노 손잡이에 칼을 묶어 두어야지."

그래서 노인은 겨드랑이에 키 손잡이를 끼고 밟고 있던 돛자락을 이용해서 그렇게 만든 것이다.

"아아!"

노인은 비탄스러운 듯 외쳤다.

"난 역시 늙은이에 불과해. 그렇지만 전혀 무방비 상태는 아니잖아."

바람이 다시 불자 배는 잘 달렸다. 노인은 고기의 앞부분만을 바라보고 있었다. 그러자 얼마쯤 희망이 생겼다.

희망을 갖지 않는 것은 매우 어리석은 일이라고 노인은 생각했다. 게다가 그것은 죄악일 수 있다. 하지만 지금은 죄에 대해서는 생각하지 말자. 지금은 죄 말고도 얼마든지 생각해야 할 문제가 있다. 또한 죄가 무엇인지도 모른다.

노인은 죄가 뭔지 잘 모르겠고 또 그런 것을 믿고 있는지도 확실치 않다. 아마도 그 고기를 죽인 것은 죄가 될 거야. 내가 살기 위해서, 또 많은 사람을 먹이기 위해서 죽였다 할지라도 그것은 죄가 될 거야. 그렇다면 무엇이든 죄가 된다. 지금은 죄에 대해서 생각하지 말자. 이제 와서 그런 생각을 하기에는 너무 늦었고, 또 돈을 받고 생각하는 것을 해주는 사람들이 있으니까 말이다. 그런 생각은 그런 사람들에게 생각하라고 하자. 고기가 고기로 태어난 것처럼 너는 어부가 되려고 태어났어. '성베드로'도 '디마지오'의 아버지처럼 한때 어부였다.

그러나 노인은 자신이 관련된 모든 일에 대해서 생각하는 것을 좋아했다. 읽을 것도, 라디오도 없었기 때문에 많은 생각을 하게 되었고, 계속해서 죄에 대해서도 생각했다. 다만 살기 위해서 또는 팔기 위해서 고기를 죽인 것은 아니라고 노인은 생각했다. 다만 자부심 때문에 그리고 내가 어부이기 때문에 죽인 것이다. 너는 고기가 살았을 때에도 그놈을 사랑했고 죽은 후에도 역시 사랑했다. 정말로 고기를 사랑한다면 죽이는 것은 죄가 아니다. 아니면 죄보다 더한 것은 아닐까?

"늙은이, 생각이 너무 많은 것 같애."

노인은 소리내어 말했다.

그러나 자신은 '덴투소'상어를 죽일 때 즐거워했다고 노인은 생각했다. 그놈도 너처럼 산 고기를 먹고 산다. 이놈은 다른 상어들처럼 썩은 고기나 먹고 사는 동물이 아니고 게걸스럽게 먹어 치우는 동물은 아니다. 이놈은 아름답고 고상하며 결코 아무것도 겁내지 않는다.

"난 정당방위로 이놈을 죽였어!"

노인은 큰 소리로 외쳤다.

"나는 이놈을 솜씨 좋게 죽였어."

게다가 모든 동물들은 대부분 다른 동물들을 죽이며 살아가고 있다고 노인은 생각했다. 고기잡이는 나의 목숨을 살리기도 하지만 나를 죽이기도 한다. 소년이 자신을 먹여 살리고 있다고 노인은 생각했다. 나 자신을 너무 속여서는 안 된다.

노인은 뱃전 너머로 몸을 구부려 상어가 물어뜯은 살점을 한 점 떼어냈다. 그것을 씹으면서 고기의 질과 좋은 맛을 음미했다. 그 고기는 쇠고기처럼 살이 단단하고 물이 많았으나 붉지는 않았다. 살에는 힘줄도 없기 때문에 시장에 갖다 팔면 가장 비싼 값으로 팔 수 있었다. 그런데 냄새가 물 속으로 퍼지는 것을 막을 도리가 없었다. 노인은 무언가 불행한 일이 닥쳐오고 있음을 느낄 수 있었다.

변함없이 여전히 미풍이 불었다. 약간 북동쪽으로 방향이 바뀌는 듯 했으나 미풍이 잦아들 것 같지는 않았다. 노인은 멀리 앞을 내다보았으나 돛이나 선체나 배에서 올라오는 연기조차 보이지 않았다. 다만 배의 이물 쪽에서 이리저리 날뛰는 날치와 누런 해초 더미만 눈에 뜨일 뿐이었다. 새 한 마리도 보이지 않았다.

노인은 고물에 앉아 기운을 찾으려고 청새치 고기를 씹어먹으면서 두 시간 정도를 항해했을 때였다. 노인은 쫓아오던 두 마리의 상어 중 앞에 오고 있는 놈을 보았다.

"아아!"

노인은 큰 소리로 비명을 질렀다. 이 말은 다른 말로 바꿔 놓을 수 없는 부르짖음이었고, 못이 사람의 손바닥을 뚫고 나무에 박힐 때 나올 법한 그런 소리였다.

"갈라노 상어로구나."

노인은 다급하게 소리질렀다. 노인은 처음 본 상어 뒤를 따라오고 있는 두 번째 놈의 지느러미도 보았다. 갈색 삼각형 지느러미와, 바닷물을 밀어 헤치는 듯한 꼬리의 동작으로 보아 귀상어임에 틀림없었다. 그들은 피냄새를 맡고 흥분되어 있었다. 너무도 배가 고파 얼이 빠져서 흥분한 나머지 놈들은 피냄새를 쫓다가 놓치고 놓쳤다가는 다시 찾곤 했다. 하지만 줄곧 가까이 다가오고 있었다.

노인은 돛을 잡아매고 키의 손잡이를 끼워 놓았다. 그리고 나서 칼을 잡아맨 노를 집어들었다. 노인은 될 수 있는 대로 살며시 쳐들었다. 두 손이 아파서 잘 움직여지지 않았기 때문이다. 손을 풀기 위해서 노를 잡은 채 가볍게 손을 오므렸다 폈다 했다. 몹시 아팠지만 더 이상 오므라지지 않을 정도로 두 손을 꽉 움켜쥐고는 상어가 달려드는 것을 지켜보았다. 상어의 넓적하고 평평하며 또 삽처럼 뾰족한 머리통과 끝이 희고 넓은 가슴지느러미도 볼 수 있었다. 이놈들은 상어 중에서도 가장 가증스러운 상어였다. 이놈들은 냄새가 지독하며, 산 고기든 죽은 고기든 먹어 치우고, 배가 고프면 노든 키든 마구 물어뜯는 고약한 상어였다. 거북이가 물 위에 떠서 잠들었을 때 거북이의 다리나 발을 잘라먹는 것도 이놈들이다. 배만 고프면 사람에게 생선의 피냄새나 비린내가 나지 않아도 물 속에서 사람들을 공격하기도 한다.

"아!"

노인은 먼저와는 다른 결심의 부르짖음이었다.

"갈라노, 어서 오너라, 이놈 갈라노야."

상어가 다가왔다. 그러나 마코상어처럼 달려들진 않았다. 한 놈이 몸을 돌려서 배 밑으로 들어가 시야에서 사라졌다. 거기서 그놈이 고기를 흔들고 잡아끌어 배가 흔들리는 것을 노인은 느낄 수 있었다. 다른 한 놈은 가

늘게 찢어진 노란 눈으로 노인을 노려보다가 반달모양의 주둥이를 크게 벌리고 이미 물어뜯긴 부분으로 날쌔게 덤벼들었다. 갈색 정수리와 골과 척추가 만나는 줄이 선명하게 이어져 있었다. 노인은 노에 달린 칼을 이용하여 그 교차점을 찔렀다가 다시 뽑아내어 고양이같이 생긴 상어의 누런 눈을 향해 칼을 내리 꽂았다. 상어가 고기를 놓고 떨어져 나갔다. 그러나 그놈은 죽어가면서도 물어뜯은 고기를 삼켰다. 그러나 다른 한 놈이 여전히 고기를 물어뜯고 있어서 배는 여전히 흔들리고 있었다. 노인은 돛을 풀어 배를 옆으로 빙 돌게 해서 상어가 물 밖으로 드러나도록 했다. 상어가 보이자, 뱃전에 몸을 기대고 찔렀다. 살을 찔렀으나 피부가 어찌나 단단한 지 겨우 칼이 들어갔을 정도였다. 너무 힘껏 찌르느라 손뿐만 아니라 어깨까지 욱신거렸다. 그러나 상어는 머리를 쳐들고 쏜살같이 올라왔다. 상어의 코가 물 밖으로 나와 고기를 물어뜯을 때 노인은 평평한 정수리 한가운데를 정면으로 찔렀다. 계속해서 칼날을 뽑아서 다시 같은 곳을 찔렀다. 그래도 상어는 갈고리 같은 주둥이로 고기에 매달려 있었다. 이번에는 왼쪽 눈을 찔러 보았다. 그래도 상어는 떨어지지 않았다.

"이놈! 그래도 안 떨어질 테냐?"

노인은 화가 치밀었다. 칼날로 척추골과 두개골 사이를 찔렀다. 이번에는 칼이 쉽게 박히며 상어의 연골이 쪼개지는 것을 느꼈다. 노인은 노를 거꾸로 돌려 칼날을 주둥이 속으로 집어넣어 비틀어 돌리자 상어가 힘없이 떨어져 나갔다. 노인은 큰소리로 외쳤다.

"갈라노 이놈, 썩 없어져라. 멀리 가거라. 먼저 간 네놈의 친구인지 어미인지나 만나봐라."

노인은 칼날을 닦고 노를 내려놓았다. 돛줄을 매어 올리고 전과 같이 해안으로 배를 몰았다.

"그놈들이 제일 맛있는 부분을 4분의 1은 가져가 버렸군."

노인은 침통한 듯 중얼거렸다.

"이것이 꿈이었더라면, 아니 차라리 내가 고기를 잡지 않았었다면 좋았을 것을. 미안하다. 고기야. 널 잡은 것이 모든 일을 망치게 하는구나."

노인은 입을 꼭 다물었다. 이제는 고기를 쳐다보고 싶지도 않았다. 너무 많은 피를 흘리고 물에 씻긴 고기는 거울 뒷면의 탁한 은빛으로 변해 버렸으나 줄무늬는 아직도 드러나 보였다.

"이렇게 멀리 오지 않는 건데 그랬구나, 고기야."

노인은 또다시 중얼거리기 시작했다.

"그게 너를 위해서나 나를 위해서도 더 좋았을 텐데. 고기야, 미안하다."

노인은 혼자서 중얼거리기 시작했다. 이젠 칼이 잘 묶여져 있는지 혹시 끊어지지는 않았는지 살펴봐야 하겠다. 아직도 상어가 더 올 테니 손도 제대로 움직일 수 있도록 해놓아야 한다.

"이럴 때 칼을 갈 숫돌을 가져왔으면 좋았을 텐데."

노인은 노 손잡이에 칼이 잘 묶여져 있나를 살펴보았다. 그리고 안타까운 듯이 말했다.

"정말 숫돌을 가져 왔어야 했는데."

물론 다른 것들도 모두 가지고 나왔어야 했다고 노인은 생각했다. 그러나 이젠 그런걸 생각할 때가 아니지. 여기 있는 것으로 할 수 있는 것을 생각해야 한다.

"참 좋은 충고를 해 주는군."

노인은 소리내어 말했다.

"이젠 그것도 싫증이 났어."

노인은 키를 겨드랑에 낀 채 손을 물에 담그고 있었다. 배는 계속 앞으로 나아갔다.

"마지막 놈이 얼마나 뜯어먹었는지 모르겠다."

노인은 그렇게 말했다.

"하지만 덕분에 배는 훨씬 가벼워졌군."

노인은 물어뜯긴 고기의 아래쪽에 대해서는 생각하고 싶지 않았다. 상어가 쿵하고 치받을 때마다 살점이 뜯겨 나갔고 이제는 고기에서 흘러나온 피가 상어들을 다 불러들일 만큼 고속도로처럼 널찍한 길을 닦아 놓았다는 것도 잘 알고 있었다.

이 고기 한 마리면 겨울 내내 한 사람이 충분히 먹을 수 있을 거라고 노인은 생각했다. 지금 그런 생각은 하지 말자. 휴식을 취하면서 남은 고기나 지킬 수 있도록 손을 잘 주물러 주어야 한다. 내 손에서 나는 피비린내 쯤이야 바다에 가득 퍼진 피냄새에 비하면 아무것도 아니다. 내 손은 피를 많이 흘린 것도 아니다. 이 정도 상처도 문제가 되지 않는다. 피를 흘렸으니까 쥐도 안 날 것이다.

이제 무슨 생각을 할 것인지 노인은 골똘히 생각해 보았다. 아무것도 없었다. 이제는 아무것도 생각하지 말고 다음에 올 놈이나 기다려야 한다. 정말 이것이 꿈이라면 좋겠다. 누가 알겠어? 일이 잘 될지도 모르지.

다음에 나타난 놈은 쥐상어였다. 그놈은 사람의 머리라도 들어갈 만큼 넓은 주둥이를 벌리고 여물통에 덤벼드는 돼지처럼 달려들었다. 노인은 상어가 고기를 물게 놔두었다가 노에 붙들어맨 칼로 단 한번에 골통을 찔렀다. 그러나 상어가 몸통을 뒤틀며 퉁겨 나갔기 때문에 칼을 빼앗기고 말았다.

노인은 몸을 가누며 키를 잡았다. 상어가 물 속으로 가라앉으면서 처음에는 살아있을 당시의 크기에서 조금씩 작아지고 나중엔 아주 작아지면서 천천히 가라앉는 모습을 보면 언제나 황홀하곤 했었는데, 지금은 쳐다보려고도 하지 않았다.

"나에겐 아직 갈고리가 남아 있어."

노인은 이제야 생각이 난 듯 말했다.

"그러나 아무 소용은 없을 거야. 그래도 아직 노가 두 자루, 키 손잡이와 짤막한 몽둥이가 하나 있어."

결국 저놈들이 나를 이겼다고 노인은 생각했다. 나는 너무 늙어서 몽둥이로 상어를 때려죽이기도 벅찰 거야. 그러나 노와 짧은 몽둥이와 키 손잡이가 있는 한 끝까지 싸워 볼 것이다.

노인은 다시 두 손을 바닷물 속에 담갔다. 벌써 날이 저물어 가고 있으며, 바다와 하늘밖에는 아무것도 보이지 않았다. 하늘에는 점점 바람이 세게 일고 있었다. 노인은 육지가 보이기를 바라고 있었다.

"자네는 지쳤군, 늙은이."

노인은 중얼거렸다.

"정말 완전히 지쳤어."

해지기 바로 직전에 다시 상어들이 덤벼들었다.

노인은 고기가 바다에 만들어 놓은 넓은 길을 따라 정확하게 갈색 지느러미가 다가오는 것을 보았다. 놈들은 냄새를 찾아서 이리저리 배회하지도 않았다. 서로 나란히 헤엄쳐 와서는 배를 향해 달려왔다. 노인은 키 손잡이를 고정시키고 돛을 단단히 매었다. 그리고 고물 밑에서 몽둥이를 꺼냈다. 그것은 부러진 노를 약 2피트 반의 길이로 잘라서 노 손잡이로 만든 몽둥이였다. 손잡이가 있기 때문에 한 손으로 사용해야 편리했다. 노인은 그것을 오른손에 움켜쥐고 손목 관절을 구부렸다폈다 하면서 상어들이 오는 것을 지켜보았다. 둘 다 갈라노 상어였다. 첫 번째 놈이 실컷 물어뜯게 두었다가 정수리를 겨냥하고 내리쳐야 한다고 노인은 생각했다.

상어 두 마리가 나란히 달려들었다. 가까이에 있는 상어가 고기의 은빛 나는 배에다 주둥이를 들이받는 것을 보자 노인은 몽둥이를 높이 들고 상어의 넓은 머리를 힘껏 내리쳤다. 몽둥이로 내리칠 때 노인은 고무처럼 단단한 감을 느꼈다. 동시에 딱딱한 느낌도 들었다. 고기를 물었다가 놓고 물러나는 그놈의 코끝을 다시 한번 세차게 갈겼다.

또 한 마리 상어는 물 속으로 들락날락 하다가 주둥이를 벌리고 달려들었다. 고기에게 달려들어 주둥이를 다물 때 턱밑으로 하얗게 살점이 삐져 나와 바닷물 속에서 너울거리는 것이 보였다. 노인은 몽둥이를 휘둘러서 놈의 머리를 치자 상어는 노인을 노려보듯이 쳐다보더니 다시 고깃점을 물어뜯었다. 상어가 물어뜯은 그 살점을 삼키려고 물러섰을 때 다시 한번 몽둥이로 내리쳤다. 그러나 단단하면서도 고무 같은 부분을 때렸을 뿐이었다.

"덤벼라, 이놈 갈라노야."

노인은 몽둥이를 들고 소리쳤다.

"어서 덤벼라."

상어가 쏜살같이 덤벼들었고, 다시 고기를 물고 주둥이를 다물었을 때 또다시 몽둥이를 높이 올렸다가 세차게 내리쳤다. 이번에는 뒤통수 뼈에 몽둥이가 닿는 것이 느껴졌다. 그놈이 살점을 뜯어먹고 천천히 떨어져 나갈 때 또 한번 같은 곳을 후려쳤다.

노인은 상어가 또다시 덤벼드나 지켜보았으나 둘 다 보이지 않았다. 그런데 한 마리가 빙빙 돌면서 물 위를 헤엄치고 있는 모습이 보였다. 다른 한 마리의 지느러미는 아직 보이지 않았다.

이놈들을 죽이기가 힘들 것 같다고 노인은 마음먹었다. 젊었을 때라면 죽일 수도 있겠지만, 두 놈 다 몹시 심한 상처를 입었으니 몸이 온전치 못하겠지. 두 손으로 방망이를 사용할 수만 있었다면 첫 번째 놈은 확실히 죽일 수 있었을 텐데. 지금이라도 당장 그렇게 할 수 있다고 노인은 생각했다.

노인은 도저히 고기를 쳐다볼 엄두도 나지 않았다. 고기의 절반은 뜯겨 나갔을 거라고 생각했다. 노인이 상어와 싸우는 동안 해가 지고 말았다.

"곧 어두워지겠지."

노인은 말했다.

"아바나 항구의 불빛이 보이겠지. 너무 동쪽으로 멀리 나왔다면 낯선 해안의 불빛이라도 보게 되겠지."

이제는 해안에서 그리 멀지 않을 거라고 노인은 생각했다. 아무도 나 때문에 너무 걱정들을 안 했으면 좋겠는데, 물론 그 아이만은 걱정하고 있을 거야. 그러나 틀림없이 그 애는 나를 믿고 있을 거야. 늙은 어부들도 걱정하겠지. 다른 사람들도 모두 걱정하겠지. 노인은 진심으로 그렇게 생각했다. 나는 인정이 넘치는 참 좋은 마을에서 살고 있다.

고기는 너무 심하게 뜯겨 버려서 노인은 더 이상 이야기를 나눌 수도 없었다. 문득 어떤 생각이 떠올랐다. 거의 반밖에 남지 않았으므로 반어半魚란 생각이 들었다.

"반어야."

노인은 말을 시작했다.

"너는 분명 고기였는데, 내가 너무 멀리 나온 것이 잘못이었어. 내가 우리 둘을 모두 망쳤다. 그러나 우리는 상어를 여러 마리 죽였어. 너와 내가 여러 놈에게 상처도 입혔지. 고기야, 너는 그 동안 얼마나 많은 고기를 죽였었니? 네 머리에 있는 그 창날 같은 주둥이를 괜히 달고 있지는 않았겠지."

만일 이 고기가 지금도 마음대로 바다 속을 헤엄쳐 다닐 수 있다면 상어들과 어떻게 싸울 것인가 하는 생각에 즐거웠다. 주둥이를 묶은 줄을 끊어서 상어하고 싸우도록 할걸 그랬어. 그렇지만 노인에겐 도끼도 칼도 없었다.

만일 그런 것이라도 있어서 노 손잡이에다 매달 수 있었다면 정말 좋은 무기로 쓸 수 있었을 텐데. 그러면 우리 둘이 힘을 합해 얼마든지 상어하고 싸웠을 텐데. 만약 한밤중에 상어가 덤벼들면 어떻게 하겠니? 그땐 어떻게 해야 하지?

"싸우는 거야."

노인은 격앙되어 말했다.

"죽을 때까지 그 녀석들과 싸우겠어."

그러나 이제 날은 어두워졌고 저녁놀도 불빛도 전혀 보이지 않았다. 바람만이 꾸준히 배를 끌고 갈 뿐이었다. 노인은 자신이 이미 죽은 게 아닐까 생각되었다. 노인은 두 손을 마주잡고 손바닥을 만져 보았다. 손바닥은 죽지 않았다. 그저 손을 폈다오므렸다 함으로써 살아있는 고통을 느낄 수 있었다. 노인은 자신의 등을 고물에 기대어 보고서 자기가 살았다는 것을 알았다. 어깨가 그것을 말해 주었다.

만일 고기를 잡기만 하면 기도를 많이 하겠다고 약속했었다. 그러나 지금은 너무 지쳐서 입을 열 수가 없다. 부대를 가져다 어깨를 덮는 것이 좋겠다.

노인은 고물에 누워서 키를 잡으면서 하늘이 밝아 오기만 기다렸다. 아직 고기는 반이 남아 있다. 아마 운이 좋으면 반만이라도 가지고 돌아갈 수 있을지도 모르겠다. 운이 조금은 있겠지. 아니야, 불현듯 노인은 중얼거렸다. 내가 너무 바다 멀리 나갔을 때부터 이미 행운은 깨져버린 거야.

"어리석은 생각은 하지 말자."

노인은 소리내어 말했다.

"정신차리고 키나 잡아. 아직 행운이 많이 남아 있는지도 몰라. 행운을 파는 곳이 있다면 지금 조금이라도 사고 싶어."

하지만 무엇으로 사오지? 하고 노인은 자신에게 물었다. 저 잃어버린 작살과 부러진 칼과 쓸모 없는 두 손으로 그것을 살 수 있단 말인가?

"그럴 수도 있겠지."

노인은 말했다.

"바다에서 행운을 사려고 지난 84일 동안이나 애를 썼지. 한때는 운이 트일 뻔도 했지."

쓸데없는 생각은 하지 말아야 한다고 노인은 생각했다. 행운이란 여러 가지 형태로 나타나는데 누가 그것을 미리 알 수 있는가? 어떤 형태로든 행운을 잡을 것이고, 행운이 요구하는 만큼 값을 지불하겠다. 어디에서든 환한 불빛이 보였으면 좋겠는데. 자네는 너무 많은 것을 바라고 있어. 그러나 내가 당장 바라는 것은 바로 불빛이다. 노인은 좀더 편한 자세로 키를 잡으려고 애썼다. 아픔을 느끼기 때문에 자신이 죽지 않았음을 확신했다.

밤 열 시쯤 되었으리라고 생각했을 즈음 항구의 등불이 하늘에 환하게 반사된 빛이 보였다. 그러나 그 빛도 처음에는 달이 뜨기 전에 하늘이 환한 것처럼 겨우 알아볼 정도였다. 그러더니 바람이 점점 강해지고 파도가 이는 바다너머로 불빛이 보였다. 노인은 키를 잡고 불빛이 비치는 쪽으로 방향을 돌리며 이제 곧 물가에 닿게 되리라고 생각했다.

이제 모든 것이 끝났다고 노인은 생각했다. 상어가 또다시 공격해올 지 모른다. 만약 상어가 오면 무기도 없이 컴컴한데서 무엇을 어떻게 할 수 있겠는가?

노인은 온몸이 빳빳해지는 것 같았다. 상처와 함께 몸의 모든 긴장했던 근육의 모든 부분들이 풀어지면서 차가운 밤 공기 때문에 쓰라리고 아파 왔다. 이제 다시는 싸우지 않아도 된다면 좋겠다고 노인은 생각했다.

그러나 한밤중에 노인은 또 싸워야만 했다. 이번에는 승산이 없는 싸움이라는 것을 알았다. 상어가 떼를 지어 몰려 왔고 그놈들의 지느러미가 물 속에서 일으키는 선과 고기에게 덤벼들 때의 안광만이 보일 뿐이었다. 노인은 몽둥이로 상어의 머리를 후려갈겼다. 주둥이가 살점을 뜯어먹는 소리가 들렸으며, 배 밑에서 있는 놈은 고기를 물어뜯을 때마다 배가 흔들거렸다. 노인은 몽둥이로 육감과 소리만으로 짐작되는 곳을 필사적으로 후려쳤다. 그러다 마침내 몽둥이마저 빼앗기고 말았다.

노인은 키에서 손잡이를 떼어내어 두 손으로 움켜잡고는 놈들을 닥치는 대로 마구 내리쳤다. 그러자 상어떼는 이제 이물 쪽으로 몰려가더니 서로 번갈아 가며, 또는 한꺼번에 덤벼들어 고기의 살점을 뜯어내는 것이었다. 그들이 다시 달려들려고 돌 때 뜯긴 고기 조각이 바닷물 속에서 하얗게 빛나는 것을 보았다.

마침내 한 놈이 고기의 머리통을 향해서 덤벼들었다. 이제 노인은 모든 것이 마지막이라는 것을 알았다. 그놈은 뜯기지 않는 고기 머리까지 물고 늘어졌다. 노인은 상어의 머리를 향해 필사적으로 내리쳤다. 한 번, 두 번, 계속 휘둘렀다. 키 손잡이가 부러지는 소리가 들렸다. 노인은 부러진 키 손잡이로 상어를 찔렀다. 그러자 부러진 끝이 예리하게 파고드는 것을 느꼈다. 노인은 끝이 뾰족하다는 사실을 알고서 다시 한번 찔렀다. 상어는 물었던 것을 놓고 맥없이 떨어져 나갔다. 그것이 몰려든 상어떼 중에서 마지막 놈이었다. 고기는 더 이상 뜯어먹을 것이 없었던 것이다.

노인은 이제 거의 숨을 쉴 수가 없었고 입 속에서 이상한 맛을 느꼈다. 그것은 구리 같은 맛과 달짝지근한 느낌이 입안을 감돌았다. 노인은 두려운 생각이 들었다. 그러나 양이 많지는 않았다. 노인은 그것을 바다에다 뱉고 나서 말했다.

"갈라노야, 처먹어라. 그리고 사람 죽인 꿈이나 꾸어라."

노인은 이제 지칠 대로 지쳐 녹초가 되어 버렸다. 배의 고물로 돌아가 키 손잡이의 부러진 끝을 방향키의 구멍에 꽂아 넣어 방향을 바로 잡으려 했다. 노인은 어깨에다 부대를 두르고 배의 방향을 바로잡았다. 이제는 배가 아주 가볍게 달렸다. 노인은 아무 생각도 느낌도 없었다. 이제 모든 것은 다 끝났다. 노인은 어서 빨리 고향 항구로 돌아가기 위해서 기민하게 배를 몰았다. 한밤중에 다시 한번 상어떼가 찌꺼기를 쓸어 먹기라도 하려는 것처럼 고기의 잔해에 덤벼들었다. 그러나 노인은 더 이상 신경 쓰지 않았고 키를 잡는 일에만 신경을 썼다. 무거운 짐이 없으므로 배가 아주 가볍게 잘 달린다는 것을 느낄 뿐이었다.

배는 아직 괜찮다고 노인은 생각했다. 배는 온전했다. 키 손잡이 이외
에는 온전했고 부서지지 않았다. 키 손잡이 정도는 쉽게 바꿔 달 수 있다.

7 ————————

귀항

노인은 이제 자신의 배가 해류 속에 편승하고 있는 것을 느꼈다. 드디
어 해안을 따라 늘어선 집들에서 흘러나온 불빛을 볼 수 있었다. 노인은
자기가 어디쯤에 와 있는지도 알 수 있었으며 힘들이지 않고 집으로 갈
수 있다는 것도 알았다. 바람은 우리의 진실한 친구라고 노인은 생각했
다. 때로는 그렇지. 바다에는 우리의 친구도 있고 적도 있었다. 그리고 침
대, 침대는 내 친구야, 침대야말로 내 친구다, 침대에 눕는 일은 참 기분
좋은 일일 거야. 피로를 느끼면 안락한 곳이지. 그렇게 편안한 것인지 미
처 몰랐었지. 그런데 무엇이 나를 지치게 만들었지, 그는 생각했다.

그런데 자신이 무엇 때문에 어떻게 지쳤는지 노인은 곰곰이 생각해 보
았다.

"아무것도 아니야."

노인은 큰 소리로 외쳤다.

"내가 너무 멀리 나갔을 뿐이야."

마침내 노인은 작은 항구에 들어왔을 때, 테라스관의 불은 이미 꺼져
있었다. 모두 잠들어 있었다. 미풍이 계속 불더니 이젠 심하게 불기 시작
했다. 그러나 항구는 조용하다. 노인은 바위 밑 좁은 자갈밭에다 배를 정
박시켰다. 아무도 도와 줄 사람도 없었다. 그래서 그는 될 수 있는 대로 배
를 뭍에 바싹 대었다. 그리고 배를 바위에 단단히 묶었다.

노인은 돛대를 내리고 돛을 감아서 묶었다. 그 다음 돛대를 어깨에 메
고 언덕길을 기어올라가기 시작했다. 그때야 비로소 노인은 자기가 얼마
나 피로한가를 절실히 깨달았다. 노인은 잠시 걸음을 멈춰서 뒤를 돌아보

니 배의 고물 훨씬 뒤에 고기의 커다란 꼬리가 우뚝 서 있는 모습이 가로등의 불빛으로 환하게 보였다. 노인은 노출된 등의 흰 뼈와 삐죽 내민 주둥이가 달린 머리통의 검은 덩어리, 그리고 그 사이에 드러난 앙상한 뼈를 보았다.

노인은 다시 오르기 시작했고, 다 올라갔을 때 그만 넘어져서 돛대를 어깨에 멘 채 그대로 잠시 동안 누워 있었다. 일어나려고 애를 썼다. 그러나 너무나 힘들어서 돛대를 어깨에 메고 앉은 채 길 쪽을 바라보았다. 고양이 한 마리가 저 멀리 길을 건너가고 있었다. 노인은 그것을 멍하니 바라보고 있었다. 노인은 그저 길거리를 바라보고 있을 뿐이었다.

이윽고 노인은 돛대를 내려놓고 일어섰다. 그리고 다시 돛대를 집어서 어깨에 메고 힘겹게 언덕길을 올라가기 시작했다. 오두막집까지 가는 동안 다섯 번이나 주저앉아야 했다.

오두막집에 들어 온 노인은 벽에다 돛대를 세워 놓았다. 어둠 속에서 물병을 찾아 한 모금 마셨다. 그리고 침대에 누웠다. 담요를 끌어당겨 어깨와 등과 다리를 덮은 다음, 두 팔을 쭉 펴고 손바닥을 위로 향한 채 얼굴을 신문지 바닥에 대고 엎드려 잠이 들었다.

다음날 아침에 소년이 오두막집의 문을 열고 안을 들여다보았을 때도 노인은 잠들어 있었다. 소년은 바람이 심하게 불자 배가 바다로 나가지 못했기 때문에 소년은 늦게까지 잤고 그 동안 매일처럼 그랬듯이 노인의 오두막에 들른 것이었다. 소년은 노인이 숨을 쉬는가를 살폈다. 그런 다음 노인의 손을 보고는 울기 시작했다. 소년은 커피를 가지러 가려고 조용히 밖으로 나와 길을 내려가면서도 내내 울었다.

많은 어부들이 노인의 배 주위에 모여서 뱃전에 묶여 있는 것을 구경하고 있었다. 한 사람은 그 뼈의 길이를 재어 보려고 바지를 걷고 물 속에 들어가 있었다.

하지만 소년은 그곳으로 내려가지 않았다. 소년은 벌써 가 보았던 것이다. 어부 한 사람이 노인을 위해 배를 점검하고 있었다.

"할아버지는 좀 어떠시냐?"

한 어부가 큰소리로 물었다.

"주무세요."

소년이 소리쳤다. 소년은 자신이 울고 있는 모습을 어부들이 보든 말든 개의치 않았다.

"아무도 할아버지를 깨우지 마세요."

"코에서 꼬리까지 길이가 18피트나 되는데."

길이를 재고 있던 어부가 소리쳤다.

"그럴 거예요."

소년이 말했다.

소년은 테라스관으로 들어가서 커피 한 통을 주문했다.

"따끈하게 해 주세요. 그리고 밀크와 설탕을 많이 타주세요."

"뭐 다른 것 더 줄까?"

"됐어요. 나중에 할아버지가 뭘 드실 수 있나 알아보고요."

"굉장한 고기던데."

주인이 말했다.

"그렇게 큰 고기는 처음 봤어. 네가 어제 잡은 두 마리도 굉장했지만."

"그까짓 내 고기야 아무것도 아니에요."

소년은 말하다 말고 다시 울음을 터뜨렸다.

"너도 뭘 좀 마셔야지."

주인이 물었다.

"아니에요."

소년이 대답했다.

"대신 사람들에게 산티아고 할아버지를 깨우지 말라고 전해 주세요. 곧 돌아올게요."

"내가 마음 아파하더라고 전해라."

"고마워요."

소년은 테라스관을 나서며 말했다.

소년은 뜨거운 커피가 든 깡통을 들고 노인의 오두막집으로 올라가서 노인이 깰 때까지 옆에 앉아 있었다. 노인은 잠을 깰 듯 하더니 다시 잠에 빠져들었다. 커피가 식어 소년은 커피를 끓일 장작을 얻으러 다시 마을로 내려갔다 왔다.

마침내 노인이 잠에서 깨어났다.

"일어나지 마세요."

소년이 걱정스러운 듯 말했다.

"우선 이걸 마시세요."

소년은 커피를 잔에 조금 따랐다.

노인은 그것을 받아서 마셨다.

"마놀린, 그놈들이 나를 이기고 말았어."

노인이 말했다.

"정말 나를 이겼단 말야."

"하지만 고기가 할아버지를 이긴 건 아니었어요. 저 고기는 할아버지를 이기지 못했어요."

"암 그렇고 말고. 진 것은 나중이었다."

"페드리코가 배와 어구를 챙기고 있어요. 고기 머리는 어떻게 할까요?"

"페드리코에게 쪼개어서 고기 덫에나 쓰라고 해."

"그 창같은 주둥이는요."

"갖고 싶거든 네가 가지렴."

"정말 갖고 싶어요."

소년이 말했다.

"이제 그 일을 잊고 다른 일들을 계획해야 해요."

"사람들이 나를 찾았었니?"

"물론이죠. 해안 경비대의 비행기까지 날았는데요."

"바다는 너무도 크고 배는 작으니까 찾기 어려웠겠지."

노인은 말했다. 노인은 자기자신이나 바다를 상대로 혼자 지껄이는 것보다 같이 얘기할 사람이 있다는 것이 얼마나 즐거운가를 새삼스럽게 느꼈다.

"네가 정말 보고 싶었다."

노인은 소년을 바라보며 말했다.

"너는 뭘 좀 잡았니?"

"첫 날은 한 마리, 둘째 날도 한 마리 그리고 셋째 날은 두 마리 잡았어요."

"잘했다."

"이제 우리 같이 잡으러 다녀요."

"안 돼, 나는 운이 없어. 이제 운이 더 이상 돌아오지 않을 것 같구나."

"운이라니요?"

소년이 의아하다는 표정으로 말했다.

"그렇다면 이제부터 행운은 제가 갖고 가겠어요."

"너희 식구들이 뭐라고 하지 않겠니?"

"상관없어요. 어제 두 마리나 잡았으니까요."

"저는 할아버지께 아직 배울 것이 많이 있어요. 이제부터 할아버지랑 함께 바다에 나갈 거예요."

"좋은 작살을 하나 구해서 항상 배에 싣고 다녀야겠어. 아마 창날은 낡은 포드 자동차의 스프링 조각으로 날을 만들 수 있을 거야. '구아나바코아'에 가서 뾰족하게 갈아 오고, 아주 날카로워야 한다. 부러지기 쉬우니까 불에 달구어야 해. 내 칼은 이미 부러졌단다."

"제가 다른 칼을 구해 올게요. 그리고 스프링도 갈아 가지고 오겠어요. 이번 심한 바람은 며칠이나 갈까요?"

"사흘은 계속될 거다. 그보다 더 오래 갈지도 몰라."

"제가 준비를 다하겠어요."

소년이 말했다.

"할아버지는 이제 그 손이나 낫도록 하세요."

"손이야 쉽게 나을 수 있을 거야. 하지만 지난밤에 뭔가 이상한 것을 뱉었었는데 마치 가슴 속의 무언가 터진 듯한 기분이 들더구나."

"그것도 치료하세요."

소년은 할아버지의 건강을 염려하면서 말했다.

"할아버지, 누우세요. 제가 깨끗한 셔츠를 갖다 드릴게요. 잡수실 것도요."

"그 동안 내가 못 본 신문이 있으면 모두 갖다 다오."

노인이 말했다.

"빨리 나으셔야 해요. 앞으로 할아버지께 배울 것도 많고, 할아버지도 저에게 가르쳐 주실 것이 많다고 하셨잖아요. 얼마나 고생 많으셨어요?"

"대단했단다."

노인이 말했다.

"드실 음식과 신문을 가지고 오겠어요. 푹 쉬세요. 약국에 가서 손에 바를 약도 사 가지고 오겠어요."

"페드리코에게 고기 머리는 가지라고 꼭 전해라."

"네, 잊지 않겠어요."

소년은 문 밖으로 나섰다. 그리고 자갈길을 걸어 내려가면서 또다시 울었다.

그날 오후 테라스관에 관광단 일행이 도착했다. 빈 맥주 깡통과 죽은 꼬치어가 출렁이는 바닷물에 잠겨 흔들리는 것을 바라보고 있던 한 부인이 거대한 꼬리와 긴 등뼈를 보았다. 항구 쪽에서 동풍이 불어 거센 파도가 일렁이면서, 그 하얀 등뼈와 거대한 꼬리가 파도에 밀려 아래위로 흔들리고 있었다.

"저건 뭐예요?"

그 부인은 웨이터에게 손가락으로 가리키며 물었다.

이제 파도에 밀려나기를 기다리고 있는 쓰레기에 불과한 그 큰고기의 등뼈를 가리켰다.

"티뷰론입니다."

웨이터가 말했다.

"상어의 일종이죠."

웨이터는 그 동안 이 해변에서 일어났던 일을 서투른 영어로 설명하느라 애썼다.

"상어가 저렇게 멋있고 아름답게 생긴 꼬리를 가지고 있는 줄 몰랐어요."

"나도 몰랐는걸."

동행한 남자가 말했다.

그때 길 위 오두막집에서는 노인이 다시 깊은 잠에 빠져들고 있었다. 여전히 엎드린 채였다. 소년은 옆에 앉아서 노인을 지켜보고 있었다. 노인은 사자 꿈을 꾸고 있었다.

위대한 성공 뒤에는 위대한 실패가
숨어 있다는 것을 알아야 한다. -**JB**

1

자업자득自業自得 자기가 지은 일의 과보를
자기 자신이 받음.

★__20__

★__20__

★__20__

★__20__

MY BUCKET LIST

☐ ....
☐ ....
☐ ....
☐ ....

생각이 많아지면
오히려 행동하기가 어려워진다. **-JB**

자중지란自中之亂 자기네들 편에서 일어나는
싸움이나 언쟁.

20____ ★

20____ ★

20____ ★

20____ ★

MY
BUCKET
LIST

☐
☐
☐
☐

나는 변하는 것보다
변하지 않는 것에 주목한다. **-JB**

작심삼일作心三日 한번 결심한 것이 사흘을 가지 않음.
즉 결심이 굳지 못함.

_____ ★ **20** _____

_____

_____

_____

_____

_____ ★ **20** _____

_____

_____

_____

_____

_____ ★ **20** _____

_____

_____

_____

_____ ★ **20** _____

_____

_____

_____

OCT

MY BUCKET LIST	☐	....
	☐	....
	☐	....
	☐	....

깨어있는 시간동안 미친 듯이 일하고
과감하게 도전하라. -**일론 머스크(EM)**

장주지몽莊周之夢 장자가 꿈에 장자가 나비가 되었는지,
나비가 장자가 되었는지 알지 못함.

20 ⭐

20 ⭐

20 ⭐

20 ⭐

OCT

MY
BUCKET
LIST

☐

☐

☐

☐

충분히 발전한 기술은
마법과도 구별할 수 없는 사실이다. -EM

적반하장賊反荷杖 도둑이 도리어 매를 듦.
즉 잘못한 사람이 시비를 겚.

_★ **20**_

_★ **20**_

_★ **20**_

_★ **20**_

OCT

MY
BUCKET
LIST

☐
☐
☐
☐

어떤 일이 중요하다고 생각한다면
성공가능성이 낮을지라도 뛰어들어라. **-EM**

적재적소適材適所 적당한 재목을
적당한 자리에 씀.

20 ★

20 ★

20 ★

20 ★

OCT

MY BUCKET LIST
- [ ]
- [ ]
- [ ]
- [ ]

사람들이 출근해서 일을 즐기는 것을
고대하게끔 만드는 것이 중요하다. -**EM**

전광석화電光石火 번갯불과 부싯돌의 불처럼
극히 짧은 순간의 아주 빠른 동작.

7

★__20__

★__20__

★__20__

★__20__

OCT

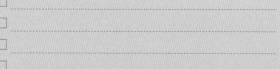

MY BUCKET LIST

☐ ....

☐ ....

☐ ....

☐ ....

창업을 하고 성장하려면
혁신, 추진력, 결단력 등이 제품만큼이나 중요하다. **-EM**

전대미문前代未聞 지금까지 들어본 일이 없는
새로운 일.

20 ★

20 ★

20 ★

20 ★

OCT

MY
BUCKET
LIST

☐
☐
☐
☐

누군가가 획기적인 혁신을 이룰 때
작은 것 하나로는 절대 이룰 수 없다. -**EM**

전화위복轉禍爲福 화가 바뀌어 복이 됨.
즉 언짢은 일이 계기가 되어 도리어 다른 좋은 일이 됨.

★__20_____

_____

_____

_____

★__20_____

_____

_____

_____

★__20_____

_____

_____

_____

★__20_____

_____

_____

_____

OCT

MY BUCKET LIST	☐	....
	☐	....
	☐	....
	☐	....

위대한 혁신은 수많은 작은 것들이 모여서
대단한 혁신을 만든다. -**EM**

절차탁마切磋琢磨 옥돌을 쪼고 갈아서 빛을 냄.
즉 학문이나 인격을 수련하고 연마함.

20 ★

20 ★

20 ★

20 ★

MY BUCKET LIST	☐
	☐
	☐
	☐

나는 세상을 바꾸거나 미래에 영향을 미치는
놀랄 만한 신기술에 관심이 많다. -**EM**

절치부심切齒腐心 이를 갈고 속을 썩임.
즉 몹시 분하게 여김.

11

$\star$ **20**

$\star$ **20**

$\star$ **20**

$\star$ **20**

**MY
BUCKET
LIST**

최소한의 노력으로
최대한의 효과를 노려라. -**EM**

점입가경漸入佳境 점점 재미있는 경지로 들어감.

20　★

20　★

20　★

20　★

MY BUCKET LIST

☐
☐
☐
☐

적은 인풋으로 큰 아웃풋을 낼 수 있는 방법이
가장 좋은 생산성과 효율이다. -**EM**

정중지와井中之蛙 우물 안 개구리.
곧 세상물정을 너무 모름.

13

★__20__

★__20__

★__20__

★__20__

MY
BUCKET
LIST

☐
☐
☐
☐

14

나는 게으른 사람을 뽑아서
어려운 일을 하게 한다. **-EM**

조령모개朝令暮改 아침에 내린 영을 저녁에 고침.
즉 법령이나 명령을 자주 고침.

20 _____ ★

20 _____ ★

20 _____ ★

20 _____ ★

OCT

MY
BUCKET
LIST

☐
☐
☐
☐

게으른 사람은 어려운 일도 쉽게 하는
재주를 가지고 있기 때문이다. -**EM**

조문석사朝聞夕死 아침에 사람이 행할 도리를 들어
깨달으면 저녁에 죽어도 한이 없음.

★20
_____

_____

_____

_____

★20
_____

_____

_____

_____

★20
_____

_____

_____

_____

★20
_____

_____

_____

_____

OCT

MY
BUCKET
LIST

☐ _____

☐ _____

☐ _____

☐ _____

좋은 아이디어는
그것이 실현될 때까지는 항상 미친 짓이다. **-EM**

조삼모사朝三暮四 눈앞에 당장 보이는 차이만 알고
결과가 똑같은 것을 모름.

20 ★

20 ★

20 ★

20 ★

OCT

MY
BUCKET
LIST
☐
☐
☐
☐

일정에 맞춰서 일어나진 않겠지만
내가 어떤 말을 하면 그것은 현실이 된다. -**EM**

조족지혈鳥足之血 새 발의 피.
즉 물건이 아주 적음.

17

★**20**

★**20**

★**20**

★**20**

MY
BUCKET
LIST
- [ ]
- [ ]
- [ ]
- [ ]

아침에 일어나 미래가 좋을 것이라 생각하면
미래 또한 밝을 것이다. **-EM**

좌고우면左顧右眄 좌우를 자주 둘러봄.
즉 무슨 일에 얼른 결정을 짓지 못함.

20 ★

20 ★

20 ★

20 ★

MY
BUCKET
LIST
- [ ]
- [ ]
- [ ]
- [ ]

MBA 프로그램은 사람들에게
회사를 어떻게 만드는지 가르쳐주지 않는다. -**EM**

주객전도主客顚倒 주인과 손님의 위치가 뒤바뀜.
즉 주되는 것과 종속적인 것의 차례가 바뀜.

★**20**

★**20**

★**20**

★**20**

MY
BUCKET
LIST
☐
☐
☐
☐

같이 일하는 사람들을 좋아한다는 건
가장 중요한 일이다. -**EM**

주경야독晝耕夜讀 낮에는 밭 갈고 밤에는 글을 읽음.
즉 가난을 극복하고 열심히 공부함.

20 ★

20 ★

20 ★

20 ★

MY BUCKET LIST

☐
☐
☐
☐

아름다움과 영감의 가치는
아주 많이 저평가 되어 있다. -**EM**

주마가편走馬加鞭 달리는 말에 채찍질하기.
즉 더 잘 되도록 부추기거나 몰아침.

_____ ★**20**____

_____ ★**20**____

_____ ★**20**____

_____ ★**20**____

OCT

MY BUCKET LIST
- [ ] ....
- [ ] ....
- [ ] ....
- [ ] ....

하늘을 나는 차를 만드는 것보다
어떻게 안전하고 조용하게 만드느냐가 중요하다. **-EM**

주지육림酒池肉林 술의 못과 고기의 숲.
즉 질탕히 차린 호화스러운 술잔치.

20 ⭐

20 ⭐

20 ⭐

20 ⭐

**MY
BUCKET
LIST**

☐
☐
☐
☐

경이로운 신기술에 관심을 갖고
그게 어떻게 가능한지 의구심을 가져라. -**EM**

죽마고우竹馬故友 죽마를 타던 옛 벗.
즉 어릴 때부터의 허물없는 벗.

★_20_____

_____
_____
_____
_____

★_20_____

_____
_____
_____
_____

★_20_____

_____
_____
_____
_____

★_20_____

_____
_____
_____
_____

OCT

MY
BUCKET
LIST

☐ _____
☐ _____
☐ _____
☐ _____

내가 설립자라면 하고 싶지 않은 구차한 일도
모두 떠맡아야 한다. **-EM**

중과부적衆寡不敵 적은 사람으로는
많은 사람을 이기지 못함.

20 ⭐

20 ⭐

20 ⭐

20 ⭐

OCT

MY
BUCKET
LIST

☐

☐

☐

☐

나에게 물리학은
생각하기 좋은 프레임워크다. -**EM**

중구난방衆口難防 여러 사람들의 떠드는 원성 따위는
막아내지 못함.

★ **20**

★ **20**

★ **20**

★ **20**

MY
BUCKET
LIST

☐
☐
☐
☐

우리는 최고의 것을 만들기 위해서는
더 엄격해져야 한다. **-EM**

중용지도中庸之道 어느 쪽으로도 치우침이 없는
중심이 서있는 떳떳한 길.

20 ⭐

20 ⭐

20 ⭐

20 ⭐

OCT

MY
BUCKET
LIST

☐

☐

☐

☐

실패하지 않는다면
충분한 혁신을 하고 있지 않다는 방증이다. -**EM**

지록위마指鹿爲馬 사슴을 말이라 함.
즉 윗사람을 농락하고 권세를 함부로 부림.

_★_**20**_____

_★_**20**_____

_★_**20**_____

_★_**20**_____

MY
BUCKET
LIST

☐ _____
☐ _____
☐ _____
☐ _____

창업은 매우 고통스럽기 때문에
남에게 추천할 만한 것은 아니다. **-EM**

지성감천至誠感天 정성이 지극하면 하늘도 감동함.
즉 지극한 정성으로 어려운 일도 이루어짐.

20 ★

20 ★

20 ★

20 ★

OCT

MY
BUCKET
LIST

☐
☐
☐
☐

창업을 하면 2명이 50시간 일하는 것보다
1명이 100시간 일하는 것이 성공 가능성이 높다. -**EM**

진퇴양난進退兩難 앞으로 나갈 수도 없고
뒤로 물러설 수도 없어 어떻게 해야 옳을지 모름.

★**20**

★**20**

★**20**

★**20**

MY
BUCKET
LIST

☐
☐
☐
☐

무언가가 충분히 중요하다면
확률이 당신에게 유리하지 않더라도 시작하라. **-EM**

진퇴유곡進退維谷 나아가지도 물러나지도 못해
어쩔 도리가 없음.

20 ★

20 ★

20 ★

20 ★

MY
BUCKET
LIST

- [ ]
- [ ]
- [ ]
- [ ]

사람은 누구나 아침에 일어났을 때
살고 싶은 이유가 있을 것이다. -**EM**

창업수성創業守成 나라를 처음으로 세우고
그 세운 나라를 지킴.

31

★___20___

★___20___

★___20___

★___20___

MY
BUCKET
LIST

나는 대학교를 다닐 때
세상을 바꿀 수 있는 일에 참여하고 싶었다. -**EM**

창졸지간倉卒之間 졸지에, 또는 갑작스러운 사이.

20 ★

20 ★

20 ★

20 ★

MY
BUCKET
LIST

- [ ]
- [ ]
- [ ]
- [ ]

평범한 사람들이
비범한 선택을 할 수 있다고 생각한다. -**EM**

천고마비天高馬肥 하늘은 높고 말은 살찜. 즉 가을.

★__20__

★__20__

★__20__

★__20__

MY
BUCKET
LIST

☐

☐

☐

☐

난 사람들이 교육과 지능을 혼동하는 게 싫다. **-EM**

천려일실千慮一失 지혜로운 사람도 많은 생각 가운데
미처 생각지 못하는 점이 있을 수 있음.

20 ★

20 ★

20 ★

20 ★

MY
BUCKET
LIST

- [ ]
- [ ]
- [ ]
- [ ]

당신은 대학을 졸업하고도
여전히 바보일 수 있다. -**EM**

천려일득千慮一得 바보도 한 가지쯤은 좋은 생각이 있음.

$\star$ __20____

$\star$ __20____

$\star$ __20____

$\star$ __20____

MY BUCKET LIST	☐
	☐
	☐
	☐

자동차는 굴러가는 것이 아니라
갈망하는 것이 되어야 한다. -**EM**

천방지축天方地軸 너무나 바빠서 허둥지둥 내닫는 모양.
즉 분별없이 함부로 덤비는 모양.

20 ____ ★

20 ____ ★

20 ____ ★

20 ____ ★

MY
BUCKET
LIST

☐ ....
☐ ....
☐ ....
☐ ....

열정은 다른 어떤 것보다
행복하게 만들 것이다. -**EM**

천석고황泉石膏肓 자연을 좋아하는 것이
고질병이 되다시피 함.

_★20_

_★20_

_★20_

_★20_

MY
BUCKET
LIST

☐
☐
☐
☐

7

사람들은 목표 달성해야 할 이유를 알 때
일을 더 잘한다. -**EM**

천양지차天壤之差 하늘과 땅의 차이.
즉 아주 엄청난 차이.

20 ★

20 ★

20 ★

20 ★

MY
BUCKET
LIST

☐
☐
☐
☐

정말 중요한 일이라면
역경이 닥쳐도 그 일을 계속해야 한다. -**EM**

천우신조天佑神助 하늘이 돕고 신이 도움.

★ <u>20</u>

★ <u>20</u>

★ <u>20</u>

★ <u>20</u>

| MY BUCKET LIST | ☐ |
| ☐ |
| ☐ |
| ☐ |

9

좋은 피드백보다는 나쁜 피드백에
신경을 쓰고 노력해야 성공한다. -**EM**

천인공노千人共怒 하늘과 땅이 함께 분노함.
즉 도저히 용서 못함.

20　★

20　★

20　★

20　★

MY
BUCKET
LIST

☐
☐
☐
☐

당신이 할 수 있는 만큼
정말로 열심히 일해라. -**EM**

천편일률千篇一律 많은 사물이 변화가 없이
모두 엇비슷함.

★__20__

★__20__

★__20__

★__20__

MY
BUCKET
LIST

☐ ....

☐ ....

☐ ....

☐ ....

11

가장 중요한 것은 무언가가 가능하다고 믿는 것이다.
그러면 확률이 발생한다. **-EM**

청산유수靑山流水 막힘없이 말을 썩 잘하는 사람.

<u>20</u> ★

<u>20</u> ★

<u>20</u> ★

<u>20</u> ★

NOV

MY BUCKET LIST

☐
☐
☐
☐

지금까지 한 일과 더 잘할 수 있는 방법의 시스템을
갖추는 것이 중요하다. -**EM**

청운만리靑雲萬里 푸른 구름 일 만 리.
즉 원대한 포부나 높은 이상.

★**20**

★**20**

★**20**

★**20**

MY
BUCKET
LIST

☐ ....

☐ ....

☐ ....

☐ ....

바구니 속의 일들을 컨트롤할 수만 있다면
계란을 한 바구니에 담아도 된다. -**EM**

청천벽력靑天霹靂 맑게 갠 하늘에 난데없는 벼락.
즉 전연 예상조차 할 수 없었던 재난이나 변고.

20 ★

20 ★

20 ★

20 ★

MY
BUCKET
LIST

☐
☐
☐
☐

성공하려면
주도적인 사람이 되어야 한다. **-EM**

14

청출어람青出於藍 쪽에서 나온 푸른 물감이
쪽보다 더 푸름. 즉 제자가 스승보다 나음.

★**20**

★**20**

★**20**

★**20**

MY BUCKET LIST	☐
	☐
	☐
	☐

억지로 포기를 강요당하지 않는 한
인내는 아주 중요하다. -**EM**

초로인생草露人生 풀잎에 맺힌 이슬과 같은 인생.
즉 산다는 것이 허무하고 덧없음.

20 _ ⭐

20 _ ⭐

20 _ ⭐

20 _ ⭐

MY
BUCKET
LIST

- [ ]
- [ ]
- [ ]
- [ ]

나는 경쟁하지 않는다.
다만 앞서나갈 뿐이다. -**EM**

초록동색草綠同色 풀과 푸름은 서로 같은 빛.
즉 처지가 비슷한 사람들이 함께 행동함.

16

⋆__20____

⋆__20____

⋆__20____

⋆__20____

- [ ] _____
- [ ] _____
- [ ] _____
- [ ] _____

내가 하는 일이 인류의 미래에
어떤 영향을 끼칠까라는 고민을 많이 한다. **-EM**

촌철살인寸鐵殺人 간단하지만 날카로운 말로
사람의 폐부를 찌름.

20 ★

20 ★

20 ★

20 ★

MY
BUCKET
LIST

☐
☐
☐
☐

단순하게 당면한 문제만 해결할 게 아니라
삶의 이유를 찾아야 한다. -EM

추풍낙엽秋風落葉 가을바람에 떨어지는 나무의 잎.
즉 떨어지거나 헤어져서 흩어짐.

★<u>**20**</u>

★<u>**20**</u>

★<u>**20**</u>

★<u>**20**</u>

MY
BUCKET
LIST

☐
☐
☐
☐

기존 기술들을 무너뜨릴 정도로 파괴적인 혁신은
새로운 회사에서 나온다. **-EM**

측은지심惻隱之心 남을 불쌍하게 여기는
타고난 착한 마음.

20 ★ _____

_____

_____

_____

20 ★ _____

_____

_____

_____

20 ★ _____

_____

_____

_____

20 ★ _____

_____

_____

_____

_____

MY BUCKET LIST

☐ _____

☐ _____

☐ _____

☐ _____

내가 포기한다면 그건 죽을 때 또는
완전히 무력화되었을 때뿐일 것이다. **-EM**

칠전팔기七顚八起 일곱 번 넘어져 여덟 번 일어남.
즉 수없는 실패에도 굽히지 않음.

★<u>20</u>

★<u>20</u>

★<u>20</u>

★<u>20</u>

MY BUCKET LIST

☐
☐
☐
☐

당신은 모든 것을 잃을 각오를 하고
미래를 위한 일에 매진해야 한다. -**EM**

칠전팔도七顚八倒 일곱 번 구르고 여덟 번 거꾸러짐.
즉 엉망진창.

20 ___ ⭐

20 ___ ⭐

20 ___ ⭐

20 ___ ⭐

MY
BUCKET
LIST

☐
☐
☐
☐

난 시간 관리에 대한 책을
한 번도 읽어본 적이 없다. -EM

침소봉대針小棒大 사물을 너무 과장해서 말함.

★**20**

★**20**

★**20**

★**20**

MY BUCKET LIST

☐

☐

☐

☐

나는 변화를 환영하고
배우면서 앞으로 나아간다. **-마크 저커버그(MZ)**

쾌도난마快刀亂麻 어지러운 일을
시원스럽게 처리함.

20 ★

20 ★

20 ★

20 ★

MY
BUCKET
LIST

☐
☐
☐
☐

사람은 죽어가는 난민보다
집 앞의 다람쥐에 더 관심이 더 많다. -**MZ**

타산지석他山之石 다른 산에서 나는 하찮은 돌도
자기의 옥을 가는 데 쓰임.

★20

★20

★20

★20

MY
BUCKET
LIST

☐ ....
☐ ....
☐ ....
☐ ....

주변의 틀을 부숴버릴 수 있다면
빠르게 움직이고 있는 것이다. -**MZ**

타초경사打草驚蛇 풀숲을 치니 거기에 있던 뱀이 놀람.
즉 갑에게 벌을 주면 을이 경계함.

20 ___ ★ _____

_____

_____

_____

_____

20 ___ ★ _____

_____

_____

_____

20 ___ ★ _____

_____

_____

_____

20 ___ ★ _____

_____

_____

_____

_____

MY BUCKET LIST

- [ ] _____
- [ ] _____
- [ ] _____
- [ ] _____

비즈니스의 기본원칙은
쉬운 것부터 먼저 시작하는 것이다. -**MZ**

탄주지어吞舟之魚 배를 삼킬 만한 고기.
즉 큰 인물.

★<u>20</u>

★<u>20</u>

★<u>20</u>

★<u>20</u>

MY BUCKET LIST	☐
	☐
	☐
	☐

세상에는 조직을 이끌 수 있는 관리자와
분석전략에 집중하는 사람이 있다. **-MZ**

탐낭취물探囊取物 주머니 속의 물건을 찾아냄.
즉 일이 매우 쉬움.

20 ★

20 ★

20 ★

20 ★

MY BUCKET LIST

- [ ]
- [ ]
- [ ]
- [ ]

세상에 아주 큰 변화를 가져올
다른 무언가를 만드는 것이 나의 목표다. -MZ

태산북두泰山北斗 사람들이 우러러보는
태산과 북두칠성처럼 남에게 존경을 받는 뛰어난 존재.

★__20__

★__20__

★__20__

★__20__

MY
BUCKET
LIST

☐ ....
☐ ....
☐ ....
☐ ....

가장 열정적으로 할 수 있는 것이
무엇인지 찾아라. -MZ

토사구팽兎死拘烹 사냥이 끝나면 사냥개를 잡아먹음.
즉 일이 끝나면 버림.

20　★

20　★

20　★

20　★

MY
BUCKET
LIST

☐
☐
☐
☐

기업은 실패를 통해 사람들이
서로를 평가하게 하려고 만들어졌다. **-MZ**

토사호비兎死狐悲 토끼가 죽으니 여우가 슬퍼함.
즉 같은 처지의 슬픔을 서러워함.

★**20**

★**20**

★**20**

★**20**

MY BUCKET LIST
- [ ]
- [ ]
- [ ]
- [ ]

사람은 무엇으로 사는가

ЧЕМ ЛЮДИ ЖИВЫ

레프 니콜라예비치 톨스토이

LEV NIKOLAEVICH TOLSTOI

1 ─────

어느 구두장이가 아내와 자식과 함께 한 농가에 세들어 살고 있었다. 집도 땅도 가지고 있지 않았던 그는 구두를 만들거나 고쳐서 번 돈으로 살아갔다. 하지만 벌이가 형편 없었기 때문에 번 돈은 모두 먹는 데 쓰고, 옷 살 돈이 없어서 가죽 외투 한 벌을 아내와 번갈아 입었다. 그러나 그것도 너무 오래 되어 다 해지고 말았다. 그래서 그는 2년 전부터 새 양가죽 외투를 사야겠다고 마음먹었다.

가을이 되자 구두장이에게 약간 여유가 생겼다. 아내의 작은 돈 상자에 3루블짜리 지폐가 모아졌고, 마을 농부들에게 꾸어 주고 돌려받을 돈이 5루블 20코페이카가량 되었다.

어느 날, 구두장이는 아침 일찍 마을로 양가죽을 사러 가기로 했다. 그는 아침 식사를 마치고 털가죽 외투 위에 아내의 무명 재킷을 꺼입고, 그 위에 긴 모직 외투를 걸쳤다. 그리고는 3루블짜리 지폐를 호주머니에 넣은 다음, 나뭇가지를 꺾어 만든 지팡이를 짚고 떠났다.

그는 길을 가면서 생각했다.

'빌려 준 돈 5루블을 받고 3루블을 보태면 외투 만들 양가죽을 살 수 있겠지.'

마을에 도착한 구두장이는 돈을 빌려준 농부의 집을 찾아갔다. 주인은 없었고 대신 농부의 아내가 일주일 안으로 빌린 돈을 갚겠다는 약속을 할 뿐, 돈을 주지 않았다. 구두장이는 다른 농부의 집을 찾아갔다. 그런데 그 농부는 돈이 없다고 딱 잘라 말하며, 장화를 고친 값으로 20코페이카를 주었다. 구두장이는 할 수 없이 외상으로 양가죽을 사려고 했으나 가죽 장수가 거절했다.

"돈을 가지고 오면 마음대로 골라도 돼요. 하지만 외상으로 물건을 준다는 게 얼마나 어려운지 잘 알지 않소?"

구두장이는 겨우 구두를 고친 값 20코페이카를 받고, 농부의 낡은 털 장화에 가죽을 대어 꿰매는 일을 맡았을 뿐이었다.

실망한 구두장이는 20코페이카를 몽땅 털어 보드카를 마셔 버린 다음 빈손인 채 집으로 향했다. 아침에는 날씨가 추웠지만, 보드카를 한 잔 마시고 나니 외투를 걸치지 않아도 몸이 훈훈했다.

구두장이는 한쪽 손에는 털장화를 들고, 나머지 한손에 든 지팡이로는 울퉁불퉁하게 언 땅을 두드리며 혼자말로 중얼거렸다.

"외투를 입지 않아도 따뜻한걸. 작은 걸로 한 병 마셨는데 온몸이 후끈해. 가죽 외투 따위가 무슨 소용이야. 난 이런 사나이라고! 난 아무렇지도 않아. 까짓 가죽 외투 없이도 얼마든지 살 수 있어! 그 따위 것은 인생에서 꼭 필요한 게 아니야. 필요가 없다구. 그렇지만 마누라가 실망할 걸 생각하니 속이 편치만은 않군. 죽어라 일해도 모두 날 깔본단 말이야. 두고 봐. 돈을 갖고 오지 않으면 모자를 잡아 벗기고 말 테니. 암, 그렇게 하고 말고. 도대체 무슨 수작인지, 20코페이카씩 찔끔찔끔 주다니! 흥, 20코페이카로 대체 뭘 하란 말야? 술이나 마셔야지. 너희들만 곤란한 게 아냐. 나도 형편이 어렵다구. 너희는 집도 있고 소도 있고 말도 있지만, 나는 이 몸뚱이 하나뿐이란 말이다. 너흰 직접 만든 빵을 먹고 살지만, 나는 적어도 일주일에 3루블어치의 빵을 사서 먹어야 해. 지금 집에 돌아가면 당장 먹을 빵도 없을 테니, 또 1루블 반은 내놔야겠지. 그런데 왜 돈을 안 갚느냐 말야."

그렇게 중얼거리는 사이 구두장이는 길모퉁이의 교회까지 왔다. 그런데 교회 뒤에 무언가 허연 것이 눈에 띄었다. 자세히 살펴보았지만, 이미 어두워진 터라 무엇인지 알아볼 수가 없었다.

'저런 데 돌 같은 게 있을 리는 없고, 그럼 소일까? 아니, 소 같지는 않아. 머리는 사람 같은데 사람치곤 너무 희고 이상하군. 사람이 이런 데 있을 리가 없지.'

구두장이는 조심스럽게 좀 더 가까이 다가가 보았다. 그러자 물체가 또 똑히 보였다. 그런데 놀랍게도 그것은 사람이었다. 살았는지 죽었는지, 벌거벗은 몸을 교회 벽에 기대고 앉아 꼼짝도 하지 않고 있었다. 구두장이는 갑자기 무서운 생각이 들었다.

'누군가 이 사람을 죽이고 옷을 벗겨 달아난 게 분명해. 괜히 다가갔다가는 누명을 쓸지도 몰라.'

구두장이는 그냥 지나치기로 했다. 헐레벌떡 달린 후 뒤를 돌아보자 이제 사나이의 모습이 보이지 않았다. 그러나 교회 모퉁이를 돌아 다시 뒤돌아보니 사나이는 벽에서 등을 떼고 움직이기 시작했다. 왠지 자기 쪽을 보는 것 같았다. 구두장이는 무서워졌다.

'가까이 가 볼까, 그냥 지나갈까? 혹시 다가갔다가 무슨 변이라도 당하면 어쩌지? 저 사람이 어떤 놈인지도 모르잖아. 남에게 좋은 일을 하고 나서 이런 데서 저러고 있을 리는 없어. 내가 가까이 가는 순간 갑자기 달려들어 내 목을 졸라 숨을 끊어 놓을지도 몰라. 그렇게 되면 꼼짝없이 죽겠지. 그리고 목을 조르지 않더라도 분명히 귀찮은 일이 생길 게 뻔해. 어떻게 하지? 내가 입고 있는 옷을 벗어 줄 수도 없고. 아, 그냥 지나쳐 가자. 제기랄!.'

구두장이는 걸음을 재촉하여 거의 교회를 지나치게 되었다. 그러다 문득 양심이 마음 속에서 슬그머니 고개를 들었다. 구두장이는 걸음을 멈추고 속으로 말했다.

'도대체 무슨 일을 하는 거야. 사람이 저렇게 죽어 가고 있는데, 겁을 먹고 그냥 모르는 척 지나가려고? 큰 부자도 아니면서 가진 물건을 빼앗길까 봐 걱정하는 거냐? 세푠, 이러면 안 돼!'

세푠은 다시 발길을 돌려 사내에게로 갔다.

2 ————

세푠은 사내에게 다가가 자세히 살펴보았다. 아직 젊은 나이였고, 몸에 얻어맞은 흔적도 없었다. 사내는 몸이 얼어붙었는지 벽에 기대앉은 채 세푠 쪽으로 눈길 한번 주지 않았다.

몹시 약해질 대로 약해져 얼굴을 들 기운조차 없는 듯했다. 세푠이 더 바싹 다가가자 사나이는 그제야 제정신이 든 듯 눈길을 돌려 세푠을 바라보았다. 세푠은 사나이의 눈빛이 마음에 들었다. 세푠은 털장화를 땅바닥에 던졌다. 허리띠를 풀어 털장화 위에 놓고 외투를 벗었다.

"자, 아무 말 말고 이걸 입어요."

세푠은 사나이를 부축하여 일으켰다. 자세히 살펴보니 사내는 몸도 깨끗하고 손과 발 모두 거칠지 않았다. 얼굴도 무척 순해 보였다. 세푠은 사내의 어깨에 외투를 걸쳐 주었지만 팔이 소매에 잘 들어가지 않았다. 세푠은 사내의 양팔을 끼워 주고 옷자락을 잡아당겨 앞을 여며 준 다음 허리띠까지 매어 주려고 했는데, '이 사내는 머리가 복슬복슬하지만 난 대머리야.'라고 생각하고 다시 모자를 썼다.

"그보다 신을 신겨 줘야지."

구두장이는 사나이를 도로 그 자리에 앉히고 털장화를 신겨 주었다.

"이제 됐어. 자, 몸을 좀 움직여 봐. 그래야 몸이 녹지. 다 잘 될 거야. 자네, 걸을 수는 있겠나?"

사나이는 감격한 듯한 눈길로 세푠을 바라보았으나 말은 하지 않았다.

"왜 아무 말도 하지 않는 거야? 이런 데서 겨울을 날 순 없잖나? 집에 돌아가야지. 자, 여기 내 지팡이가 있으니까 기운이 없으면 이걸 짚게나. 기운을 내서 걸어 봐, 자!"

마침내 사나이가 걷기 시작했다. 그는 세푠과 많이 떨어지지 않고 부지

런히 잘 걸었다.

길을 가다가 세묜이 물었다.

"자네는 어디서 사나?"

"저는 이 고장 사람이 아닙니다."

"이 고장 사람이라면 내가 알아보지 못할 리 없지. 그런데 어째서 교회 옆에서 그러고 있었나?"

"그건 말씀드릴 수 없습니다."

"나쁜 놈들에게 봉변을 당했나 보지?"

"아뇨, 하느님께 벌을 받았습니다."

"물론 모든 일은 신의 뜻이지. 어니로 갈 건가? 어디든 가서 몸 좀 추슬러야 할 것 같은데."

"어디든 상관 없습니다."

세묜은 사나이가 불한당처럼 보이지도 않고, 말씨도 공손한 데 놀랐다. 그러나 사내는 별로 자신에 대해 이야기하고 싶어하지 않았다.

'말 못 할 사연이 있겠지.'

세묜은 이렇게 생각하고 사나이에게 말했다.

"우리 집은 어떤가? 가서 불을 좀 쬐게 말이야."

세묜은 집을 향해 계속 걸었고, 낯선 사나이도 뒤처지지 않고 나란히 따라 걸었다. 세묜은 차차 술이 깨면서 외투 속으로 스미는 바람이 몹시 차게 느껴졌다. 세묜은 코를 훌쩍거렸다. 그리고는 아내의 재킷을 여미면서 생각했다.

'이게 뭐람. 외투 만들 가죽을 사러 갔다가 가죽은 구하지도 못하고 외투만 뺏겼으니……. 거기다 벌거벗은 놈까지 집으로 데려가니, 이거 아내 마트료나가 뭐라 하겠군.'

아내를 생각하자 세묜의 마음은 우울해졌다.

세묜은 나란히 걷고 있는 낯선 사내를 돌아보았다. 사내의 맑고 순진한 눈빛과 마주치자 왠지 마음이 밝아졌다.

3 ————

세묜의 아내는 서둘러 일을 마쳤다. 장작을 패고, 물을 길어 두고, 아이들과 함께 저녁 식사를 마쳤다. 그리고 곰곰이 생각했다.

'오늘 빵을 구울까, 아니면 내일 구울까?'

빵은 큰 덩어리로 한 조각 남아 있었다.

'세묜이 식사를 하고 온다면, 이 빵으로 내일 끼니를 때워도 될 텐데.'

마트료나는 이렇게 생각하며 빵을 만지작거렸다.

'오늘은 빵을 굽지 말아야겠다. 얼마 남지 않은 밀가루로 금요일까지 버텨야 하니까.'

마트료나는 빵을 치우고 탁자에서 남편의 옷을 깁기 시작했다. 마트료나는 바느질을 하면서 남편이 어떤 양가죽을 사올까 생각했다.

'가죽 장수에게 속지는 않았겠지? 사람이 너무 좋은 것도 탈이야. 어린 아이에게도 속아 넘어가니 원. 8루블은 큰돈이니까 좋은 가죽 외투를 만들 수 있겠지. 비록 무두질(가죽에서 기름과 털을 태내고 부드럽게 다루는 일)해 놓은 가죽은 아니지만 그래도 가죽이니까, 작년 겨울에는 외투가 없어서 고생을 좀 했지. 강에 나갈 수도, 산으로 갈 수도 없었어. 오늘만 해도 그래. 그이가 옷이란 옷은 모조리 입고 나가니 난 입을 옷이 없어. 이제 돌아올 때가 됐는데 ……. 어디서 또 술 마시고 있는 건 아니겠지?'

그 순간 문 밖에서 계단이 삐거덕거리는 소리가 났다. 마트료나가 바느질하던 걸 정리하고 문 쪽으로 가서 보니, 남편이 낯선 사내와 함께 들어오고 있었다. 세묜 옆에 있는 낯선 사내는 맨발로 털장화를 신고, 모자도 안 쓰고 서 있었다. 마트료나는 남편이 술을 마셨다는 것을 금세 알아챘다.

'역시 마시고 왔구나.'

남편은 외투도 입지 않고 재킷만 걸치고 있었다. 게다가 손에는 아무것도 들지 않은 채 말없이 서 있었다. 마트료나는 화가 치밀어올랐다.

'반은 돈으로 몽땅 술을 마신 게 분명해. 알지도 못하는 사람과 술을 마시고 집까지 끌고 온 거야.'

두 사람이 집에 들어서자 마트료나도 뒤따라갔다. 그녀는 젊고 빼빼 마른 이 낯선 사나이가 입고 있는 외투가 바로 자기 것임을 알았다. 집 안으로 들어온 젊은 사나이는 그 자리에 꼼짝도 하지 않고 서 있었다. 털장화를 신고 있었지만 바지는 입고 있지 않았고, 모자도 없었다. 마트료나는 그가 무슨 잘못을 저질러 놓고 겁을 내는 거라고 생각했다. 마트료나는 인상을 쓰고 난롯가에 서서 두 사람을 살폈다. 세묜은 모자를 벗고 태연하게 의자에 앉았다.

"마트료나, 저녁 식사 좀 챙겨줘."

마트료나는 난롯가에 서서 입속말로 계속 무언가 중얼거릴 뿐 움직이려 하지 않았다. 그리고 두 사람을 번갈아 쳐다보며 고개를 갸웃거렸다. 세묜은 아내가 화난 것을 눈치채고 하는 수 없다는 듯 낯선 사내의 손을 잡으며 말했다.

"이리 와 앉게. 저녁 식사를 해야지."

낯선 사내는 의자에 앉았다.

"여보, 저녁 준비가 안 된 거야?"

그러자 마트료나는 화가 나서 소리쳤다.

"하긴 했지요. 하지만 당신을 위해 준비한 건 아니에요. 외투를 장만하러 간다더니 새 외투는커녕 입었던 옷까지 남에게 벗어주고, 낯선 사람까지 집에 데리고 올 수 있어요? 당신 같은 술주정뱅이에게 줄 음식은 없어요!"

"마트료나, 사연도 모르면서 함부로 말하면 안 돼. 먼저 어떻게 된 일인지 물어 봐야지."

"됐네요. 그보다 돈은 어떻게 된 거죠? 그것부터 얼른 말해봐요."

세묜은 호주머니를 더듬어 돈을 꺼내 보았다.

"갖고 나갔던 돈은 여기 있어. 도리포노프에게는 돈을 받지 못했어. 내일은 꼭 주겠다고 하더군."

마트료나는 더욱더 화가 났다.

"가죽을 사 오기는커녕, 입었던 옷도 낯선 벌거숭이에게 입히고, 그것도 모자라 집에까지 데리고 오다니."

마트료나는 탁자 위에 있던 돈을 집어 장롱 속에 넣으면서 말했다.

"저녁은 없어요. 벌거숭이와 주정뱅이게게 줄 음식이 어디 있겠어요?"

"마트료나, 너무하잖아. 내 말 좀 들어 보라니까……."

"주정뱅이가 하는말은 듣고 싶지 않아요. 난 처음부터 당신 같은 주정뱅이와 결혼하고 싶지 않았는데. 당신은 우리 어머니가 주신 물건도 모두 술값으로 날렸죠. 가죽 사러 가서 그 돈마저 날리고 오다니."

세묜은 아내에게 술값은 고작 20코페이카뿐이라는 것과 이 사내를 데리고 오게 된 이야기를 모두 하고 싶었지만, 그녀는 어떤 말도 들으려 하지 않았다. 마구 떠들어 대는 바람에 세묜이 끼어들 틈이 없었다. 마트료나는 10년도 더 지난 옛날 일까지 들춰 내 욕을 하다가 세묜에게 달려들어 옷소매를 붙잡았다.

"내 옷을 내놔요. 하나밖에 없는 내 옷을 빼앗아 입고 염치도 좋지. 어서 벗어요. 못난 사람 같으니! 차라리 죽어 버리는 게 나아요."

세묜이 아내의 재킷을 벗는데, 그만 한쪽 소매가 뒤집어지고 말았다. 그 때 마트료나가 그것을 잡아당기자 옷의 솔기가 터졌다. 마트료나는 찢어진 재킷을 입고 문 쪽으로 달려갔다. 그렇게 나가 버리려고 하다가 걸음을 멈췄다. 속상하긴 하지만 남편이 데려온 사나이가 누구인지 알아야겠다고 생각했던 것이다.

4 ———

마트료나는 멈춰 서서 말했다.

"만약 이 사람이 온전한 사람이라면 벌거숭이가 되었을 리 없지요. 더군다나 셔츠조차 안 입고 있었어요. 당신이 나쁜 짓을 하지 않았으면, 어디서 이 사나이를 데려왔는지 한 번 말해 봐요."

"말하지 않았소. 집으로 돌아오는데 이 사람이 교회 담에 기대로 앉아 떨고 있지 뭐요. 글쎄, 여름도 다 갔는데 알몸으로 말이오. 그래도 하늘이 도운 게지. 마침 내가 거기를 지나게 됐으니 망정이지, 그렇지 않았더라면 이 사람은 얼어 죽었을 거요. 무슨 사연이 있어 이렇게 됐겠지 싶더라구. 그래서 외투를 입혀 데리고 온 거요. 그러니 당신도 마음을 가라앉혀. 그렇게 화만 내면 죄가 돼. 죄를 지어서 좋을 건 하나도 없잖아."

마트료나는 다시 욕을 퍼부으려다가 낯선 사내를 쳐다보고 입을 다물었다. 사내는 의자 끝에 걸터앉은 채 꼼짝하지 않고 있었다. 두 손을 얌전히 무릎 위에 올려놓고, 고개를 푹 숙인 채 눈을 감았다. 그리고는 숨이 막히는 듯 인상을 찌푸렸다.

마트료나가 가만히 있자 세묜이 말을 꺼냈다.

"마트료나, 당신에겐 하느님도 없소?"

마트료나는 이 말을 듣고 다시 낯선 사나이를 쳐다보았다.

그러자 기분이 가라앉았다. 그녀는 난롯가로 가서 저녁을 준비하기 시작했다. 그릇을 탁자 위에 올려놓고 크바스를 따르고, 하나 남은 빵을 잘라 내놓았다. 그리고 칼과 수저를 놓으면서 말했다.

"식사하세요."

세묜은 낯선 사나이를 탁자로 데리고 갔다.

"앉게나, 젊은이."

세묜은 빵을 잘게 썰었고, 둘은 식사를 하기 시작했다. 마트료나는 탁자 한쪽 끝에 앉아서 턱을 괴고 낯선 젊은이를 자세히 살펴보았다.

한참 동안을 살펴보던 마트료나는 갑자기 가여운 마음이 생기면서 돌봐 주고 싶다는 생각이 들었다. 그 마음을 눈치 챈 듯 낯선 사내는 기쁜 표정으로 웃음을 지어 보였다. 마트료나는 탁자를 치우고 낯선 사내에게 물었다.

"당신은 어디 살아요?"

"저는 이 고장 사람이 아닙니다."

"그런데 왜 그 곳에 있었죠?"

"그건 말할 수 없습니다."

"강도가 옷을 벗겨 간 거예요?"

"저는 하느님께 벌을 받은 거예요."

"그래서 벌거숭이가 되었단 말예요?"

"네. 그래서 알몸으로 자다가 얼어 죽을 뻔한 저를 세묜이 가엾게 여겨 입고 있던 외투를 벗어 내게 입혔어요. 그리고 집으로 데려오신 거죠. 그리고 아주머니까지 저를 가엾게 여기고 먹고 마실 것을 주셨습니다. 두

분께는 반드시 하느님의 은총이 내릴 겁니다.”

마트료나는 저녁 때 기워 놓았던 세묜의 낡은 셔츠를 낯선 사나이에게 건네주었다. 그리고 바지도 찾아서 주었다.

“셔츠도 없다니. 자, 이걸 입고 편한 곳에 누워서 자요. 침대 위나 난롯가나 어디에서든지요.”

낯선 사나이는 외투를 벗고 셔츠와 바지를 입은 다음 침대 위에 누웠다.

마트료나는 불을 끄고 남편 옆에 누웠다. 그녀는 외투를 덮고 누웠으나 낯선 사내의 일이 머릿속에서 떠나지 않아 잠을 잘 수가 없었다. 그 사나이가 빵을 다 먹어 버려 내일 먹을 빵이 없었다. 그리고 셔츠와 바지까지 내어 준 일을 생각하자 아쉬운 생각도 들었다. 하지만 그 사나이가 웃음 짓던 것을 떠올리자 기분이 좋아졌다. 마트료나는 오랫동안 뒤척거렸다. 세묜역시 쉽게 잠들지 못하고, 외투를 자기 쪽으로 자아당기곤 했다.

마트료나가 말했다.

“남은 빵은 다 먹어 버렸고, 내일 먹을 빵을 준비하지 못했으니 어쩌죠? 이웃집에 가서 좀 부탁해 볼까요?”

“사람이 살아 있다면 빵은 따라오기 마련이야.”

마트료나는 한참 동안 가만히 누워 있었다.

“저 사람 나쁜 사람은 아닌 것 같은데, 왜 자기 이야기를 하지 않을까요?”

“뭔가 사정이 있겠지.”

“세묜!”

“응?”

“우리는 이렇게 남을 도와 주는데, 왜 아무도 우리를 도와주지 않을까요?”

세묜은 뭐라고 대답해야 좋을지 몰라서

“아무려면 어때.”

하고는 돌아누워 잠들고 말았다.

5

이튿날 아침, 세묜이 눈을 떠 보니 아이들은 자고 있었고, 마트료나는 이웃에 빵을 꾸러 가고 없었다. 그 낯선 사내는 낡은 셔츠와 바지를 입고 의자에 앉아 우두커니 천장을 바라 보고 있었다. 얼굴은 어제보다 밝아 보였다.

"젊은이, 뱃속은 빵을 원하고 몸뚱이는 옷을 원하니 무언가 벌이를 해야 하지 않겠나? 자네 무슨 일을 할 줄 아나?"

"저는 할 줄 아는 것이 아무것도 없습니다."

세묜은 어이가 없어 이렇게 말했다.

"마음만 있으면 무슨 일이든지 할 수 있는 거야."

"모두들 일하는데 저도 일을 해야겠지요."

"자네 이름은 뭔가?"

"미하일입니다."

"그래, 미하일. 자네가 신상에 대해 말하지 않는 건 좋아. 나도 굳이 캐묻고 싶진 않으니까. 하지만 살아가려면 벌이를 해야 해. 내가 시키는 일을 한다면 우리 집에 있어도 좋아. 어떤가?"

"정말 고맙습니다. 열심히 배우겠습니다. 뭐든지 가르쳐 주십시오."

세묜은 미하일에게 구두 꿰매는 일부터 먼저 가르쳤다.

"그다지 어려운 건 아냐. 잘 보고 배우게."

미하일은 자세히 들여다보더니 금방 일을 익혔다. 다음으로 그에게 가죽 자르는 방법을 가르쳤는데 미하일은 그 일도 잘 해냈다. 또 세묜이 돼지털을 바늘에 꿰매는 일을 해 보이자 그것도 금방 배웠다. 세묜이 어떤 일을 가르쳐도 미하일은 금방 익혔다. 그리고 사흘 후에는 직접 구두 만드는 일을 하기 시작했는데, 마치 전부터 구두를 만들어 온 솜씨 같았다.

미하일은 쉬지 않고 부지런히 일만 했고, 음식은 조금만 먹었다. 한가할 때는 멍하니 천장만 바라보았고, 밖으로 나가지도 않았다. 미하일이 웃는 것을 본 것은 처음 왔던 날 마트료나가 저녁을 차려 주었을 때뿐이었다.

6 ─────

하루가 가고, 일주일이 가고, 금세 1년이 흘렀다. 미하일은 여전이 세묜의 집에서 일했다.

미하일에 대한 소문은 마을에 자자하게 퍼졌다. 사람들은 미하일이 만드는 구두만큼 예쁘고 튼튼한 구두는 본 적이 없다고 했다. 그래서 이웃 마을에서까지 주문이 밀려들었고, 세묜의 벌이는 갈수록 좋아졌다.

어느 겨울날, 세묜과 미하일이 마주 앉아 일을 하고 있었다. 그 때, 커다란 마차가 요란한 방울 소리를 내며 가게 앞에 멈춰 섰다. 그리고 젊은이가 마부석에서 뛰어내려 마차 문을 열어 주자 모피 외투를 입은 신사가 마차에서 내렸다. 그는 세묜의 가게로 들어왔다. 마트료나가 뛰어가 문을 활짝 열어 주었다. 상반신을 구부리고 안으로 들어온 신사가 허리를 펴니 어찌나 키가 큰지 머리가 천장에 닿을 듯했고, 커다란 몸집 때문에 가게가 꽉 차는 느낌이 들었다.

세묜은 자리에서 일어나 신사에게 인사를 했다. 세묜은 그의 큰 몸집에 기가 눌린 모양이었다. 지금까지 이렇게 몸집이 큰 사람은 본 적이 없었기 때문이다. 세묜은 살집이 없는 편이고, 미하일은 매우 말랐고, 마트료나도 마른 장작처럼 살이 없어서 이 신사는 마치 다른 나라에서 온 것 같았다. 검붉은 얼굴엔 윤이 났고, 목은 황소처럼 굵었고, 몸은 무쇠로 된 것 같았다. 신사는 숨을 크게 후욱 내쉰 다음 모피 외투를 벗었다. 그리고 의자에 앉으며 말했다.

"이 구두 가게 주인이 누구지?"

세묜이 나서며 대답했다.

"접니다, 나리."

그러자 신사는 자기가 데리고 온 젊은이에게 큰 소리로 말했다.

"페지카, 물건을 이리 가져와!"

젊은이가 어떤 보따리를 가지고 뛰어왔다. 신사는 보따리를 받아 탁자 위에 놓고 말했다.

"풀어라."

보따리에서 나온 물건은 매우 훌륭한 가죽이었다. 신사는 그 가죽을 가리키면서 세묜에게 물었다.

"이게 무슨 가죽인지 알고 있나?"

세묜은 가죽을 만져 보고 나서 대답했다.

"좋은 가죽입니다."

"물론 틀림없이 좋은 가죽이지. 자네 같은 사람은 이런 가죽을 구경조차 못 했을 거야. 독일산인데 20루블이나 주었지."

세묜은 놀라며 말했다.

"저 같은 사람으로선 좀처럼 구경할 수 없는 물건이군요."

"그야 당연하지. 그래, 이 가죽으로 내 발에 꼭 맞는 장화를 만들 수 있겠나?"

"만들 수 있구말구요."

그러자 신사는 갑자기 소리를 질렀다.

"만들 수 있다고? 너는 누구의 장화를 무슨 가죽으로 만드는지 명심해라. 난 1년을 신어도 찢어지지 않고, 모양이 변하지 않는 장화를 원해. 자신이 있으면 가죽을 맡아서 재단해. 하지만 안 될 것 같으면 아예 손댈 필요도 없겠지. 미리 말해 두겠는데, 만약 장화가 1년도 되지 않았는데 찢어지거나 모양이 변한다면 네놈을 감옥에 쳐넣을 거야. 만약 1년이 넘도록 모양도 안 변하고 찢어지지도 않으면 10루블을 주겠다."

세묜은 겁을 먹고 어쩔 줄 몰라 하다가 미하일을 돌아보았다. 미하일은 살짝 웃으며 서 있었다. 세묜은 팔꿈치로 쿡쿡 찌르며 작은 소리로 물었다.

"어떻게 하지, 미하일?"

미하일은 그 일을 맡으라는 듯 고개를 끄덕였다. 세묜은 미하일의 뜻대로 신사에게 말했다.

"예, 제가 만들어 보겠습니다."

세묜과 미하일을 1년을 신어도 찢어지지 않고 모양도 망가지지 않을 장화를 만들기로 했다.

신사는 젊은이에게 자신의 왼쪽 신발을 벗기게 하고 발을 내밀었다.

"발 치수를 재라."

세뮨은 10베르쉬오크(1베르쉬오크는 약 4~5센티미터)의 종이를 이어 붙였다. 세뮨은 신사의 양말에 때가 묻을까 봐 손을 앞치마에 싹싹 닦고 치수를 재기 시작했다. 발뒤축을 재고, 발등 높이를 재고, 종아리를 재려는데 종이끈이 마주 닿지 않았다. 신사의 종아리가 통나무만큼이나 굵었기 때문이다.

"정신 차려라. 종아리가 꽉 끼게 해서는 안 돼."

세뮨은 종이를 더 이어 붙였다. 신사는 의자에 앉아 양말 속에서 발가락을 꼼지락거리기도 하고 방 안을 둘러보기도 하다가 미하일을 발견했다.

"저 사람은 누군가?"

"제 보조공인데, 그가 나리의 장화를 만들 겁니다."

그러자 신사가 미하일에게 말했다.

"명심해라. 1년간은 끄떡없을 만큼 튼튼한 구두를 만들어야 한다."

세뮨도 미하일을 돌아다보았지만 미하일은 신사의 얼굴을 보지 않고, 신사의 뒤쪽 어느 곳을 바라보고 있었다. 한참을 뚫어지게 바라보던 미하일은 갑자기 얼굴이 밝아지면서 싱긋 웃었다.

"뭘 보고 싱글거리는 거야? 정신 차리고 제 날짜에 구두를 만들어 내."

그러자 미하일이 대답했다.

"걱정 마십시오. 그렇게 하겠습니다."

"암, 그래야지."

신사는 다시 구두를 신고 모피 외투를 입고 문 쪽으로 걸어갔다. 그런데 그만 허리를 굽히는 걸 잊는 바람에 문에 이마를 부딪히고 말았다. 신사는 한동안 투덜거리며 이마를 문지르더니 마차를 타고 떠났다.

신사가 나가자 세뮨이 말했다.

"정말 대단한 분이야. 큰 도끼로도 죽이지 못할 거야. 기둥이 휘청거릴 정도로 이마를 부딪혔는데도 별로 아프지도 않은 가봐."

마트료나도 말했다.

"저렇게 풍족하게 사는데 체격이 좋지 않을 수 있겠어요? 저렇게 튼튼한 사람의 몸에는 염라대왕의 이빨도 들어가지 않을 거예요."

세묜이 미하일에게 말했다.

"일을 맡기긴 했지만, 골치 아픈 일이 될 거 같아. 비싼 가죽인 데다 신사분도 성질이 대단하시고……. 실수하면 정말 큰일이야. 자네는 눈도 밝고 솜씨도 나보다 나으니까 재단을 해 주게. 구두끈은 내가 만들테니까."

미하일은 세묜이 시키는 대로 가죽을 탁자 위에 펼쳐 놓고 가위를 들어 재단하기 시작했다. 그런데 옆에서 미하일을 지켜보던 마트료나는 깜짝 놀랐다. 오랫동안 구두 만드는 일을 보아 온 터라 미하일의 재단이 장화 모양과는 전혀 다르다는 것을 알 수 있었다. 미하일은 가죽을 둥글게 자르고 있었다.

마트료나는 참견을 하려다가 그만두기로 했다.

'난 신발 만드는 걸 잘 몰라. 아무래도 미하일이 나보다 더 잘 알고 있을 테니 참견하지 말아야지.'

미하일은 재단을 마치고 구두를 꿰매기 시작했다. 그런데 장화를 꿰맬 때처럼 두 겹의 실로 꿰매는 게 아니라 슬리퍼를 꿰매듯 한 겹 실로 꿰매고 있는 것이었다. 그것을 본 마트료나는 또 한 번 크게 놀랐지만 이번에도 역시 참견하지 않았다. 미하일은 그저 열심히 꿰매고 있었다.

점심때가 되어서야 세묜은 자리에서 일어나 미하일이 하는 일을 바라보았다. 미하일은 신사가 맡긴 고급 가죽으로 슬리퍼를 만들고 있었던 것이다. 세묜은 '앗!'하고 소리질렀다.

'1년이나 나와 함께 지냈지만 한 번도 실수한 적이 없었는데, 이런 어처구니없는 실수를 저지르다니. 그 신사는 굽이 있는 장화를 주문했는데 미하일은 평평한 슬리퍼를 만들어 버렸으니 가죽도 버렸군. 어떻게 변상을 해야 하지? 이런 가죽은 어디 가도 구할 수 없는데…….'

세묜은 미하일을 다그쳤다.

"여보게, 미하일, 이게 무슨 짓인가? 날 죽이려고 그러나? 장화를 만들라고 했는데 대체 어떻게 된 거야?"

세묜이 미하일을 야단치고 있는데, 갑자기 문 밖에 걸어 둔 고리쇠가 덜컹거리는 소리가 났다. 창문으로 내다보니 누군가 타고 온 말을 말뚝에 매고 있었다. 그 사람은 아까 신사를 따라 왔던 젊은이였다.

"안녕하십니까?"

"어서 와요. 무슨 일이십니까?"

"장화는 이제 필요 없게 되었다는 말을 하러 왔어요. 나리가 돌아가셨
거든요."

"뭐라고요?"

여기서 나가 댁으로 돌아가시다가 마차 안에서 돌아가셨어요. 집에 도
착한 뒤, 나리가 마차에서 내리는 걸 도와 드리려고 보니까 이미 딱딱하
게 몸이 굳어 있지 뭡니까. 돌아가신 거예요. 간신히 마차에서 끌어내려
집 안으로 옮겼지요. 마님께서는 저에게 '장화는 이제 필요 없게 되었으
니 그 가죽으로 죽은 사람에게 신기는 슬리퍼를 지어 와라. 다 만들어지
기를 기다렸다가 받아 와.'라고 하셨습니다. 그래서 제가 왔습니다."

미하일은 탁자 위에서 재단하고 남은 가죽을 둘둘 말았다. 그리고는 만
들어 놓은 슬리퍼를 탁탁 소리 내어 털고는 앞치마로 닦아 젊은이에게 건
네주었다. 젊은이는 놀란 표정으로 슬리퍼를 받고, 급히 가게를 나갔다.

8 ———————

다시 1년이 지나고, 2년이 지나 미하일이 세묜과 함께 살아온 지 이제
6년째가 되었다. 미하일은 아직도 아무 데도 나가지 않았고, 필요 없는 말
은 하지 않았다. 그 동안 그가 웃는 얼굴을 보인 것은 딱 두 번뿐이었다.
한 번은 마트료나가 저녁 식사를 준비했을 때였고, 두 번째는 구두를 맞
추러 온 신사를 보았을 때였다. 세묜은 자신의 보조공인 미하일이 무척
마음에 들었다. 이제는 어디서 왔는지 묻지도 않고, 다만 미하일이 다른
곳으로 갈까 봐 그것만을 걱정할 뿐이었다.

어느 날, 온 식구가 모여 함께 앉아 있었다. 마트료나는 화덕에 냄비를
올려놓고 있었고, 아이들은 의자 사이를 뛰어다니기도 하고 창 밖을 내다
보기도 했다.

세묜은 창가에 앉아 구두를 만들고 있었고, 미하일도 구두 뒤창을 손보
고 있었다.

그 때, 사내아이 하나가 의자를 넘어와 미하일의 어깨를 흔들면서 손가락으로 창 밖을 가리켰다.

"미하일 아저씨, 저것 좀 봐요. 어떤 아주머니가 여자 애 둘을 데리고 우리 집에 오나 봐요. 한 아이는 다리를 절어요."

미하일은 아이가 말을 마치자마자 일을 멈추고 창 밖을 내다보았다. 세묜은 놀랐다.

이제까지 미하일이 밖을 본 적이 한 번도 없었는데, 지금은 창문에 바짝 얼굴을 붙이고 무언가를 뚫어져라 보고 있었기 때문이다.

그래서 세묜도 일을 멈추고 창 밖을 내다보았다. 매우 깨끗한 옷차림의 부인이 구두 가게로 다가오고 있었다. 부인은 모피 외투를 입고 긴 목도리를 두른 두 여자 아이의 손을 꼭 잡고 걸어오고 있었다. 두 여자 아이는 분간할 수 없을 정도로 너무 닮아 있었다. 다만 한 아이가 다리를 약간 절룩거릴 뿐이었다.

부인은 계단을 올라와 가게 문을 열고 먼저 두 여자 아이를 들여보내고 난 뒤 자기도 안으로 들어왔다.

"안녕하세요?"

"어서 오십시오. 무슨 일이십니까?"

부인은 탁자 옆에 앉았다. 두 여자 아이는 그 부인의 무릎에 안기듯이 기댔는데, 매우 낯설어하는 눈치였다.

"이 아이들의 봄 구두를 맞출까 해서요."

"그러세요? 그렇게 작은 구두를 지어 본 적은 없지만, 잘 지어 드리겠습니다. 가장자리에 장식이 달린 것이나 안에 천을 덧댄 것도 만들 수 있습니다. 보조공 미하일의 솜씨가 무척 좋거든요."

세묜은 미하일을 돌아보고 깜짝 놀랐다. 하긴 두 여자 아이가 귀엽긴 했다. 까맣고 맑은 눈과 통통하고 붉은 뺨을 가지고 있었으며, 입고 있는 모피 외투와 목에 두른 목도리도 질이 좋은 것이었다. 그렇긴 해도 미하일은 지나치다 싶을 정도로 열심히 아이들을 바라보고 있었던 것이다. 마치 두 여자 아이들을 이미 알고 있는 듯했다.

세묜은 이상하다고 생각하면서 다시 돌아앉았다. 그리고는 여인과 값을 흥정하고 치수를 잴 준비를 했다. 부인은 절름발이 아이를 무릎에 앉혔다.

"어렵겠지만, 이 아이는 양 발 치수를 모두 재 주세요, 불편한 발에 맞는 구두 한 짝과 성한 발에 맞는 구두 세 짝을 지으시면 될 거예요. 이 두 아이의 치수는 같거든요. 쌍둥이니까요."

세묜은 아이의 발 치수를 재고 부인에게 물었다.

"이 귀여운 아이는 어쩌다가 이렇게 됐습니까? 날 때부터 그랬나요?"

그러자 부인이 대답했다.

"아니오, 그 애 엄마가 그랬어요."

그 때 마트료나가 끼어들었다. 아이와 부인의 관계가 궁금했던 것이다.

"그럼, 부인은 이 아이들의 친엄마가 아니란 말인가요?"

"나는 이 아이들의 엄마도 아니고, 친척도 아니에요. 아무 상관없는 남이지만 이 아이들을 맡아 길렀을 뿐이지요."

"배아파 낳은 자식이 아닌데도 아이들을 무척 사랑하시나봅니다."

"그럼요. 두 아이 다 내 젖을 물려 키웠어요. 제가 낳은 아이도 있었지만 하느님께서 일찍 데려가셨지요. 하지만 그 아이보다 이 애들은 정말 가여워요."

"대체 이 아이들의 부모는 누구인가요?"

9

부인은 긴 사연을 들려주었다.

"벌써 6년이나 흘렀네요. 이 두 아이는 일주일 만에 고아가 되었지요. 아비는 두 아이가 태어나기 사흘 전에 죽고, 어미는 아기를 낳고 하루도 못 살았으니까요. 전 당시에 남편과 농사를 지으며 이 애들 이웃에 살았지요. 이 애들의 아비는 혼자 숲에서 일하다가 큰 나무가 쓰러질 때 허리를 크게 다쳐 쓰러졌어요. 집으로 옮겼을 때는 이미 숨을 거둔 뒤였지요. 그런데 그의 아내가 며칠 뒤 쌍둥이를 낳았지요. 이 아이들이 바로 그 쌍둥이예요. 가난한 살림을 꾸리며 친척도 없이 살아온 터라 돌봐 줄 사람이 아무도 없었어요. 할 수 없이 부인은 혼자서 아이를 낳고 죽어 간 거지요. 이튿날 아침에 궁금해서 그 집에 가 보았더니 가엾게도 벌써 숨이 끊어져 있더군요. 게다가 죽을 때 그랬는지 이 아이가 어미의 시체 밑에 깔려 있지 뭐예요. 아이는 그 무게를 이기지 못하고 다리를 못 쓰게 된 거예요. 마을 사람들이 모여 시체를 씻기고 수의를 입히고 관을 짜서 장례식을 치러 주었답니다. 모두들 친절한 사람들이에요. 그런데 오갈 데 없어진 쌍둥이 이야기를 하면 모두 고개를 흔들었어요. 그 곳에 모인 여자 중에 젖먹이가 있는 사람은 나뿐이었어요. 그 때 8주밖에 안 되는 사내아이가 있었기 때문에 젖은 충분했어요. 그래서 우선은 제가 쌍둥이를 맡게 되었어요. 마을 사람들은 이 아기들을 어떻게 해야 할지 여러 가지로 의논한 뒤 저에게 말했지요. '아줌마가 이 아기들을 한동안 맡아주지 않겠어요? 조금만 돌봐 주면 우리가 곧 다른 방법을 찾을 테니까요.' 저는 다리가 온전한 애에게만 젖을 주었어요. 이 절름발이 애에게는 줄 생각도 안 했지요. 이 아이는 살 수 있을 거라고 생각하지 않았거든요. 하지만 어느 날 갑자기 이 애가 불쌍한 거예요. 아무 죄도 없는 아이를 이대로 죽여서는 안 된다는 생각이 들었지요. 그 뒤부터는 두 아이에게 똑같이 젖을 물려 주었어요. 그래서 세 아이에게 동시에 젖을 먹이게 되었던 거예요. 제 아들과 이 쌍둥이 말이에요. 다행히도 내가 젊고 건강해서 음식도 잘 먹었고 젖도 많이 나왔거든요. 두 아이에게 젖을 물리고 있으면 나머지 한 아이가 기다리고 있다가, 한 아이가 다 먹으면 기다리고 있던 아이가 젖을 먹었지요. 그런데 하느님의 뜻으로 이 두 아이는 잘 자랐지만, 내가 낳은 애는 다음 해에 죽어 버렸어요. 그 뒤, 살림살이는 점차 나아졌어요. 남편은 지금 방앗간에서 일을 하는데, 급료도 많이 받아 오니까 살림이 넉넉해요. 하지만 이제 저는 아기를 낳지 못하네요.

이 두 아이들이 없었다면 얼마나 쓸쓸했겠어요? 이 애들을 귀여워하는 것은 당연하지요. 이 두 아이는 제 인생의 촛불과도 같아요."

부인이 한쪽 손으로 다리가 불편한 여자 아이를 안고, 다른 한 손으로 눈물을 닦았다.

마트료나는 긴 한숨 끝에 이렇게 말했다.

"부모 없이는 살 수 있지만, 하느님 없이는 살지 못한다는 말이 맞군요."

세 사람이 이렇게 얘기를 주고받고 있는데, 갑자기 환한 빛이 비춰 방안이 환하게 밝아졌다. 모두가 놀라 그 쪽을 쳐다보니 미하일이 두 손을 무릎 위에 얹고 천장을 바라보며 싱긋 웃고 있었다.

10 ————

부인이 두 여자 아이를 데리고 돌아갔다. 그러자 미하일은 앉아 있던 의자에서 일어나 앞치마를 벗어 탁자 위에 올려놓고 세묜 부부에게 허리를 굽혀 인사했다.

"안녕히 계십시오. 하느님께서 저를 용서해 주셨으니, 두분도 저를 용서해 주십시오."

세묜과 마트료나는 미하일의 몸에 빛이 비치는 것을 보았다. 세묜은 미하일에게 고개를 숙이며 말했다.

"미하일, 자네는 보통 사람이 아닌 모양이니 자네를 붙잡을 수도 없고, 꼬치꼬치 캐물을 수도 없네. 하지만 꼭 한 가지만 물어 보고 싶어. 처음 집으로 데려왔을 때, 자네는 몹시 침울한 얼굴을 하고 있었으나 아내가 저녁을 준비하자 밝은 표정을 지었어. 그건 무슨 까닭인가? 또 몸집이 큰 신사가 장화를 주문했을 때도 자네는 웃으면서 표정이 밝아졌네. 그리고 방금 저 부인이 두 아이를 데리고 왔을 때 자네는 세 번째로 빙그레 웃었고, 몸에서 빛까지 났네. 미하일, 어떻게 자네 몸에서 그런 빛이 나올 수 있나? 또 왜 세 번 방긋 웃었는지 그 까닭을 좀 말해 줄 수 있겠나?"

미하일이 대답했다.

"제 몸에서 빛이 난 것은 지금까지 하느님의 벌을 받고 있었는데, 용서받았기 때문입니다. 또 제가 세 번 웃은 것은 제가 알아내야 했던 하느님의 세 가지 말씀을 알게 되었기 때문입니다. 첫 번째는 아주머니가 저를 가엾게 생각하셨을 때 깨달았고, 두 번째는 부자 나리가 장화를 주문할 때 알게 되었습니다. 그리고 지금 두 여자 아이를 보고 마지막으로 세 번째 말씀을 알게 되었습니다."

이 말을 듣고 세묜이 물었다.

"자네가 벌을 받게 된 이유와 하느님의 세 가지 말씀에 대해 얘길 해 주게."

그러자 미하일이 대답했다.

"제가 벌을 받은 것은 그분의 말씀을 거역했기 때문입니다. 저는 천사였습니다. 어느 날 하느님은 제게 한 여인의 영혼을 거두어 오라 명령하셨습니다. 그 여인은 이제 막 쌍둥이 딸을 낳았습니다. 갓난아기들은 어미 곁에서 꼼지락 거리고 있었으나 여인은 자기의 아기들에게 젖을 줄 기운도 없었던 것입니다. 여인은 저를 보더니 하느님이 자기 영혼을 거두려고 보내신 것을 알아차리고 매우 슬프게 흐느꼈습니다.

'아, 천사님, 바로 얼마 전에 숲에서 나무에 깔려 죽은 남편의 장례식을 치렀습니다. 저는 부모와 형제 자매, 일가 친척도 없어서 이 불쌍한 것들을 거두어 줄 사람이 없습니다. 제발 이 아이들이 제 힘으로 살 수 있을 때까지만 제 손으로 키우게 해 주세요. 어린아이는 부모 없이는 절대로 살지 못합니다.'

저는 그녀의 애원을 듣고 한 아이에게는 젖꼭지를 물려 주고, 다른 아이는 팔에 안겨 준 다음 하느님께 돌아가서 말했습니다.

'저는 도저히 산모의 혼을 빼앗아 올 수가 없었습니다. 남편은 나무에 깔려 죽고, 부인은 아이를 낳은 지 얼마 되지 않았습니다. 산모는 제발 영혼을 거두어 가지 말라고 제게 애원했습니다. 제발 아기들이 스스로 살 수 있을 때까지만 자기 손으로 키우게 해 달라고 부탁하기에 그냥 돌아오고 말았습니다.'

그러자 하느님께서 이렇게 말씀 하셨습니다.

'다시 내려가 산모의 영혼을 거두어 오너라. 그러면 너는 세 가지를 깨닫게 될 것이다. 사람에게 무엇이 깃들어 있는 가, 사람에게 허락되지 않은 것은 무엇인가, 그리고 사람은 무엇으로 사는가를 알게 될 것이다. 그 것을 알게 되면 다시 하늘로 돌아올 수 있으리라.'

그래서 저는 다시 땅으로 내려가 산모의 영혼을 거두었습니다. 두 아기는 어미의 가슴에서 떨어져 있었지만, 어미의 시체가 침대에서 떨어지면서 한 아이를 깔아뭉개는 바람에 한쪽 다리를 못 쓰게 만든 것입니다. 제가 하늘로 올라가 여인의 혼을 하느님께 전하자, 느닷없이 거센 바람이 불어와 제 두 날개를 부러뜨렸습니다. 그래서 여인의 영혼만 하느님께로 가고, 저는 땅에 떨어졌던 것입니다."

11 ———————

세묜과 마트료나는 자기들이 먹여 주고 입혀 주면서 함께 일했던 사람이 누구인지 알고 두려움과 기쁨의 감정이 뒤섞여 눈물을 흘렸다. 천사는 이야기를 계속했다.

"저는 알몸으로 길바닥에 버려졌습니다. 저는 사람들이 겪는 가난이 뭔지, 추위와 굶주림이 뭔지도 모르고 있었는데 갑자기 인간이 된 것입니다. 헐벗고 추위에 떨면서 어찌할바를 모르고 있었는데 문득 벌판 한가운데 교회가 있는 것을 보았습니다. 저는 그 교회로 가서 몸을 의지하려 했지만 문이 잠겨 있어 안으로 들어갈 수 없습니다. 그래서 교회 뒤쪽으로 가서 바람을 피하고 있었습니다. 곧 날이 저물었고, 배고픔과 추위는 점점 더 심해졌습니다. 그런데 어떤 사람이 낡은 털장화를 들고 혼자말을 하면서 걸어가고 있었습니다. 저는 땅에 온 뒤 처음으로 사람의 얼굴을 보았습니다. 그런데 그의 얼굴에는 죽음의 그림자가 드리워져 있었습니다. 저는 두려워서 그 사람에게서 등을 돌렸습니다. 그때 그 사람의 중얼거리는 소리를 자세히 들어 보니 무엇을 먹고, 무엇을 입으며 이 추운 겨울을 날 수 있을까를 걱정하고 있었습니다. 저는 생각했지요.

'나는 추위와 굶주림으로 죽어 갈 지경이다. 마침 사람이 나타났지만 아내와 함께 입을 외투와 식구가 먹을 빵을 걱정하고 있어. 그에겐 나를 도울 만한 힘이 없구나.'

사내는 저를 보고 더욱 얼굴을 찡그리고 터덜터덜 제 곁을 지나쳐 버렸습니다. 한 줄기 희망마저도 사라져 버리는 바람에 저는 낙심했습니다. 그런데 갑자기 사내가 되돌아오는 발소리가 들렸습니다. 다시 사내의 얼굴을 보았을 때, 저는 혹시 다른 사람이 아닌가 하는 생각이 들 정도였습니다. 조금 전 죽음의 그림자가 드리워졌던 얼굴에 생기가 넘치고 있었으니까요.

얼굴엔 하느님의 모습이 깃들어 있었습니다. 사내는 제게 옷을 입혀 주고, 저를 자기 집으로 데리고 갔습니다. 그렇지만 아내 되는 여자가 불평하기 시작하더군요. 그 여자는 사내보다 더 무서운 얼굴을 하고 있었지요. 그녀의 입에서 죽음의 입김이 뿜어져 나와 그 독기 때문에 숨을 제대로 쉴 수 없을 지경이었습니다. 부인은 저를 추운 밖으로 쫓아 내려 했습니다. 저는 부인이 만약 저를 내쫓았다면 부인이 죽고 말 것이란 걸 알고 있었습니다. 그러나 남편이 갑자기 하느님 얘기를 꺼내자 여자의 태도가 금방 누그러졌지요. 여자가 저녁밥을 차려 주고 제 얼굴을 흘끗 쳐다보니 이미 그 얼굴에는 죽음의 그림자가 사라지고 생기가 흐르고 있었습니다. 저는 거기서 하느님의 얼굴을 발견한 것입니다. 그때 저는 '인간 안에는 무엇이 깃들어 있는지 알게 되리라.'고 하신 하느님의 첫 번째 말씀을 생각했습니다.

인간 안에 깃든 것은 바로 사랑이었습니다. 하느님께서는 약속하신 일을 이미 보여 주고 계시는구나 하고 생각하니 저는 그만 너무 기뻐서 싱긋 웃고 말았습니다. 그러나 하느님 말씀을 모두 안 것은 아니었습니다. 사람에게 허락되지 않은 것과 사람은 무엇으로 사는가를 몰랐으니까요. 이렇게 1년을 살았습니다. 그러던 어느 날 한 신사가 찾아와서 1년을 신어도 닳지 않고 모양이 변하지도 않을 장화를 만들라고 했습니다. 문득 그 신사를 쳐다보니 등 뒤에는 나의 동료였던 죽음의 천사가 서 있는 게 아니겠습니까. 저 말고는 아무도 죽음의 천사를 보지 못했습니다. 저는 날이 저물기 전에 돈 많은 신사가 죽게 되리라는 것을 알게 되었습니다. 그래서 저는 생각했습니다.

'이 신사는 1년 후의 일을 계획하지만, 자기가 오늘 저녁까지도 살지 못한다는 걸 모르는구나.'

그래서 저는 인간에게 허락되지 않은 것을 알게 되었습니다. 자신에게 무엇이 필요한지 아는 능력, 바로 그것이 사람에게 주어지지 않은 것입니다. 그래서 저는 두 번째로 싱긋 웃었습니다. 친구였던 천사를 만난 일도 기뻤고, 또 하느님께서 두 번째 말씀의 의미를 알려 주신 것도 기뻤습니다.

그러나 아직 전부를 깨닫지는 못했습니다. 저는 이 댁에서 신세를 지면서 하느님께서 최후의 말씀을 보여 주시길 기다렸습니다. 6년째 되는 오늘, 쌍둥이 여자 아이들이 부인의 손에 이끌려 나타났습니다. 어미 없이도 잘 자라고 있는 쌍둥이를 보면서 저는 생각했습니다.

'죽어 가는 어미가 자식을 봐서 살려 달라고 했을 때, 나는 그 말을 그대로 믿고 부모 없이는 아이들이 살아가지 못한다고 생각했는데, 다른 여자가 이렇게 두 아이를 훌륭하게 기르고 있지 않은가!'

또 그 부인이 남의 아이를 생각하며 눈물을 흘릴 때, 저는 그 부인의 모습에서 하느님을 보았습니다. 그렇게 해서 저는 사람은 무엇으로 사는가를 깨달았습니다. 저는 하느님께서 최후의 말씀을 보여 주시어 저를 용서해 주신 것을 알았으므로 세 번째로 싱긋 웃었던 것입니다."

12 ───────

그러자 천사의 온몸이 빛으로 둘러싸여 빛나기 시작했는데, 구두장이 부부는 눈이 부셔 똑바로 바라볼 수 없었다. 천사는 큰 소리로 말하기 시작했다. 그 말은 천사가 하는 말이 아니라 하늘에서 들려오는 소리 같았다.

"나는 사람을 지탱하는 것이 자신을 보살피는 마음이 아니라 사랑이라는 것을 알게 되었다. 아이의 어미는 자기 아이들이 살아가는 데 무엇이 가장 필요한가를 알지 못했다. 또 돈 많은 신사는 자기에게 당장 무엇이 필요한지를 알지 못했다. 저녁때까지 필요한 것이 산 자가 신을 장화인지, 죽은 자에게 신기는 슬리퍼인지를 아는 것은 어떤 사람에게도 허락되지 않았다. 내가 사람이 되어서도 무사히 살아갈 수 있었던 것은 내가 나를 걱정했기 때문이 아니라 우연히 나를 지나가던 사람과 그 아내에게 사랑이 깃들어 있어, 그들이 나를 가엾게 여기고 사랑을 베풀어 주었기 때문이다.

부모 없는 쌍둥이가 잘 자고 있는 것은 마을 사람들이 두 아이를 걱정한 것뿐만 아니라, 아무 관계도 없는 한 여인의 마음에 사랑이 있어 그 아이들을 불쌍히 여기고 사랑해 주었기 때문이다. 모든 사람들이 살아갈 수 있는 것은 모두 자신 스스로를 걱정하고 있기 때문이 아니라, 사람들 마음에 사랑이 있기 때문이다. 나는 이전에도 하느님께서 인간에게 생명을 주시고 그들이 잘 살아가기를 바라고 계신다는 것을 알았지만, 이번에는 한 가지를 더 깨달았다. 하느님께서는 사람들이 각자 뿔뿔이 흩어져 살아가는 것을 원하지 않으신다는 것을.

하느님이 인간 각자에게 무엇이 필요한지를 아는 능력을 주시지 않았던 것은 함께 모여 사는 것을 원하시기 때문이다. 하느님께서는 사람들이 모두 마음을 합쳐 함께 살아가기를 원하고 계신다. 자신과 모든 사람들을 위해 무엇이 필요한가를 우리들에게 밝혀 주신 것은 그 때문이다. 나는 이제야 깨달았다. 자기 스스로를 걱정함으로써 삶을 이어갈 수 있다는 것은 다만 인간들의 생각이오, 사람은 사랑으로 살아간다는 것을. 진실로 사랑하는 자는 하느님 안에 살고 있다. 하느님은 사랑이시기 때문이다."

이렇게 말을 마치고 천사는 하느님을 찬양하는 노래를 불렀다. 그러자 그 소리로 인해 집이 흔들리더니, 이윽고 천장이 두 쪽으로 갈라지면서 땅에서 불기둥이 솟아올라 하늘로 뻗쳤다. 세묜 부부와 아이들은 모두 땅바닥에 엎드렸다. 미하일의 등에서는 날개가 돋아났고, 천사가 된 그는 하늘로 날아 올랐다.

세묜이 다시 정신을 차렸을 때 집은 예전처럼 멀쩡했으나, 주변에는 아내와 아이들만 있을 뿐이었다.

우리 회사는
더 좋은 서비스를 만들기 위해 돈을 번다. -**MZ**

1

토영삼굴兎營三窟 자신의 안전을 위해
미리 몇 가지 술책을 마련함.

★**20**

★**20**

★**20**

★**20**

**MY
BUCKET
LIST**

☐
☐
☐
☐

나는 우리가 설립하는 것들에
분명한 방향성을 갖는 것에 집중해왔다. -**MZ**

파부침주破釜沈舟 반드시 이기고야 말겠다는 굳은 뜻.

20 ⭐

20 ⭐

20 ⭐

20 ⭐

MY BUCKET LIST

☐

☐

☐

☐

우리는 어떤 무엇인가에 열정을 가진 사람을 찾는다. -**MZ**

파죽지세破竹之勢 대나무를 칼로 쪼개듯
무서운 힘을 가지고 거침없이 쳐들어가는 기세.

★ __20__

★ __20__

★ __20__

★ __20__

MY BUCKET LIST

☐ ....
☐ ....
☐ ....
☐ ....

혁신은 빨리 움직이고
많은 것을 시도해보는 것이다. **-MZ**

포복절도捕腹絕倒 배를 안고 몸을
가누지 못할 정도로 몹시 웃음.

20 ★

20 ★

20 ★

20 ★

MY BUCKET LIST

☐

☐

☐

☐

모두가 원하지만
아무도 하지 않는 일에 도전하라. -**MZ**

포의지교布衣之交 가난할 때 사귄 교분.
즉 벼슬하지 않을 때의 사귐.

★20

★20

★20

★20

MY BUCKET LIST
- [ ]
- [ ]
- [ ]
- [ ]

주위의 비난에 흔들리지 말고 묵묵히 나아가라. **-MZ**

표리부동表裏不同 말과 행동이 다름.
즉 마음이 음흉하여 겉과 속이 다름.

20 ⭐

20 ⭐

20 ⭐

20 ⭐

MY
BUCKET
LIST

☐
☐
☐
☐

수십 번 넘어져도 젊음을 무기삼아 도전하라. -**MZ**

표사유피豹死留皮 범은 죽어서 가죽을 남기고
사람은 죽어서 이름을 남김.

★20

★20

★20

★20

MY
BUCKET
LIST

☐
☐
☐
☐

뜨거운 열정보다 중요한 것은
지속적인 열정이다. -**MZ**

풍비박산風飛雹散 부서져 사방으로 확 흩어짐.

20 ★

20 ★

20 ★

20 ★

MY
BUCKET
LIST
☐
☐
☐
☐

DEC

사람과 사람을 연결하면 비즈니스로 이어진다. -**MZ**

풍수지탄風樹之嘆 효도를 다하지 못하고
어버이를 여읜 자식의 슬픔.

★20

★20

★20

★20

MY
BUCKET
LIST

□
□
□
□

결국에는 신념을 가진 자가 승리한다. **-MZ**

필유곡절必有曲折 반드시 무슨 까닭이나 이유가 있음.

20 ⭐

_____

_____

_____

_____

20 ⭐

_____

_____

_____

_____

20 ⭐

_____

_____

_____

_____

20 ⭐

_____

_____

_____

_____

MY BUCKET LIST

☐ _____

☐ _____

☐ _____

☐ _____

작은 일을 시작해야 위대한 일도 생긴다. **-MZ**

하로동선夏爐冬扇 여름의 화로와 겨울의 부채.
즉 쓸모없는 재능.

★<u>20</u>

★<u>20</u>

★<u>20</u>

★<u>20</u>

MY BUCKET LIST	☐
	☐
	☐
	☐

뿌리 깊은 나무는 바람에 흔들리지 않는다. **-MZ**

한단지몽邯鄲之夢 인간의 일생이란
한바탕 꿈같이 허무함.

20 ★

20 ★

20 ★

20 ★

MY
BUCKET
LIST

☐
☐
☐
☐

나는 내가 가장 중요한 문제에 나의 시간을 쓴다. **-MZ**

함흥차사咸興差使 심부름을 시켰는데
아무 소식이 없거나 회답이 늦음.

*★__20__

*★__20__

*★__20__

*★__20__

MY
BUCKET
LIST

☐
☐
☐
☐

14

당신이 진짜 하고 싶은 것을 한다면 모든 것은 쉬워진다. **-MZ**

허심탄회虛心坦懷 마음속에 아무런 사념 없이
품은 생각을 터놓고 말함.

20　★

20　★

20　★

20　★

MY
BUCKET
LIST

☐

☐

☐

☐

성공한 사람들은 항상 침묵과 웃음 두 가지를 가지고 있다. -**MZ**

형설지공螢雪之功 반딧불로 글을 읽음.
즉 애써 공부한 보람.

_★_**20**

_★_**20**

_★_**20**

_★_**20**

MY
BUCKET
LIST

☐

☐

☐

☐

가장 큰 위험은 위험을 감수하지 않는 것이다 -**MZ**

호가호위狐假虎威 호랑이의 위세를 빌리는 여우처럼
남의 권세에 의지하여 으스댐.

20 ⭐ _____

_____

_____

_____

20 ⭐ _____

_____

_____

_____

20 ⭐ _____

_____

_____

_____

20 ⭐ _____

_____

_____

_____

MY BUCKET LIST

☐ _____

☐ _____

☐ _____

☐ _____

자신이 옳다고 믿는 일이면 끝까지 밀고 나가라. **-MZ**

호구지책糊口之策 가난한 살림에서
겨우 먹고 살아가는 방책.

★20

★20

★20

★20

MY
BUCKET
LIST

☐
☐
☐
☐

어떤 옷을 입을지 뭘 먹을지 고민하는 시간이 아깝다. **-MZ**

호연지기浩然之氣 도의에 근거를 두고
굽히지 않고 흔들리지 않는 바르고 큰마음.

20 ★

20 ★

20 ★

20 ★

MY
BUCKET
LIST

☐
☐
☐
☐

시도해보고 실패하는 것이
아무것도 하지 않는 것보다 낫다. **-MZ**

호접지몽胡蝶之夢 장자가 나비가 되어 날아다닌 꿈.

★ __20__

★ __20__

★ __20__

★ __20__

MY
BUCKET
LIST

☐

☐

☐

☐

자신이 좋아하는 일을 하면
도전의 목적의식이 생긴다. -**MZ**

호호선생好好先生 어떤 일에 대해서나
좋다고 말하는 사람.

20 ⭐

20 ⭐

20 ⭐

20 ⭐

MY
BUCKET
LIST
☐
☐
☐
☐

실패할 수 있는 자유가 있는 사람이
성공할 수 있다. -MZ

혹세무민惑世誣民 세상을 어지럽히고 백성을 속임.

★<u>20</u>

★<u>20</u>

★<u>20</u>

★<u>20</u>

MY
BUCKET
LIST

☐

☐

☐

☐

내가 가진 돈은
사람들이 내게 맡긴 신뢰이다. -**MZ**

화룡점정畵龍點睛 용을 그릴 때
마지막에 눈을 그려 완성시킴.

20 ⭐

20 ⭐

20 ⭐

20 ⭐

MY
BUCKET
LIST

☐
☐
☐
☐

인내를 하룻밤에 얻을 수는 없다.
그것은 근육을 키우는 것과 같다. **-MZ**

화생부덕禍生不德 재앙을 겪는 것은
모두 본인의 덕이 없는 탓임.

★__20__

★__20__

★__20__

★__20__

DEC

돈을 벌기 위한 서비스보다
더 좋은 서비스를 만들기 위해 돈을 번다. **-MZ**

화천대유火天大有 하늘 위에 불이 있으니 그것은 태양으로,
하늘의 도움으로 천하를 얻는다는 뜻이다.

20 ★

20 ★

20 ★

20 ★

MY
BUCKET
LIST
- [ ]
- [ ]
- [ ]
- [ ]

남들은 하지 않는다.
바로 당신이 하게 될 것이다. -**MZ**

화호유구畵虎類狗 호랑이를 그리려다 개처럼 그린다.

★<u>20</u>

★<u>20</u>

★<u>20</u>

★<u>20</u>

<table>
<tr><td>MY
BUCKET
LIST</td><td>☐</td><td></td></tr>
<tr><td></td><td>☐</td><td></td></tr>
<tr><td></td><td>☐</td><td></td></tr>
<tr><td></td><td>☐</td><td></td></tr>
</table>

몇 명의 적을 만들지 않고는
5억 명의 친구를 만들 수 없다. -**MZ**

환골탈태換骨奪胎 남의 글의 취의를 본뜨되
그 형식을 달리하여 자기 작품처럼 꾸밈.

20 ⭐

20 ⭐

20 ⭐

20 ⭐

MY
BUCKET
LIST

☐
☐
☐
☐

아이디어는 처음부터 완전한 형태로
떠오르지 않는다. -**MZ**

황공무지惶恐無地 매우 황송하고 죄송하여
몸둘바를 모름.

★__20__

★__20__

★__20__

★__20__

MY BUCKET LIST
☐
☐
☐
☐

비밀 하나 알려드리면
시작할 때는 아무도 모른다는 사실이다. **-MZ**

회인불권悔人不倦 사람을 가르치고 깨우침에
조금도 권태를 느끼지 않음.

20 ★ _____

_____

_____

_____

20 ★ _____

_____

_____

_____

20 ★ _____

_____

_____

_____

20 ★ _____

_____

_____

_____

**MY
BUCKET
LIST**

☐ ....

☐ ....

☐ ....

☐ ....

빨리 움직이고
많은 것들을 시도하는 것 자체가 혁신이다. -**MZ**

횡설수설橫說竪說 조리가 없는 말을
아무 의미 없이 함부로 지껄임.

★**20**

★**20**

★**20**

★**20**

MY
BUCKET
LIST

☐

☐

☐

☐

나는 변화를 배우면서
환영하고 앞으로 나아간다. -**MZ**

후안무치厚顏無恥 낯가죽이 두껍고 뻔뻔스러워
그야말로 부끄러움을 모름.

20 ⭐

20 ⭐

20 ⭐

20 ⭐

MY
BUCKET
LIST

☐
☐
☐
☐

가장 위대한 성공은
마음껏 실패할 수 있는 자유에서 나온다. **-MZ**

흥진비래興盡悲來 즐거운 일이 다하면
다음에는 슬픈 일이 옴.

★__20__

★__20__

★__20__

★__20__

MY BUCKET LIST

☐ ....
☐ ....
☐ ....
☐ ....

초판 발행 2022년 12월 5일 **펴낸이** 김상철

발행처 스타북스 **등록번호** 제300-2006-00104호

주소 서울시 종로구 종로 19 르메이에르종로타운 B동 920호 **전화** 02) 735-1312 **팩스** 02)735-5501

이메일 starbooks22@naver.com **ISBN** 979-11-5795-667-8 13190